Über die Autoren:
Mantak Chia ist einer der renommiertesten Meister praktischer taoistischer Künste. Neben Tai-Chi und Qi-Gong gehört dazu auch die taoistische Sexuallehre, aus der Mantak Chia ein einzigartiges System heilender Liebe entwickelt hat. Er ist Autor vieler Sexualratgeber.

Douglas Abrams Arava ist Schriftsteller und Lektor bei der University of California Press. Er beschäftigt sich seit langem mit Fragen der taoistischen Sexualität. Er und seine Frau Rachel, die an dem Kapitel dieses Buches mitarbeitete, das für Frauen geschrieben ist, leben mit ihrem Sohn in Berkley, Kalifornien.

Mantak Chia
Douglas Abrams Arava

Öfter, länger, besser

Sextipps für jeden Mann

Aus dem Amerikanischen
von Stephan Gebauer

Die Originalausgabe erschien unter dem Titel
The Multi-Orgasmic Man: Sexual Secrets Every Man Should Know
bei HarperCollins, San Francisco.

Für unsere Söhne Max und Jesse

Druck und Bindung: CPI – Clausen & Bosse, Leck
Printed in Germany
ISBN 3-922588-55-7

Ebert Verlag, Köln 2012

Inhaltsverzeichnis

Kapitel 9

Anmerkungen

WARNUNG *Dies ist nicht einfach noch ein Buch über Sex.* Obwohl heute ständig über Sex geredet wird, ist unsere Unkenntnis der Sexualität derart groß, dass kaum festzustellen ist, welche Empfehlungen irgendeinen Wert oder Nutzen für uns haben. Sicher sind Sie schon über Werbematerial von »Sexperten« gestolpert, die Ihnen versprechen, den größten Liebhaber der Welt aus Ihnen zu machen, die Ihnen Orgasmen von vierundzwanzig Stunden Dauer garantieren und Ihnen verraten wollen, wie Sie die totale sexuelle Ekstase erreichen können – und zwar, ohne dass Sie irgendetwas dafür tun müssten. Da dieses Buch auf dreitausend Jahren authentischer sexueller Erfahrung beruht, sind sich die Autoren sehr wohl bewusst, wie viel – wenn auch genussvolle – Anstrengung es erfordert, das eigene Liebesleben zu ändern. Sexuelle Techniken zu erlernen ist eine Sache, sie anzuwenden eine ganz andere. Die in diesem Buch beschriebenen Techniken wurden über Jahrtausende hinweg im Labor des Lebens von ungezählten Liebespaaren ausprobiert und vervollkommnet. Wir versuchen, Ihnen diese Techniken so klar und einfach wie möglich zu vermitteln. Der einzige Weg, echten Nutzen daraus zu ziehen, besteht jedoch darin, sie tatsächlich anzuwenden.

Diese Praktiken sind enorm wirkungsvoll. Die in diesem Buch dargestellten Techniken können Ihre Gesundheit sowie Ihr Liebesleben wesentlich verbessern. Wir bieten Ihnen jedoch keine Diagnosen oder medizinische Ratschläge. Menschen mit hohem Blutdruck, Herzkrankheiten oder allgemein schlechtem Gesundheitszustand sollten bei diesen Praktiken sehr behutsam vorgehen. Wenn Sie unter einer Krankheit leiden, sollten Sie einen Arzt zurate ziehen. Wenn

Sie Fragen zu oder Schwierigkeiten mit den beschriebenen Methoden haben, sollten Sie Kontakt zu einem Lehrer für Healing Tao aufnehmen (siehe Anhang: »Healing Tao: Literatur und Lehrer«).

Danksagung

Wir möchten all jenen multiorgastischen Männern und Frauen in aller Welt danken, die mit freizügigen Erfahrungsberichten aus ihrer sexuellen Praxis zur Entstehung dieses Buches beigetragen haben. Die Zitate stammen direkt aus Interviews und Fragebögen und wurden nur im Interesse der Klarheit und Lesbarkeit bearbeitet. Unser besonderer Dank gilt den Lehrern für Healing Tao, die mit ihrer Klugheit, ihrer Erfahrung, ihrem Humor und ihrer Freundschaft wesentlichen Anteil an diesem Buch haben: Michael Winn, Marcia Kerwit, B. J. Santerre, Masahiro Ouchi, Angela Shen, Louis Shen, Walter Beckley, Stefan Siegrist und Karl Danskin. Dasselbe gilt für die vielen anderen, die im Lauf der Jahre dazu beigetragen haben, die hier dargestellten Techniken zu vereinfachen und zu perfektionieren. Wir möchten auch den Sexualforschern danken, deren Pionierarbeit unser Verständnis des menschlichen sexuellen Genusses und besonders des multiplen Orgasmus beim Mann erweitert hat. Hervorheben möchten wir hier William Hartman und Marilyn Fithian, Bernie Zilbergeld, Marion Dunn, Alan und Donna Brauer, Beverly Whipple, Alice Kahn Ladis, John Perry, Lonnie Barbach, Barbara Keesling und selbstverständlich Alfred Kinsey, William Masters und Virginia Johnson. Darüber hinaus gilt unser Dank den zahlreichen Lehrern und

Schülern des Taoismus, die zu unserer Kenntnis des sexuellen Kung-Fu beigetragen haben, darunter Douglas Wile mit seinem meisterhaften Buch *Art of the Bedchamber.*

Wir möchten unserer Agentin Heide Lange, die uns mit ihrer Erfahrung, Sachkenntnis und Wärme eine ständige Quelle der Ermutigung war, und unserem Lektor John Loudon danken, der die Konzeption des Buches mit entwarf. Und wir möchten allen Leuten beim Verlag Harper San Francisco danken, die die Entstehung und Verbreitung des Buches förderten – insbesondere Karen Levine, Joel Fotinos, Rosana Francescato, Carl Walesa, Ralph Fowler, Laura Beers und Peter Evers.

Unser größter Dank gilt unseren Lebenspartnern Maneewan Chia und Rachel Carlton Arava, die uns das eigentliche Geheimnis und die wahre Bedeutung des Tao zugänglich gemacht haben.

Einführung

Vor mehr als dreitausend Jahren entdeckten die Chinesen, dass Männer multiple Orgasmen erreichen können, indem sie den Samenerguss hinauszögern oder sogar völlig vermeiden. Das ist möglich, weil Orgasmus und Ejakulation (die im Westen lange Zeit gleichgesetzt wurden) zwei getrennte physische Prozesse sind. Obwohl sie ihre Erkenntnisse selbstverständlich nicht so genau verifizieren konnten wie die modernen Sexualforscher, zeichneten die alten Chinesen ihr Wissen für die kommenden Generationen sexuell und spirituell Suchender detailliert auf.[1]

Im Westen dauerte es bis in die vierziger Jahre des 20. Jahrhunderts, bis Alfred Kinsey, der Pionier der modernen Sexualforschung, über ähnliche Entdeckungen berichtete.[2] Doch obwohl seine Erkenntnisse wiederholt in Laborversuchen bestätigt wurden, haben die meisten Männer auch Jahrzehnte später noch keine Ahnung von ihrem multiorgastischen Potenzial. Ohne dieses Wissen und mangels einer nachvollziehbaren Methode zur Entwicklung ihrer multiorgastischen Fähigkeiten sind die Männer nicht imstande, den Unterschied zwischen dem Crescendo des Orgasmus und dem kurzen Hüpfer der Ejakulation zu entdecken.

Die männliche Sexualität ist im Westen weiterhin fälschlicherweise auf das zwangsläufig enttäuschende Ziel der

Ejakulation (des »Abspritzens«) ausgerichtet, anstatt den orgastischen Prozess des Liebesakts zu erschließen. *Der multiorgastische Mann* zeigt Männern, wie sie in ihrem eigenen Körper Orgasmus und Ejakulation voneinander trennen und dadurch die Fähigkeit erlangen können, die auf einen kurzen Augenblick beschränkte Erleichterung des Samenergusses durch zahllose Ganzkörper-Orgasmen zu ersetzen. Um es mit den Worten eines multiorgastischen Mannes zu sagen: »Bei der normalen, alltäglichen Ejakulation ist mein Genuss gleich vorbei. Ganz anders beim multiplen Orgasmus: Der Genuss begleitet mich den ganzen Tag und kennt keinen abschließenden Höhepunkt. Darüber hinaus gibt mir diese Methode zusätzliche Energie, so dass ich einfach nie müde bin. Heute kann ich so viel Sex haben, wie ich will, und ich habe die Kontrolle darüber, statt mich vom Sex beherrschen zu lassen. Was kann ein Mann mehr verlangen?«

Der multiorgastische Mann zeigt Ihnen auch, wie Sie dazu beitragen können, dass Ihre Partnerin ihr multiorgastisches Potenzial voll ausschöpfen kann. Ein multiorgastischer Mann, der die in diesem Buch beschriebenen Techniken drei Monate lang anwandte, schildert seine Erfahrungen: »Ich habe mit drei Frauen geschlafen, seit ich mit dieser Technik begonnen habe, und alle drei sagten mir, ich sei ihr bester Liebhaber gewesen. Sie sagten es gleich, als wir miteinander im Bett waren: ›Das ist der beste Sex, den ich je hatte.‹«

Frauen, die *Der multiorgastische Mann* lesen, werden Geheimnisse über die männliche Sexualität erfahren, die nur wenige Frauen und sogar nur wenige Männer kennen. Paare, die das Buch gemeinsam lesen, werden ein Maß an sexueller Ekstase und Befriedigung erfahren, von dem sie nie zu träumen gewagt hätten. Die Partnerin eines multiorgastischen Mannes formulierte es so: »Unser Sex war immer gut, aber nun ist er noch erfüllter und ausgeglichener, da wir beide zahlreiche orgastische Wellen erleben. Die multiplen Orgasmen waren nur der Anfang eines grundlegenden Wandels unserer Beziehung. Dank dieser Praktiken ist unsere Liebe viel tiefer und intimer geworden.«

Die Botschaft, dass Männer multiple Orgasmen haben können, kommt für die meisten von uns so überraschend, dass wir sie kaum glauben können. Doch wir sollten daran denken, dass auch der multiple Orgasmus der Frau erst im Lauf der vergangenen vierzig Jahre als »normales« Phänomen Anerkennung gefunden hat. Es ist überraschend, wie viele Frauen seither multiorgastisch geworden sind – nachdem man ihnen einmal gesagt hatte, dass das möglich sei. Seit Kinsey in den fünfziger Jahren die weibliche Sexualität untersuchte, hat sich die Zahl der Frauen, die multiple Orgasmen erleben, von 14 Prozent auf über 50 Prozent verdreifacht![3] In den achtziger Jahren fanden die Sexualforscher William Hartman und Marilyn Fithian heraus, dass 12 Prozent der von ihnen untersuchten Männer multiorgastisch waren. Da sich immer mehr Männer der Tatsache bewusst werden, dass auch sie dieses Potenzial haben, und sich dazu durchringen, einige einfache Techniken zu erlernen, entdecken immer mehr von ihnen, dass sie ebenfalls multiple Orgasmen erleben können.

Dieses Buch, das auf uraltem taoistischem Wissen und zugleich auf den neuesten wissenschaftlichen Erkenntnissen beruht, zeigt Ihnen, wie Sie den Orgasmus von der Ejakulation trennen, multiple Orgasmen erreichen und Ihren allgemeinen Gesundheitszustand verbessern können. Die Taoisten waren ursprünglich eine Gruppe spirituell Suchender im alten China (um 500 vor Christus), die sich besonders mit Fragen der Gesundheit beschäftigten. Viele der von ihnen entwickelten sexuellen Techniken sind mehr als zweitausend Jahre alt, aber sie haben nichts von ihrer Wirkung eingebüßt. Seit diese Techniken in den achtziger Jahren im Westen besser bekannt wurden, hat eine stille sexuelle Revolution stattgefunden, in deren Verlauf ganz normale Männer herausgefunden haben, daß diese Techniken tatsächlich funktionieren. Wir denken, der einzige wirkliche Beweis liegt in Ihnen selbst. Sie selbst werden die hier vorgestellten Techniken aufgrund Ihrer eigenen Erfahrung bestätigen oder verwerfen.

Multiple Orgasmen sind nicht nur etwas für junge Leute, für zufriedene ältere Männer oder religiöse Eiferer. Ein Software-Vertreter Mitte dreißig, der sich selbst als »zynischen, hektischen New Yorker« bezeichnete, setzte sich eines Abends hin, machte die in diesem Buch beschriebenen Übungen und hatte sechs Orgasmen: »Ein Höhepunkt war stärker als der andere. So etwas hatte ich nie zuvor erlebt. Aber das Verblüffendste war, dass ich überarbeitet war und gerade krank wurde. Am nächsten Morgen wachte ich topfit auf und hatte so viel Energie wie nie zuvor.« Der taoistischen Sexuallehre zufolge können multiple Orgasmen ohne Ejakulation auch dazu beitragen, den allgemeinen Gesundheitszustand zu verbessern und, ob Sie es glauben oder nicht, das Leben zu verlängern.

Die taoistische Sexuallehre, die auch als »sexuelles

Kung-Fu« bezeichnet wird, entstand als Zweig der chinesischen Medizin. (*Kung-Fu* bedeutet wörtlich »Übung«, und *sexuelles Kung-Fu* heißt einfach »sexuelle Übung«.) Die alten taoistischen Meister waren Ärzte, die ebenso intensiv über das körperliche Wohlbefinden wie über die sexuelle Befriedigung nachdachten. Das sexuelle Kung-Fu verhilft Männern zu größerer Vitalität und längerem Leben, indem es ihnen erlaubt, die auf den Samenerguss folgende Ermüdung und die zwangsläufig mit ihm einhergehende fortgesetzte Schwächung zu vermeiden – diese Praktiken wirken also tatsächlich der Alterung entgegen.

In Kapitel 1 beschreiben wir die in Fernost wie im Westen gesammelten Beweise für die Existenz multipler Orgasmen beim Mann. Und wir setzen uns mit aktuellen Forschungsergebnissen auseinander, welche ganz offensichtlich die Auffassung der alten taoistischen Gelehrten bestätigen, beim Orgasmus komme es darauf an, den Samenerguss zu vermeiden. In einem Bericht über diese überraschenden wissenschaftlichen Erkenntnisse kam die *New York Times* zu folgendem Schluss: »Die Erzeugung von Spermien ist sehr viel aufwendiger, als sich die Wissenschaftler bislang vorgestellt haben, und sie erfordert die Abzweigung von Ressourcen, die andernfalls zur Erhaltung der langfristigen Gesundheit eines Mannes nutzbar wären.«[4]

Doch ohne Praxis ist jede Theorie wertlos. Daher erläutern wir Ihnen in den Kapiteln 2 und 3 die sogenannte »Solo-Kultivierung«, mit deren Hilfe Sie Ihre multiorgastische Fähigkeit entwickeln können. Viele Männer erleben innerhalb von einer oder zwei Wochen nach Beginn der Übungen ihre ersten multiplen Orgasmen, und die Mehrheit eignet sich die Technik innerhalb von drei bis sechs Monaten an.

In den Kapiteln 4 und 5 lernen Sie, die »Duo-Kultivierung« des partnerschaftlichen sexuellen Kung-Fu auszuüben und Ihre Partnerin so zu befriedigen, wie sie es wahrscheinlich nie zu träumen gewagt hätte.

Obwohl Frauen aus der Lektüre des gesamten Buches Nutzen ziehen werden, ist ihnen ein eigenes Kapitel gewidmet: In Kapitel 6 erfahren Sie, was Sie wissen müssen, um Ihrem Partner zu helfen – und damit sich selbst –, das gesamte orgastische Potenzial auszuschöpfen.

Kapitel 7 ist für homosexuelle Männer geschrieben und beschreibt neue Praktiken, die zu einem lustvollen und sicheren multiorgastischen Liebesleben führen.

Kapitel 8 beschäftigt sich mit den Sorgen von Männern, die unter sexuellen Problemen leiden, etwa unter vorzeitigem Samenerguss, Impotenz oder Unfruchtbarkeit. Die taoistische Sexuallehre bietet völlig andere Zugänge zur Lösung dieser Probleme an.

Kapitel 9 schließlich enthält Ratschläge, wie Männer und ihre Partner/innen ein Leben lang eine ekstatische und intime Sexualität genießen können. Es beginnt mit einem Abschnitt für Männer mittleren und höheren Alters, die oft mit einem nachlassenden sexuellen Appetit und schwindender Potenz konfrontiert sind. Wir legen die Ergebnisse von Forschungen vor, die der verbreiteten Überzeugung widersprechen, dass die männliche Sexualkraft ihren Höhepunkt im zweiten Lebensjahrzehnt erreicht und danach beständig nachlässt. Die Taoisten wissen seit jeher, dass das Liebesleben eines Mannes, der sich der Natur seiner Sexualität bewusst ist, mit zunehmender Reife nur an Qualität gewinnt. Das Kapitel schließt mit der Auseinandersetzung darum, wie wir unseren Söhnen helfen können, ein gesundes und befriedigendes Sexualleben zu führen. Hätten *unsere* Väter nur mehr darüber gewusst!

China brachte die ersten, umfangreichsten und detailliertesten Sexhandbücher der Welt hervor. In *Der multiorgastische Mann* führen wir diese lange Tradition fort, indem wir Männern und ihren Partnerinnen einen praktischen, leicht verständlichen Leitfaden zur Revolution ihres Liebeslebens in die Hand geben. Der Taoismus kennt keine Trennung von Sexualität und Spiritualität, aber es ist nur natürlich, dass manche Leser stärker an praktischen sexuellen Ratschlägen interessiert sind, während andere mehr über die metaphysische Dimension ihrer Sexualität erfahren wollen. Daher beginnen wir mit grundlegenden Techniken, die alle Leser erlernen, wenn sie multiorgastisch werden wollen, und ergänzen diese schrittweise durch subtilere Techniken für jene Leser, die ihre Sexualität dazu einsetzen wollen, ihren Gesundheitszustand zu verbessern und ihre spirituelle Erfahrung zu vertiefen.

Dies ist kein Buch über den Taoismus in seiner philosophischen oder religiösen Dimension. (Einer der Autoren, Mantak Chia, hat sich in zahlreichen Büchern eingehend mit den Lehren dieser uralten Schule befasst und daraus ein umfassendes Heilsystem entwickelt, das er als Healing Tao bezeichnet.) In *Der multiorgastische Mann* stellen wir Lesern, die nicht an einer neuen Religion, sondern an einem erfüllteren Liebesleben interessiert sind, praktische taoistische Techniken vor, die durch wissenschaftliche Studien bestätigt werden.

Wir hoffen, dass dieses Buch weitere Forschungen anregen wird, welche die hier vorgestellte Theorie und Praxis aufgreifen. Wir glauben, dass die Zeit der Geheimniskrämerei und des kulturellen Chauvinismus vorüber ist. Osten und Westen sollten ihr Wissen austauschen – zum Vorteil aller Liebenden, die in dieser Zeit der Wirren des Fleisches sexuelle Erfüllung suchen.

Kapitel 1

Der Beweis steckt in Ihrer Hose

Möglicherweise haben Sie schon multiple Orgasmen gehabt. Es mag überraschend klingen, aber es ist eine Tatsache, dass viele Männer multiorgastisch sind, bevor sie geschlechtsreif werden und Samenergüsse haben. Die Forschungen von Kinsey brachten zutage, dass mehr als die Hälfte aller Jungen vor der Adoleszenz in der Lage waren, innerhalb kurzer Zeit einen zweiten Orgasmus zu erreichen; fast ein Drittel hatte fünf oder mehr aufeinanderfolgende Orgasmen. Daraus zog Kinsey den Schluss, ein Orgasmus sei »eindeutig auch ohne Ejakulation möglich«.

Die Fähigkeit, multiple Orgasmen zu erleben, geht nicht in der Pubertät verloren. Kinsey fährt fort: »Es gibt ältere Männer, auch im vierten Lebensjahrzehnt und darüber, die zu ähnlichen Leistungen imstande sind.« In *Fundamentals of Human Sexuality* ergänzt Dr. Herant Katchadourian: »Manche Männer sind in der Lage, den Samenerguss zu verhindern und dennoch die Orgasmuskontraktionen zu erleben. Mit anderen Worten: Sie haben Orgasmen ohne Ejakulation. Diese Orgasmen scheinen keine refraktäre Phase [Unempfindlichkeit gegenüber neuer Stimulation] nach sich zu ziehen, wodurch diese Männer wie Frauen direkt aufeinanderfolgende, multiple Orgasmen erleben können.«

Warum verlieren die meisten Männer ihre Fähigkeit,

multiple Orgasmen zu haben? Möglicherweise ist für viele heranwachsende Männer die Erfahrung der Ejakulation derart überwältigend, dass sie das Erlebnis des Orgasmus überdeckt, was dazu führt, dass der Mann die Fähigkeit einbüßt, zwischen beiden Erlebnissen zu unterscheiden. Ein multiorgastischer Mann beschreibt seinen ersten Samenerguss folgendermaßen: »Ich kann mich noch ganz genau daran erinnern. Ich erlebte wie üblich einen Orgasmus, aber diesmal spritzte eine weiße Flüssigkeit heraus. Ich glaubte zu sterben. Ich schwor bei Gott, ich würde nie wieder onanieren – wobei dieser Schwur natürlich nur etwa einen Tag lang hielt.« Da Orgasmus und Ejakulation im Allgemeinen innerhalb von Sekunden aufeinanderfolgen, sind sie leicht zu verwechseln.[1] Wer multiorgastisch werden will, muss sich die Fähigkeit aneignen (oder diese Fähigkeit wiedererlangen), zwischen den verschiedenen Empfindungen der Erregung zu unterscheiden und im Orgasmus zu schwelgen, ohne in die Ejakulation zu stürzen. Wenn Sie den Unterschied zwischen Orgasmus und Ejakulation verstehen, werden Sie die beiden Phänomene in Ihrem eigenen Körper leichter voneinander trennen können.

Hirnströme und Reflexe

Der Orgasmus ist eine der intensivsten und erfüllendsten menschlichen Erfahrungen, und wenn Sie je einen Orgasmus hatten – was auf die allermeisten Männer zutrifft –, werden Sie keine Definition dieser Empfindung brauchen. Allerdings entstehen nicht alle Orgasmen auf dieselbe Art und Weise. Der Orgasmus unterscheidet sich von Person zu Person geringfügig und wird sogar von ein und derselben

Person nicht immer gleich erlebt. Dennoch weist er bei allen Männern bestimmte gemeinsame Merkmale auf. Dazu gehören rhythmische Körperzuckungen, eine erhöhte Herzfrequenz, Muskelanspannung und eine plötzliche Lösung der Spannung einschließlich der Beckenkontraktionen. Auch diese sind mit einem angenehmen Gefühl verbunden. In der 13. Auflage von *Smith's General Urology* heißt es, der Orgasmus sei »der am wenigsten verstandene sexuelle Vorgang«. Auf diese Aussage folgt die Erklärung, zum Orgasmus gehörten »ungewollte rhythmische Kontraktionen des Afterschließmuskels, Hyperventilieren (beschleunigte Atmung), Tachykardie (beschleunigte Herzfrequenz) und ein erhöhter Blutdruck«.

Die in diesen Definitionen genannten Vorgänge umfassen den ganzen Körper. Dennoch wurde der Orgasmus lange Zeit als ein strikt auf den Genitalbereich reduzierter Vorgang betrachtet – und auch heute noch hegen viele Männer diese Vorstellung. In der westlichen Welt vertrat als Erster Wilhelm Reich in seinem umstrittenen Buch *Die Funktion des Orgasmus* die Auffassung, der Orgasmus beschränke sich nicht auf die Geschlechtsteile, sondern erfasse den ganzen Körper.[2] Im Fernen Osten erkannten die Taoisten schon vor langer Zeit die Ausdehnung des Orgasmus auf den ganzen Körper. Ausgehend von dieser Erkenntnis entwickelten sie Techniken zur Erweiterung des orgastischen Genusses.

Viele Sexualforscher vertreten mittlerweile die Auffassung, der Orgasmus finde in Wirklichkeit eher in unserem Gehirn als in unserer Muskulatur statt. Hirnstromanalysen zeigen, dass der Orgasmus möglicherweise sogar in erster Linie ein Hirnvorgang ist. Die Tatsache, dass man im Schlaf und ohne jede körperliche Berührung einen Orgasmus haben kann, scheint diese Theorie zu bestätigen. Der Neurologe Robert J. Heath von der Tulane University hat herausgefunden, dass bestimmte Teile des Gehirns in Reaktion auf eine Elektrodenstimulation sexuelle Lust erzeugen, welche mit der identisch ist, die durch körperliche Stimulation hervorgerufen wird. Sexualtherapeuten erklären gerne, dass der Sex im Gehirn stattfindet. Dafür spricht einiges – insbesondere, wenn es um den Orgasmus geht.

Anders als der Orgasmus, der einen emotionalen und körperlichen Höhepunkt darstellt, ist die Ejakulation lediglich ein Reflex, der im unteren Bereich der Wirbelsäule ausgelöst wird und zum Erguss des Samens führt. Michael Winn, Meister des Healing Tao und Mitautor des Buches *Tao Yoga der Liebe*, erläutert: »Viele Männer befremdet schon die bloße Vorstellung eines Orgasmus ohne Ejakulation, weil sie seit so langer Zeit, oft seit Jahrzehnten, Sex mit Samenerguss praktizieren. Daher besteht die erste Aufgabe darin, die Ejakulation zu entmystifizieren. Sie ist nichts weiter als ein unwillkürlicher Muskelspasmus.«

Mit einiger Übung können Sie lernen, den Ejakulationsreflex zu verhindern und dennoch das Hochgefühl des Orgasmus zu erreichen. In den folgenden zwei Kapiteln werden wir Schritt für Schritt genau erklären, wie man den Orgasmus von der Ejakulation trennt und wie man ihn auf den ganzen Körper ausdehnen kann. Aber werfen wir zunächst einen Blick auf die Anzeichen dafür, dass Männer genauso wie Frauen multiple Orgasmen haben.

Beweisen Sie es

Die wohl umfangreichsten Laborstudien über den männlichen multiplen Orgasmus führten die Sexualforscher William Hartman und Marilyn Fithian durch. Sie untersuchten dreiunddreißig Männer, die behaupteten, multiorgastisch zu sein – das heißt, die Fähigkeit zu haben, zwei oder mehr Orgasmen zu haben, ohne ihre Erektion zu verlieren.

Während die Männer im Labor Geschlechtsverkehr mit ihren Partnerinnen hatten, beobachteten Hartman und Fithian ihren Puls, da sie in der Herzfrequenz das deutlichste Anzeichen für den Orgasmus sehen. Der durchschnittliche Ruhepuls liegt bei siebzig Schlägen in der Minute; während des Orgasmus erhöht sich die Pulsfrequenz fast auf das Doppelte und steigt auf etwa hundertzwanzig Herzschläge. Nach dem Orgasmus sinkt der Puls wieder auf den Ruhewert (siehe Abbildung 1). Die Wissenschaftler maßen auch die Beckenkontraktionen (am deutlichsten am unwillkürlichen Zusammenpressen des Afters zu erkennen), die mit dem Höhepunkt der Herzfrequenz beim Orgasmus einhergehen. Dabei machten sie eine einigermaßen überraschende Entdeckung: Die Erregungsdiagramme dieser Männer waren mit denen multiorgastischer Frauen identisch.

Zwischen männlicher und weiblicher Sexualität besteht möglicherweise größere Ähnlichkeit als üblicherweise angenommen. Betrachtet man die menschliche Geschlechtsentwicklung, so erscheint diese Ähnlichkeit folgerichtig, da sich die männlichen und weiblichen Genitalien aus dem gleichen Embryonalgewebe entwickeln. In ihrem berühmten Buch *The G Spot and Other Recent Discoveries About Human Sexuality* erklärten Alice Ladas, Beverly Whipple

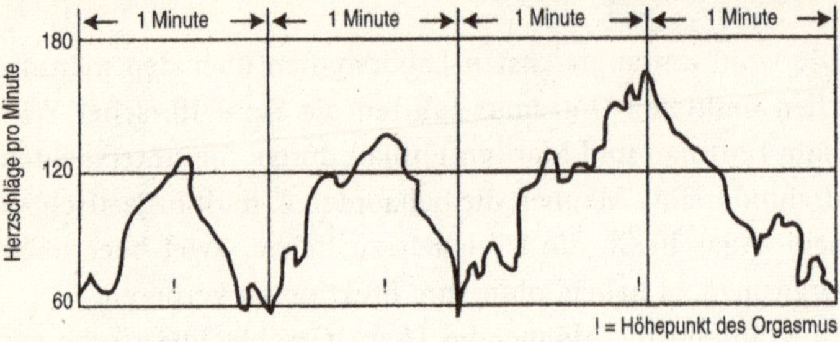

Abb. 1: Erregungsdiagramm eines multiorgastischen Mannes
(Quelle: Hartman und Fithian)

und John Perry, männliche und weibliche Sexualität seien nahezu identisch. Die Autoren lieferten nicht nur eine aufsehenerregende Beschreibung des weiblichen »G-Punkts« (mit dem wir uns in Kapitel 4 näher beschäftigen werden), sondern vertraten auch die Auffassung, Männer könnten ebenso wie Frauen multiple Orgasmen erleben.

Bei den Untersuchungen von Hartman und Fithian stellte sich heraus, dass ein multiorgastischer Mann durchschnittlich vier zusammenhängende Höhepunkte erreichte. Einige Männer hatten mindestens zwei aufeinanderfolgende Orgasmen, einer kam auf nicht weniger als sechzehn! In einer von Marion Dunn und Jan Trost durchgeführten Studie berichteten die meisten Männer, pro Sitzung zwischen zwei und neun Orgasmen zu haben.[3]

An dieser Stelle sollte darauf hingewiesen werden, dass es in der taoistischen Sexuallehre nicht um Zahlen und Rekordergebnisse, sondern um Befriedigung und Vervollkommnung geht. Man kann sich mit einem, mit drei oder mit sechzehn Orgasmen befriedigt fühlen. Man vervollkommnet seine Sexualität, indem man sich seines körperlichen Genusses bewusster wird und seine Fähigkeit zum intimen Austausch mit der Partnerin erhöht. Jeder Mensch und jede sexuelle Erfahrung ist anders, und die »richtige« Zahl von Orgasmen hängt immer davon ab, was Sie und Ihre Partnerin sich im Augenblick wünschen. Wenn Sie erst einmal multiorgastisch sind, brauchen Sie sich nie mehr Gedanken darüber zu machen, wie lange Sie durchhalten können, oder wie viele Orgasmen Ihre Partnerin hat. Denn Sie beide werden imstande sein, so viele Orgasmen zu erleben, wie Sie nur wollen.

Der kleine Tod

Die taoistischen Meister waren Ärzte, und ihr Interesse an der Sexualität galt der Frage, wie sie der allgemeinen Gesundheit des Körpers dienen könnte. Sie praktizierten sexuelles Kung-Fu, weil sie entdeckten, dass die Ejakulation dem Mann seine Energie entzieht. Diesen Energieverlust und das allgemeine Gefühl der Erschöpfung nach dem Samenerguss kennen Sie von sich selbst. Sie würden gerne auf die sexuellen und emotionellen Bedürfnisse Ihrer Partnerin eingehen, aber Ihr Körper sehnt sich nur noch nach Schlaf. Ein multiorgastischer Mann drückt es so aus: »Sobald ich gekommen bin, finde ich die Bettdecke schöner als meine Freundin.«

Das Bild der unbefriedigten Frau, deren Liebhaber ejakuliert, grunzt und über ihr zusammenbricht, ist in unserer Gesellschaft zu einem Gemeinplatz geworden. Aber die Erschöpfung, welche die Männer nach dem Samenerguss fühlen, ist so alt wie das erste Stöhnen beim Liebesakt. Pengtze, ein Sexualberater des berühmten Gelben Kaisers, schrieb vor fast fünftausend Jahren: »Nach dem Samenerguss ist ein Mann müde, seine Ohren sausen, seine Augen werden schwer, und er sehnt sich nach Schlaf. Er ist durstig, und seine Lenden fühlen sich schwer und steif an. Beim Samenerguss genießt er einen Augenblick lang eine angenehme Empfindung, aber anschließend versinkt er in stundenlanger Erschöpfung.«

Unser gesunder Menschenverstand stimmt mit den Taoisten in dem Punkt überein, dass die sexuelle Energie für besondere Anlässe aufgehoben werden kann. Sportler wissen seit langem um die Schwäche und Lethargie, welche auf die Ejakulation folgen, und verzichten daher in der Nacht vor dem »großen Spiel« auf Sex. Auch Künstler sind sich der nachteiligen Auswirkung sexueller Aktivität auf ihre Arbeit bewusst. Der Jazz-Musiker Miles Davis erklärte in einem *Playboy*-Interview:

> Davis: Du kannst nicht kommen und dann kämpfen oder spielen. Das geht einfach nicht. Wenn ich Lust habe zu kommen, komme ich. Aber ich komme nicht und spiele anschließend.
>
> *Playboy:* Erklären Sie das für Laien.
>
> Davis: Fragen Sie Muhammad Ali. Wenn er kommt, steht er nachher keine zwei Minuten lang im Ring. Zum Teufel, er könnte nicht einmal mich umhauen.
>
> *Playboy:* Wenn das so ist, würden Sie dann gegen Muhammad Ali antreten, um das zu beweisen?

Davis: Darauf können Sie wetten. Und ob ich antreten würde. Aber er muss versprechen, vorher zu ficken. Wenn er nicht fickt, werde ich nicht kämpfen. Man verliert all seine Energie, wenn man kommt. Ich meine tatsächlich *die gesamte Energie!* Wenn man also vor einem Auftritt fickt – wo soll man dann die Energie hernehmen, wenn man seinen Einsatz hat?

Das hört sich nicht gerade romantisch an, aber Miles nahm eben kein Blatt vor den Mund. Als einer der größten Jazztrompeter der Welt wusste er, dass ein Samenerguss einen Raubbau an seiner Vitalität und an seiner künstlerischen Kreativität bedeutete. Doch wie die meisten Männer wusste Miles unglücklicherweise nicht, dass er vor seinen Auftritten allen Sex hätte haben können, den er wollte, dass er sogar Orgasmen hätte haben können – solange er nur auf die Ejakulation verzichtete. Vielleicht hätte das seinen Ausdruck sogar noch kraftvoller gemacht.

Die Auswirkungen der Ejakulation mögen bei Berufsmusikern und Profiboxern besonders deutlich zutage treten, aber letzten Endes versinken alle Männer in den gleichen Erschöpfungszustand, wenn sie kommen – eigentlich sollte man in diesem Zusammenhang eher von *gehen* sprechen. Ein multiorgastischer Mann erklärt: »Ich merke es am folgenden Morgen, wenn ich ejakuliere. Ich stehe mit schweren Beinen auf und bin schon mittags müde. Wenn ich aber mehrere Höhepunkte ohne Samenerguss habe, wache ich erfrischt auf und brauche weniger Schlaf.« Ein Mann, der gerade eine längere Krankheit hinter sich hatte, äußerte: »Mein sexuelles Verlangen war immer stark, also ejakulierte ich häufig, ein- oder zweimal täglich. Und mit jeder Ejakulation verschlechterte sich meine Gesundheit, weil ich sehr viel Energie verlor.« Viele, insbesondere junge Männer, empfinden anfangs dieses Gefühl der Erschöpfung nach dem Samenerguss nicht, es sei denn, sie sind krank oder müssen schwer arbeiten.

In der westlichen Welt gehen wir davon aus, dass der Samenerguss unvermeidlich den Höhepunkt der männlichen Erregung und das Ende des Liebesakts darstellt. In China hingegen erkannten die Ärzte schon vor langer Zeit in der Ejakulation – was die Franzosen *la petite mort*, den »kleinen Tod«, nennen – eine vermeidbare Beschneidung des männlichen Genusses und eine anhaltende Schwächung der männlichen Lebenskraft.

Don Juans, Mönche und »Multiorgastiker« unter den Würmern Am 3. Dezember 1992 berichtete die *New York Times* auf ihrer Titelseite über verblüffende Forschungsergebnisse, welche die uralte taoistische Erkenntnis zu bestätigen scheinen, dass die Spermaproduktion einen hohen Zoll vom männlichen Körper fordert: »Diese Ergebnisse waren das Letzte, was ich erwartet hätte, als ich mit dem Experiment begann«, erklärte Wayne Van Voorhies von der University of Arizona. »Die Resultate waren so frappierend, dass ich die Arbeit viermal wiederholte, um sicherzugehen, dass die Ergebnisse stimmten. Der wesentliche Schluss aus diesen Ergebnissen lautet, dass ein Großteil unserer vorgefassten Meinungen [über die männliche Sexualität] einfach nicht haltbar ist.«[4]

Dr. Van Voorhies untersuchte einfache, aber aufschlussreiche Fadenwürmer (Nematoden). Nun fragen Sie sich vielleicht, was Würmer mit Ihrer Sexualität zu tun haben. Nun, diese Würmer sind nicht nur alltägliche Gartenbewohner. »Die Nematoden«, erläutert Dr. Philip Anderson von der University of Wisconsin, »weisen dieselben biochemischen Prozesse auf wie der Mensch und andere Säugetiere.« In wissenschaftlichen Untersuchungen lassen sich Fadenwürmer zuweilen anstelle von Versuchspersonen einsetzen.

Van Voorhies untersuchte drei Gruppen von männlichen Würmern. Die erste Gruppe konnte sich paaren, wann immer sie wollte, was eine häufige Spermienproduktion erforderte. Diese *Don Juans* unter den Würmern lebten im Schnitt nur 8,1 Tage. (Nematoden haben keine hohe Lebenserwartung.) Der zweiten Gruppe erlaubte man überhaupt keine Paarung. Diese, sagen wir: *Mönche* unter den Würmern lebten durchschnittlich 11,1 Tage lang. Noch verblüffender war jedoch, dass die dritte Gruppe, die *multiorgastischen* Würmer, die sich frei paaren durften, deren Spermienproduktion jedoch künstlich reduziert worden war, ein Alter von fast vierzehn Tagen erreichten – sie lebten also mehr als 50 Prozent länger als die Würmer, die laufend Samen produzieren mussten!

Die *Times* folgerte: »Diese Arbeit legt den Schluss nahe, dass unablässige Samenproduktion einen Mann viel Substanz kostet, da sie, so wird vermutet, den Einsatz komplexer Enzyme und biochemischer Prozesse erfordert, welche den Stoffwechsel mit schädlichen Nebenprodukten belasten.« Die Zeitung ging sogar so weit zu behaupten, dass »die unterschiedliche Lebenserwartung von Mann und Frau vielleicht einfach mit der Spermienproduktion zusammenhängt. Frauen leben durchschnittlich sechs Jahre länger als

Männer.« Es gibt eine Reihe von Theorien zur Erklärung der ungleichen Lebenserwartung von Männern und Frauen zu den Ursachen werden auch verschiedene Lebensgewohnheiten und die hormonbedingten Unterschiede gezählt. Aber ob die Spermienproduktion nun tatsächlich Ihr Leben verkürzt oder nicht: mit Sicherheit kostet sie Kraft.

Vor mehr als zweitausend Jahren – lange bevor man Experimente mit Nematoden durchführte – beschrieben die Taoisten in der *Rede vom höchsten Tao unter dem Himmel*, wie wichtig es sei, den Samenfluss zurückzuhalten: »Ein Mann, der Verkehr hat, ohne seinen Samen zu verschütten, stärkt seine Lebenssubstanz. Tut er es zweimal, so schärfen sich sein Gehör und sein Blick. Gelingt es ihm dreimal, so verschwinden alle seine körperlichen Beschwerden. Beim vierten Mal wird er beginnen, inneren Frieden zu empfinden. Nach dem fünften Mal wird sein Blut kraftvoll zirkulieren. Beim sechsten Mal werden seine Geschlechtsteile außerordentliche Fähigkeiten erlangen. Beim siebten Mal werden seine Schenkel und sein Gesäß fest. Beim achten Mal wird sein Körper strahlende Gesundheit zeigen. Beim neunten Mal nimmt seine ganze Lebenserwartung zu.« Alte Texte übertreiben, um ihre Aussage deutlich zu machen, und es ist natürlich unwahrscheinlich, dass uns die oben beschriebenen Segnungen in genau dieser Reihenfolge oder genau zu den beschriebenen Zeitpunkten zuteil werden. Aber das Zitat unterstreicht, dass die Taoisten seit langem wissen, wie wichtig es ist, den Samen zu bewahren.

Fortpflanzung und Lust Ein Blick auf die einfache Arithmetik der Spermienproduktion trägt zu einer Erklärung der

Tatsache bei, dass der Samenerguss den Körper so ungemein viel Substanz kostet. Ein durchschnittliches Ejakulat enthält zwischen fünfzig und zweihundertfünfzig Millionen Spermien. (Theoretisch könnte man mit einer Ejakulation die Bevölkerung der Vereinigten Staaten verdoppeln!) Jedes einzelne Spermium ist in der Lage, mit der Eizelle ein neues menschliches Wesen hervorzubringen. Eine Fabrik, die fünfzig und zweihundertfünfzig Millionen Produkte herstellt, benötigt dafür sehr viel Rohmaterial. In diesem Fall sind Sie das Rohmaterial. Zwar produziert Ihr Körper jeden Tag eine große Menge Sperma, aber das macht es nicht zu einer Massenware, mit der man achtlos umgehen darf. Wenn Ihr Körper diesen Spermavorrat nicht ständig auffüllen muss, kann er der taoistischen Lehre zufolge die eingesparte Energie verwenden, um Ihren Körper und Ihren Geist zu stärken. In der taoistischen Praxis wird diese Energie eingesetzt, um Gesundheit, Kreativität und geistiges Wachstum zu fördern.

Jedes Mal wenn Sie ejakulieren, nimmt Ihr Körper an, dass er ein neues Leben zeugen soll. Dem Tao zufolge opfern sämtliche Organe und Drüsen Ihres Körpers dafür ihre beste Energie, die als *orgastische Energie* bezeichnet wird. Bei vielen Arten beginnt in dem Augenblick, in dem diese Energie abgegeben wird, in dem die Saat ausgebracht ist, der körperliche Verfall des Tieres. Lachse zum Beispiel sterben kurz nach dem Ablaichen. Jeder, der sich schon einmal mit Gartenpflege beschäftigt hat, weiß, dass die Pflanzen absterben oder in einer Ruhephase versinken, sobald sie ihre Samen abgegeben haben. Pflanzen, die an der Austreibung ihrer Früchte gehindert werden, leben länger als solche, bei denen kein derartiger Eingriff erfolgt. Glücklicherweise sterben wir nicht nach dem Samenerguss. Aber die Taoisten wissen, dass wir Teil der Natur sind und die Gesetze der Natur auch für uns gelten.

In *Das sexuelle Verhalten des Mannes* (allgemein bekannt als *Kinsey-Report)* berichten die Autoren, dass ein Mann im Lauf seines Lebens durchschnittlich etwa fünftausendmal ejakuliert und manche Männer ejakulieren viel, viel öfter. Im Lauf seines Sexuallebens (einschließlich der Zeit, die er allein im Badezimmer verbringt) produziert ein Mann eine Billion Spermien. Unter der Annahme, dass einige dieser Samenergüsse beim Geschlechtsverkehr mit einer Partnerin stattfinden, bestehen recht gute Chancen, dass er seinen genetischen Code weitergeben kann. Zumeist besteht beim Liebesakt jedoch keine Notwendigkeit, unseren Samen abzugeben und unsere körperliche Substanz anzugreifen, da der Sex in der Mehrzahl der Fälle nicht der Fortpflanzung, sondern der Lust dient. Wenn Sie nur Geschlechtsverkehr haben, wenn Sie ein Kind zeugen wollen, brauchen Sie das sexuelle Kung-Fu nicht zu praktizieren. Wenn Sie jedoch ein multiorgastisches und erfülltes Sexualleben anstreben, sollten Sie weiterlesen.

Kapitel 2

Erkenne dich selbst

Wollen Sie multiorgastisch werden, so müssen Sie Ihren Körper erkunden und mit Ihrer persönlichen Erregungskurve vertraut werden. Die besten Liebhaber kennen sowohl ihre eigenen Wünsche als auch jene ihrer Partnerin. In Kapitel 4 werden wir uns damit beschäftigen, wie man die Wünsche seiner Partnerin erfüllen kann. Zunächst werden Sie jedoch lernen, Ihre eigenen Wünsche zu erfüllen. In diesem Kapitel beginnen wir mit einer kurzen Beschreibung der grundlegenden Fakten zu Ihrer sexuellen Anatomie, Ihrer Energie, Ihrer Erregung, Ihrer Ejakulation und Ihren Orgasmen. Anschließend machen wir Ihnen einige Vorschläge, wie Sie Ihren sexuellen Genuss steigern können.

Ihr Körper

Penis Die meisten Männer denken an ihren Penis, wenn sie an ihre Sexualität denken. Das ist nur logisch, weil der Penis der auffälligste Teil der männlichen Sexualanatomie ist. Seltsamerweise ranken sich um dieses anscheinend einfache Organ immer noch zahlreiche Geheimnisse und Fehlinformationen. Zunächst einmal hat Ihr Penis keine Knochen oder Muskeln. Er besteht vor allem aus Schwammgewebe. Da er keinen Muskel hat, können Sie ihn leider nicht vergrößern wie Ihren Bizeps. Allerdings sind zwischen fünf und sieben Zentimeter des Penis im Körper verwurzelt, in einem Muskel namens Pubococcygeus, der häufig als PC-Muskel bezeichnet wird. Wie wir im nächsten Kapitel beschreiben werden, ist es möglich, diesen Muskel zu festigen, um stärkere Erektionen, intensivere Orgasmen und eine bessere Kontrolle über die Ejakulation zu erreichen.

Viele Männer machen sich Gedanken über die Größe ihres Penis, und manch einer unterzieht sich mittlerweile sogar einer Operation zur Penisvergrößerung. Damit sollten wir uns kurz beschäftigen.

In der Geschichte der Menschheit wurden immer wieder Versuche unternommen, die sogenannte »Männlichkeit« zu vergrößern – sogar die Taoisten entwickelten eine Methode, die wir in Kapitel 8 beschreiben werden. In Wahrheit ist die Größe Ihres Penis bei weitem nicht so bedeutsam wie die Festigkeit der Erektion und der Gebrauch, den Sie von ihm machen. Wenn Sie sexuelles Kung-Fu praktizieren, werden Sie oft genug die Bestätigung erhalten, dass sie »Manns genug« sind, jede Frau zu befriedigen. Wenn für Sie die Penisgröße ein Problem bleibt, so nehmen Sie sich, bevor Sie zu einem plastischen Chirurgen laufen, einen Augenblick Zeit, und lesen Sie in Kapitel 8 den Abschnitt »Darf's etwas mehr sein? Penisvergrößerung«.

Hoden Die meisten Männer wissen, dass ihr Sperma in den Hoden, den Testikeln, produziert wird. Viele von ihnen wissen auch, dass die normale Körpertemperatur zu hoch für die Spermienproduktion ist. (Das ist der Grund dafür, dass enge Unterhosen, welche die Hoden an den Körper drücken, die Spermienzahl verringern können.) Wenn Sie auf den Sa-

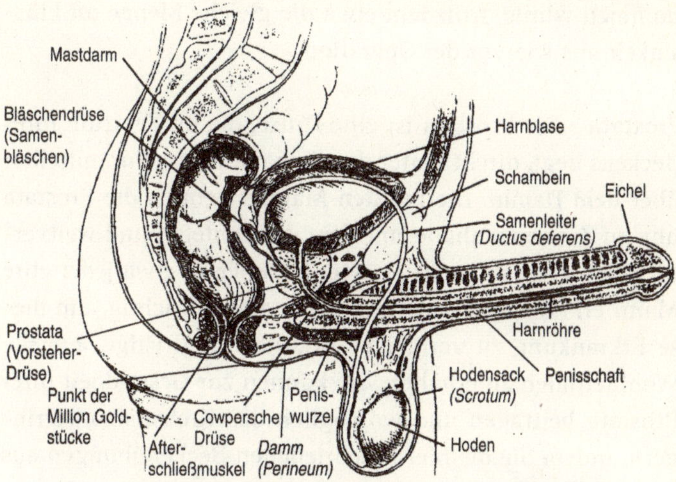

Abb. 2: Die Geschlechtsanatomie des Mannes

menerguss zusteuern, werden Ihre Hoden in den Körper gezogen. Eine uralte, im Folgenden beschriebene Technik zur Hinauszögerung der Ejakulation besteht darin, die Hoden vom Körper wegzuziehen.

Der Samenleiter *(Ductus deferens)* ist eine stabile Röhre, die von den Hoden zur Prostata oder Vorsteherdrüse führt (siehe Abbildung 2). Das Sperma steigt bis zur Mündung dieser Röhre hinauf, wo es sich vor der Ejakulation mit Sekreten aus den Samenbläschen und aus der Prostata vermischt. Die Sekrete aus der Prostata stellen etwa ein Drittel des Ejakulats dar und sind für seine milchige Farbe verantwortlich. Die Spermien machen nur einen kleinen Teil des Ejakulats aus; aus diesem Grund stößt ein Mann, bei dem eine Vasektomie (Durchtrennung der Samenleiter) vorgenommen wurde, trotzdem etwa die gleiche Menge an Flüssigkeit aus wie vor der Operation.

Prostata Die Prostata ist eine Drüse, die im Zentrum Ihres Beckens liegt, direkt hinter dem Schambein und unmittelbar über dem Damm. Die meisten Männer kennen die Prostata nur im Zusammenhang mit dem gefürchteten und weitverbreiteten Prostatakrebs, an dem in Amerika etwa jeder elfte Mann erkrankt. Eine gesunde Prostata ist wichtig, um diese Erkrankung zu vermeiden und das langfristige sexuelle Wohlbefinden zu erhalten. Sie können zur Gesundheit Ihrer Prostata beitragen und womöglich das Krebsrisiko verringern, indem Sie die hier beschriebenen Beckenübungen aus dem sexuellen Kung-Fu durchführen und Ihre Prostata regelmäßig massieren. Wenn Sie Probleme mit der Prostata haben oder das Auftreten solcher Probleme in der Zukunft vermeiden wollen, dann schlagen Sie bitte in Kapitel 8 im Abschnitt »Meine was? Vermeidung und Behebung von Prostataproblemen« nach.

Die Prostata ist ähnlich wie der G-Punkt der Frau häufig besonders empfindlich für sexuelle Stimulation. Tatsächlich wird sie auch als »männlicher G-Punkt« bezeichnet. Die Autoren von *The G Spot* kommen zu dem Schluss: »Bei Männern gibt es einen vom Penis und einen von der Prostata ausgelösten Orgasmus.« Männer berichten, dass sich der Prostataorgasmus sowohl emotionell als auch körperlich erheblich vom Penisorgasmus unterscheidet. Dieser Unterschied, meinen die Autoren von *The G-Spot*, entspricht dem zwischen klitoralem und vaginalem Orgasmus bei der Frau.

Wie der G-Punkt der Frau wird auch die Prostata zunehmend empfindlicher für erotische Stimulation, wenn die Erregung des Mannes zunimmt und der Orgasmus naht. Aus diesem Grund unterscheidet sich ein Prostata-Checkup beim Arzt erheblich von der Prostatastimulation, die Sie im Bett mit Ihrer Partnerin erleben. (Sie und Ihre Partnerin sollten daran denken, dass der Körper von vorne nach hinten erregt wird, weshalb die Partnerin mit der Stimulation der Prostata warten sollte, bis der Mann stark erregt ist.)

Sie können Ihre Prostata von außen durch Ihren Damm stimulieren, und zwar am »Punkt der Million Goldstücke« (mehr über diesen Punkt erfahren Sie später in diesem Kapitel). Diesen Punkt zu erreichen kann schwierig sein, wenn Sie nicht sehr geschmeidig sind. Im Allgemeinen ist die beste Position die, in der Sie auf dem Rücken liegen, wobei Sie entweder die Knie beugen und die Füße auf das Bett stellen oder die Knie an die Brust ziehen. In dieser Stellung können Sie einen (gutbefeuchteten) Finger einführen, sich vortasten und Ihre Prostata berühren. Drei bis fünf Zentimeter tief an der Vorderseite des Kreuzbeins sollten Sie eine Erhebung von der Größe einer Walnuss ertasten können. Reiben Sie behutsam an der Prostata. Sie können auch mit wechselnder Geschwindigkeit vor- und zurückfahren, womit Sie auch die sehr empfindlichen Nerven rund um Ihren After stimulieren. Wenn Sie dazu bereit ist, kann Ihre Partnerin dasselbe aus einem etwas einfacheren Winkel tun. (Achten Sie darauf, dass Ihre Nägel beziehungsweise die Ihrer Partnerin geschnitten sind.) Wenn Sie oder Ihre Partnerin nicht daran interessiert sind, das Innere Ihres Afters zu erkunden, können Sie den Afterschließmuskel und/oder den Damm stimulieren, womit Sie auch die Prostata anregen.

Wenn die Prostatastimulation einen Samenerguss auslöst, fließt die Flüssigkeit normalerweise heraus, anstatt herauszuspritzen. Denken Sie daran, dass diese Art der Stimulation sehr tief und intensiv ist, was zur Folge hat, dass die Erregung bei der Prostatastimulation noch schwerer zu kontrollieren ist als bei der Stimulation der Genitalien. Gehen Sie also langsam vor, und versuchen Sie nichts zu übertreiben.

Damm (Perineum) Der Damm ist von großer Bedeutung für die Liebeskunst. Die Taoisten bezeichneten ihn als »Tor zwischen Leben und Tod«.

Seine Funktion bei der Vermeidung der Ejakulation war ein streng gehütetes Geheimnis. Auf dem Damm genau gegenüber dem After befindet sich der »Punkt der Million Goldstücke«, so bezeichnet, um seinen Wert für das sexuelle Kung-Fu herauszustreichen (siehe Abbildung 2). So viel kostete es vermutlich, einen Tao-Meister dazu zu bewegen, die exakte Position dieses Punktes zu verraten. (Auch die Tao-Meister mussten sich ihren Lebensunterhalt verdienen.) Im nächsten Kapitel sprechen wir darüber, wie Ihnen der Punkt der Million Goldstücke helfen kann, Ihren Samenerguss zu beherrschen.

Geschlechtsmuskeln Der Pubococcygeus oder PC-Muskel besteht aus einer Gruppe wichtiger Beckenmuskeln, die vom Schambein *(Os pubis)* rückwärts zum Steiß- oder Kuckucksbein *(Os coccygis)* verlaufen. Diese Muskeln bilden die Grundlage für Ihre sexuelle Ausdauer. Sind sie nicht gut trainiert, können Sie nicht multiorgastisch werden. Im folgenden Kapitel werden wir einige Übungen zur Stärkung dieser Muskeln beschreiben.

Wenn Sie je gezwungen waren, für längere Zeit im Bett zu bleiben oder einen Gips zu tragen, wissen Sie, dass Muskeln sich zurückbilden und schwach werden, wenn man sie nicht belastet. Dasselbe gilt für Ihre Geschlechtsmuskeln. Der Penis zieht sich tatsächlich in den Körper zurück, wenn er nicht regelmäßig benutzt wird. Viele ältere Männer, die nicht sexuell aktiv sind, machen diese Erfahrung. Die Taoisten wussten, dass die Sexualorgane genauso trainiert werden müssen wie alle anderen Teile des Körpers.

After Seine Nähe zur Prostata und die große Dichte an sensiblen Nervenenden machen den After zu einer ausgesprochen erogenen Zone, wie viele – sowohl homo- als auch heterosexuelle – Männer wissen. Viele Menschen machen sich Sorgen, der After sei »schmutzig«, und halten es für »unnatürlich«, ihn sexuell zu stimulieren. Sie sollten dafür sorgen, dass Ihr After sauber ist, bevor Sie ihn berühren, und Sie sollten alles waschen, was Sie zur Analstimulation verwendet haben (zum Beispiel einen Finger), bevor Sie zur Vaginalstimulation übergehen. Andernfalls könnten Sie Bakterien übertragen. Abgesehen davon gibt es kaum eine Erklärung dafür, warum der After sexuell so empfindlich sein sollte, wenn seine Stimulation »unnatürlich« wäre. Viele heterosexuelle Männer fürchten auch, sie könnten homosexuell sein oder werden, wenn sie Vergnügen an der Stimulation ihres Afters haben. Es gibt jedoch keinerlei Hinweise darauf, dass eine Beziehung zwischen analer Empfindlichkeit und Homosexualität besteht. Homosexualität ist eine sexuelle Ausrichtung, keine sexuelle Praxis. Viele homosexuelle Männer genießen die Stimulation des Afters, doch dasselbe gilt für viele heterosexuelle Männer.

Brustwarzen Viele Männer entdecken überrascht, dass ihre Brustwarzen empfindlich sind. Andere brauchen anfangs vielleicht regelmäßige Stimulation, um die Nervenenden in ihren Brustwarzen anzuregen. Die Stimulation der Brustwarzen gehört zu den unterschätzten und zu wenig ergründeten Genüssen in der männlichen Sexualität.

Ihre Energie

Wenn Sie verstehen lernen, wie die Energie in Ihrem Körper arbeitet, werden Sie in der Lage sein, genitale Orgasmen zu Ganzkörperorgasmen zu erweitern und Ihre sexuelle Energie einzusetzen, um Ihre Kreativität und Gesundheit zu fördern. Wie wir in der Einführung erwähnt haben, entwickelte sich das sexuelle Kung-Fu als Zweig der chinesischen Medizin. Als einem der ältesten und wirkungsvollsten Heilsysteme der Welt verdanken wir ihr die Entdeckung erfolgreicher Therapien wie der Akupunktur und der Akupressur. Nach der Lehre der chinesischen Medizin verfügt der Mensch neben den physischen Strukturen seines Körpers auch über physische Energie, die stetig durch sämtliche Zellen des Körpers zirkuliert.

Der elektrische Körper Die moderne Chemie ist mittlerweile in der Lage zu zeigen, dass in unserem Körper tatsächlich elektrische Energie fließt. Im Jahr 1984 stellte K. C. Cole in der Februar-Ausgabe der Zeitschrift *Discovery* folgenden

Vergleich an: »Elektrizität ist allgegenwärtig in unserem Leben: Sie strömt durch die Mauern unserer Häuser und reguliert das Leben unserer Zellen ... Sie treibt Elektroloks genauso wie das menschliche Hirn an ... Ihr ganzer Körper ist eine gigantische elektrische Maschine: die Körperchemie beruht (wie die gesamte Chemie) auf elektrischen Bindungen.«

Im Mittelpunkt der chinesischen Medizin steht unsere Fähigkeit, einen ständigen Kreislauf der bioelektrischen Energie durch den Körper aufrechtzuerhalten. Wenn Sie sich je einer Akupunktur unterzogen haben, wissen Sie, wie diese von den Chinesen als *Chi* bezeichnete bioelektrische Energie in Ihrem Körper zirkuliert. Wenn Sie noch keine Bekanntschaft mit der Akupunktur gemacht haben, können Sie den Fluss des *Chi* in Ihrem Körper anhand eines einfachen Experiments beobachten: Reiben Sie Ihre Hände zehn Sekunden lang aneinander, und halten Sie anschließend die Handflächen in einer Entfernung von zwei bis drei Zentimetern gegeneinander. Wenn Sie sich konzentrieren, spüren Sie einen deutlichen Energiefluss zwischen Ihren Händen.

Die Vorstellung vom *Chi* ist nicht auf China beschränkt. Dr. John Mann und Larry Short zählen in ihrem Buch *The Body of Light* 49 Kulturen in aller Welt auf, die ein Wort für *Chi* haben; die Bezeichnungen reichen von *prana* in Sanskrit über *neyatoneyah* bei den Lakota-Sioux bis zu *num,* was in der Sprache Kung aus der Kalahari »Siedepunkt« bedeutet. Die abendländische Kultur, in der ein entsprechender Ausdruck fehlt, stellt eine Ausnahme dar. Wir in der westlichen Welt sprechen davon, *voller Energie* zu sein oder *wenig Energie* zu haben, aber abgesehen von einigen bemerkenswerten Ausnahmen neigen wir dazu, diesen wichtigen Teil unserer Physiologie zu ignorieren.

Das Konzept des *Chi* gewinnt zunehmend Anerkennung in der Schulmedizin. Ein wichtiger Schritt zu einem Meinungsumschwung gelang, als Präsident Nixon im Jahr 1972 die diplomatischen Beziehungen zu China wieder aufnahm. In Peking führten chinesische Ärzte eine Notoperation am *New York Times*-Korrespondenten James Reston durch, wobei sie zur Anästhesie ausschließlich Akupunktur verwendeten. Seitdem konnten zahlreiche westliche Ärztedelegationen die Anwendung dieser Methode beobachten.

Die westliche Wissenschaft beginnt gerade erst, das Prinzip des *Chi* zu verstehen. Gegenwärtig beschäftigt sich eine Reihe westlicher Ärzte mit dem Phänomen, darunter Robert Becker, ein Orthopäde von der Syracuse University. Der Autor des Buches *The Body Electric* versucht, das *Chi* in Beziehung zu seiner Arbeit auf dem Gebiet der Bioelektrizität und entsprechender Heilpraktiken zu setzen. Es waren Dr. Beckers Forschungen zur Bioelektrizität und zu ihrer Rolle bei der Knochenregenerierung, die zum heutigen Einsatz von Schwachstrom zur Anregung des Heilungsprozesses nach Frakturen führten.

Ihr kleiner Energiekreislauf In jeder Zelle Ihres Körpers fließt bioelektrische Energie. Diese Energie strömt auch in bestimmten, genau abgegrenzten Stromkreisen, die von den Chinesen als *Meridiane* bezeichnet werden. Die Akupunktur nutzt diese Meridiane, um die Menge an *Chi* in einem bestimmten Teil des Körpers zu regulieren. Der Hauptstromkreis im Körper wird als *mikrokosmischer Kreislauf* oder

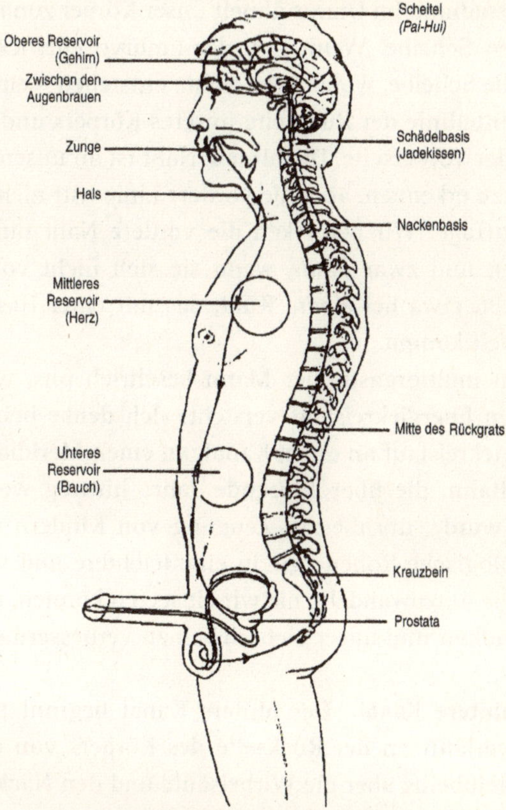

Abb. 3: Der kleine Energiekreislauf

kleiner Energiekreislauf bezeichnet (siehe Abbildung 3) und besteht aus *hinterem Kanal* und *vorderem Kanal* (in der chinesischen Medizin werden diese Kanäle traditionell als »Lenkergefäß« und »Dienergefäß« bezeichnet).

Diese Kanäle entstehen in unserem frühesten Entwicklungsstadium. Im Uterus ähnelt unser Körper zunächst einer flachen Scheibe. Wenn sich der Embryo entwickelt, faltet sich die Scheibe, wobei zwei Nähte entstehen – eine entlang der Mittellinie der Rückseite unseres Körpers und eine entlang der Vorderseite. Die hintere Naht ist an unserer Wirbelsäule zu erkennen, aber die vordere Linie tritt nicht so deutlich zuTage. Wir bemerken die vordere Naht nur hin und wieder, und zwar dann, wenn sie sich nicht vollkommen schließt, etwa bei einem Kind, das mit einer Hasenscharte zur Welt kommt.

Ein multiorgastischer Mann beschrieb uns, wie er den kleinen Energiekreislauf versteht: »Ich denke beim kleinen Energiekreislauf an einen Kanal, an einen Meridian oder an eine Bahn, die über Tausende Jahre hinweg weiterentwickelt wurde, um die zur Zeugung von Kindern eingesetzte biologische Rohenergie in eine leichtere und verfeinerte Energie umzuwandeln, die wir einsetzen können, um unsere Gesundheit und unser Liebesleben zu verbessern.«

Der hintere Kanal Der hintere Kanal beginnt am Damm und verläuft an der Rückseite des Körpers von der Spitze des Steißbeins über die Wirbelsäule und den Nacken hinauf zum Scheitel. Von dort aus nimmt er seinen Weg hinab zur Stirn, wo er zwischen dem unteren Nasenansatz und der Oberlippe in einer Einkerbung endet.

Der vordere Kanal Der vordere Kanal verläuft von der Zungenspitze hinunter zur Kehle und von dort aus entlang der Mittellinie des Körpers bis hinab zum Schambein und zum Damm. Indem Sie mit Ihrer Zunge Ihr Gaumensegel berühren, schließen Sie den kleinen Energiekreislauf. Der vordere Kanal wird manchmal aus dem Chinesischen als »Empfängniskanal« übersetzt, und wenn man sich den Bauch einer schwangeren Frau genau ansieht, erkennt man im Allgemeinen eine dunkle (von den Ärzten als *Linea nigra* bezeichnete) Linie, die sich über einen Teil dieses Kanals erstreckt.

WIE FÜHLT ES SICH AN, WENN ENERGIE IN IHREM KÖRPER FLIESST? Tatsache ist, dass bereits überall in Ihrem Körper Energie oder *Chi* fließt. Wäre dem nicht so, so wären Sie nicht am Leben. Im Allgemeinen sind wir uns dieses Energieflusses in unserem Körper einfach nur nicht bewusst. Wenn wir uns des *Chi* erstmals bewusst werden, haben wir möglicherweise eine Vielzahl verschiedener Empfindungen. Zu den häufigsten Empfindungen, von denen Menschen berichten, gehören Wärme, Kitzel, Prickeln (wie das Gefühl, das durch statische Elektrizität ausgelöst wird), Pulsieren, Summen, Sprudeln und Brummen. Manche Menschen fühlen die Energie langsam fließen, andere fühlen ein schnelles »Rauschen«. Manche spüren die Strömung in einer geraden Linie entlang des kleinen Energiekreislaufs, aber die meisten fühlen sie an einigen Punkten entlang des Kreislaufs stärker als an anderen.

WIE BEWEGT SICH DAS CHI? Ein taoistisches Sprichwort lautet: »Der Geist bewegt sich, und das *Chi* folgt.« An dem Ort, auf den Sie Ihre Aufmerksamkeit lenken, sammelt sich das *Chi* und wächst. Wie Biofeedback-Experimente bestätigt haben, können Sie, indem Sie Ihre Aufmerksamkeit auf einen bestimmten Bereich Ihres Körpers konzentrieren, dort die Aktivität in den Nerven und Muskeln erhöhen. Je größer die Konzentration, desto intensiver wird die Bewegung des Chi. *Sie drücken oder ziehen das Chi nicht an diese Stelle, sondern Sie verlagern einfach Ihre Konzentration dorthin.* Wenn Sie das verstehen, können Sie die Methode wirkungsvoll anwenden. Dennoch werden Sie nicht einfach nur Ihre Aufmerksamkeit über Ihre Haut wandern lassen, sondern tatsächlich einen Strom von warmer, kribbelnder Energie verspüren.

Sexuelle Energie Die sexuelle Energie, chinesisch *Chingchi,* ist eine der am besten sichtbaren und stärksten Arten von bioelektrischer Energie. Wenn wir sagen, wir sind erregt oder »geil«, sprechen die Taoisten von der Erzeugung sexueller Energie. Die Übungen des sexuellen Kung-Fu dienen dazu, diese sexuelle Energie zu kultivieren und so einzusetzen, dass sie die allgemeine Energie und Gesundheit erhöht. Sie müssen lernen, Ihre sexuelle Energie aus Ihren Geschlechtsteilen zu ziehen und durch Ihren gesamten Körper zirkulieren zu lassen, um die taoistischen Techniken zur Erreichung multipler Ganzkörperorgasmen wirklich beherrschen zu können.

Wie wir in Kapitel 1 gesagt haben, opfern alle Teile Ihres Körpers (Gehirn, Drüsen, Organe und Sinne) während des Orgasmus ihre beste Energie, um ein neues Leben zu zeugen. Diese Kraft fließt in die Zeugung eines Kindes. Ist die Fortpflanzung jedoch nicht das Ziel, so wandelt man diese Energie nach Überzeugung der Taoisten besser um und lässt sie durch den ganzen Körper strömen, um Genuss zu empfinden und seine Gesundheit zu stärken. *Da wir durch den Orgasmus gezeugt werden und die orgastische Energie jede Zelle unseres Körpers durchströmt, können wir, wenn wir gesund und aktiv sind, diese verjüngende, orgastische Energie regelmäßig fühlen – im Idealfall jeden Tag.*

Haben Sie einmal die Fähigkeit entwickelt, die sexuelle Energie durch Ihren Körper zirkulieren zu lassen, so werden Sie in der Lage sein, dieses Gefühl in Ihrem ganzen Körper und zu jeder Zeit zu empfinden. Michael Winn, ein Meister des Healing Tao, erklärt es so: »Die sexuelle Energie steht einem Mann vierundzwanzig Stunden am Tag zur Verfügung, aber die meisten Männer hungern sich selbst aus, weil sie glauben, sich nur in einem fünf Minuten dauernden Liebesakt befriedigen zu können. Es ist sehr befreiend für einen Mann, wenn er entdeckt, dass er jederzeit freien Zugang zu seiner sexuellen Energie hat und sie vollkommen beherrscht.«

Sie fragen sich vielleicht, ob all diese sexuelle Energie dazu führen wird, dass Sie ständig erregt sein und Sex brauchen werden – so als verspürten Sie ein andauerndes Jucken und müssten sich laufend kratzen. Das Gegenteil ist richtig: Männer (und Frauen) haben sexuelle Bedürfnisse, die auf irgendeine Art befriedigt oder kanalisiert werden müssen. In der abendländischen Kultur versuchen wir seit jeher, diese Bedürfnisse zu unterdrücken oder zu sublimieren, aber dem Tao zufolge führt das zu körperlichem und seelischem Ungleichgewicht.

Wenn Sie Ihre Energie kultivieren, wird dieses Erregungsgefühl nicht zu einem unbeherrschbaren sexuellen Drang führen, sondern in ein energiegeladenes, ruhiges Wohlbefinden münden. Ein multiorgastischer Mann erklärt den Unterschied: »Bevor ich begann, sexuelles Kung-Fu zu praktizieren, wurde mein sexuelles Verlangen stärker und stärker, wenn ich eine Weile nicht ejakuliert hatte. Ich besorgte mir Pornos, suchte nach One-Night-Stands oder ging zu Prostituierten. Nach dem Samenerguss verschwand dieser Drang fast augenblicklich, und ich verstand nicht mehr, wieso ich derart viel Zeit und Geld aufgewendet hatte, um ihn zu befriedigen. Also schwor ich mir, mich beim nächsten Mal anders zu verhalten – aber ich wusste, dass das sexuelle Verlangen nach einer Weile zurückkehren und dass ich wieder genau dasselbe tun würde. Als ich endlich mit dem sexuellen Kung-Fu begann, blieb meine sexuelle Energie weiterhin groß, befand sich jedoch im Gleichgewicht. Zum ersten Mal in meinem Leben war ich glücklich, ein Mann zu sein, denn endlich hatte ich Kontrolle über meine sexuelle Energie.«

Wenn Sie sexuelles Kung-Fu praktizieren, werden Sie möglicherweise mehr sexuelle Energie haben, als Sie gewohnt waren, und Sie werden lernen müssen, diese überschüssige Energie zu kanalisieren. Ein multiorgastischer Mann drückt es so aus: »Als ich mit den Übungen begann, erhielten meine sämtlichen Beziehungen einen sexuellen Charakter. Ich musste lernen, die Energie zirkulieren zu lassen und ins Gleichgewicht zu bringen.« Wenn Sie in diese Lage kommen, wird Ihnen die im nächsten Kapitel beschriebene Technik des *kalten Zugs* helfen, die sexuelle Energie in eine neutralere und weniger schwankende körperliche Energie umzuwandeln, die wir zuvor als *Chi* bezeichnet haben. Sie können auch mit Tai Chi, Chi Kung oder anderen Übungen beginnen, um diese zusätzliche Energie besser zu sammeln und zu kanalisieren.

Ihre Erregung

Nach der Lehre des Tao brauchen wir die Erregung und sollen die lebenspendende Kraft der sexuellen Energie jeden Tag spüren – denn wenn wir erregt sind, produziert unser Körper mehr Sexualhormone, die der Taoismus als Quelle der Jugend ansieht. (Dieses Bedürfnis nach Erregung ist der Grund dafür, dass sich der Sex verkauft: Wir werden von Bildern angezogen, die die sexuelle Energie und die Produktion der Sexualhormone anregen.) Wenn Sie lernen, wie Sie Ihre sexuelle Energie kreisen lassen können, werden Sie diese verjüngende Kraft jederzeit spüren.

Werden Sie sich Ihrer Erregung bewusst Um multiorgastisch zu werden, müssen Sie mit dem Verlauf Ihrer Erregung vertraut werden. Das klingt recht einfach, aber die meisten Männer schenken ihrer Erregungskurve nur geringe Aufmerksamkeit. Häufig bewegen sich Männer mit der Geschwindigkeit eines Rennwagens von der Erektion zur Ejakulation, ohne sich überhaupt ihres Tempos bewusst zu werden – geschweige denn, dass sie die Aussicht genießen würden, die sich ihnen am Straßenrand bietet.

Wenn Sie beginnen, sexuell erregt zu werden, gewinnt Ihr Penis an Länge und Umfang. Sein schwammiges Gewebe füllt sich mit Blut, und bei der Erektion schließen sich die Klappen in den Venen, wodurch das Blut daran gehindert wird, in den Körper zurückzufließen. Zu Erektionen kommt es auch spontan, sowohl bei Jungen als auch bei vielen Männern, die nachts, wenn sie träumen, Erektionen haben.

Fast jeder Mann gerät irgendwann in seinem Leben in die peinliche Situation, dass er in Gegenwart einer Partnerin keine Erektion zu Wege bringt. Die gelegentliche Unfähigkeit zur Erektion kann ihre Ursache im vom Psychologen Bernie Zilbergeld so bezeichneten »klugen Penis« haben, der Ihnen mitteilt, dass in Ihrer Beziehung irgendetwas nicht stimmt. Vielleicht ist sie aber auch nur ein Zeichen dafür, dass Sie durch Ihre Arbeit oder durch anderweitigen Druck abgelenkt sind.

Wenn ein Mann wiederholt keine Erektion haben kann, wird er als *impotent* bezeichnet. Dieses Wort beinhaltet auch die Bedeutung, dass man schwach und kraftlos ist. Im sexuellen Kung-Fu gibt es so etwas wie »Impotenz« nicht, und wenn Sie die Solo-Übungen zur Stärkung Ihrer Erektionen und die Technik des »weichen Eindringens« für den Liebesakt anwenden, sollten Sie sich diesbezüglich nie wieder Sorgen machen müssen.

Wenn Sie wissen wollen, was zu tun ist, wenn man in eine missliche Lage kommt, lesen Sie den Abschnitt »Schlangenbeschwörung: Die Überwindung der Impotenz« in Kapitel 8.

Die Erektionsstadien Die meisten Männer glauben, entweder ist man geil oder eben nicht, entweder hat man eine Erektion oder eben nicht. Wenn wir jung sind, haben wir so oft und so schnell Erektionen, dass es schwierig ist, zwischen verschiedenen Erregungsniveaus zu unterscheiden. Die Taoisten jedoch erkannten, dass es vier Stadien der Erektion gibt – sie bezeichneten sie als »Fertigkeiten«.

Das erste Stadium bezeichneten sie als *Festigkeit*.
Das zweite bezeichneten sie als *Anschwellen*.

Das dritte bezeichneten sie als *Härte.*
Das vierte bezeichneten sie als *Hitze.*

Ihre Erektion ist demnach nicht einfach ein statischer Zustand, sondern sie durchläuft einen Prozess, der Ihr Erregungsniveau widerspiegelt. Westliche Ärzte haben die Existenz dieser vier Stadien der Erektion kürzlich bestätigt, wenn sie sie auch mit etwas technischeren Worten bezeichneten.[1]

Walter Beckley, ein Lehrer für Healing Tao, beschreibt die vier Stadien folgendermaßen: »Im ersten Stadium beginnt sich Ihr Penis *zu bewegen und aufzurichten.* Im zweiten Stadium ist er *fest, aber nicht hart* – noch nicht wirklich hart genug, um einzudringen (es sei denn, Sie bedienen sich der Technik des ›weichen Eindringens‹). Im dritten Stadium ist er *aufgerichtet und hart.* Im vierten Stadium ist er *steif und steinhart.* In diesem letzten Stadium ziehen sich auch Ihre Hoden in den Körper zurück. Die Ejakulation zu vermeiden ist sehr viel leichter, wenn Sie das dritte Stadium des aufgerichteten und harten Penis aufrechterhalten können. Wenn es Ihnen gelingt, die sexuelle Energie aus den Genitalien zu ziehen, können Sie verhindern, dass der Penis in die letzte Phase eintritt und steif und heiß wird. Wichtig ist auch, sich zu entspannen und zu erkennen, wann man in dieses explosive vierte Stadium der unmittelbar bevorstehenden Ejakulation eintritt.«

Das Geheimnis der männlichen Sexualität Mit zunehmender Reife als Liebhaber gewinnen wir in dem Bemühen, unsere Partnerinnen zu befriedigen, eine gewisse Kontrolle über unsere Erregung. Diese im Allgemeinen als *Steh-*

vermögen bezeichnete Fähigkeit eignen wir uns häufig an, indem wir lernen, uns von unserer Erregung abzulenken (zum Beispiel denken wir an die Baseballtabelle), anstatt zu lernen, wie wir uns ihrer besser bewusst werden. Wirkliche Kontrolle über unsere Ejakulation gewinnen wir jedoch nur, indem wir unsere Erregungskurve beobachten, nicht, indem wir sie ignorieren. Wenn Sie lernen, sich Ihrer wachsenden Lust bewusst zu werden, wird es leichter für Sie, den multiorgastischen Weg einzuschlagen.

ABER GEHT ES BEIM SEX NICHT DARUM, SICH ZU ENTSPANNEN UND GEHENZULASSEN? Gewiss muss sich ein Mann entspannen und gehenlassen, um den Sex genießen zu können, aber wenn wir uns zu sehr gehenlassen, werden wir ejakulieren – und schon ist der größte, wenn nicht der ganze Genuss vorüber. Beim sexuellen Kung-Fu geht es darum, zu wissen, wann wir unserer Sexualität freien Lauf lassen und wann wir sie beherrschen müssen. Und das ist das Geheimnis der männlichen Sexualität.

Ihre Ejakulation

Der Samenerguss findet in zwei Phasen statt. In der *Kontraktionsphase* zieht sich die Prostata zusammen und presst den Samen in den Samenleiter. In der *Expulsionsphase* wird der Samen durch den Samenleiter und aus dem Penis hinausgeschleudert. Sobald Sie multiorgastisch sind, werden Sie die angenehmen Beckenkontraktionen genießen, ohne tatsächlich zu ejakulieren – dies bezeichnen wir als *Kontraktionsphasen-Orgasmus.* Diesen spüren Sie als platzende oder flatternde Empfindung in der Prostata. Obwohl manche Männer bei einem Liebesakt mehrfache *Ejakulationen* haben (am ehesten geschieht dies bei Teenagern), sollte mittlerweile klargeworden sein, dass sich dieser Vorgang wesentlich von mehrfachen Orgasmen – ohne Ejakulation – unterscheidet.

Wenn Sie sehr erregt sind, können einige Tropfen einer klaren Flüssigkeit aus Ihrem Penis austreten. Diese »präseminale« Flüssigkeit stammt aus der Prostata und anderen Drüsen wie den Cowperschen Drüsen, welche eine alkalische Flüssigkeit produzieren, die dazu dient, den Samenleiter zu befeuchten und den Weg für das Sperma zu ebnen. Die Taoisten nannten diese Flüssigkeit *Wasser*, im Unterschied zur *Milch* (dem Samen). Die Flüssigkeit ist vollkommen natürlich und kündigt das Nahen des Kontraktionsphasen-Orgasmus an. Sie kann jedoch schon eine kleine Menge von Spermien beinhalten. Dabei handelt es sich um das »Präejakulat«, vor dem man uns im Aufklärungsunterricht in der Schule warnte. Sie müssen also auch dann für die Empfängnisverhütung sorgen, wenn Sie nicht ejakulieren. Allerdings ist die Wahrscheinlichkeit einer ungewollten Schwangerschaft sehr viel geringer, wenn Sie Orgasmen ohne eigentliche Ejakulation haben.

WO BLEIBT DER SAMEN, WENN ICH NICHT EJAKULIERE? Der Samen wird, wie bei einem Mann, der sich einer Vasektomie unterzogen hat, aufgespalten und wieder vom Körper absorbiert. Allerdings unterscheiden sich die körperlichen Auswirkungen der taoistischen Techniken wesentlich von denen einer Vasektomie. Bei einer Vasektomie wird der Samenleiter direkt über den Hoden durchtrennt, das Sperma kann also nirgendwohin fließen. Letzten Endes wird es resorbiert, aber viele Männer, bei denen eine Vasektomie vorgenommen wurde, beschweren sich über eine Stauung in den Hoden und im Becken. Wenn Ihre Samenleiter durchtrennt sind, ist es sehr wichtig, dass Sie zusätzlich die in Kapitel 8 beschriebene Hodenmassage durchführen und Ihre sexuelle Energie kreisen lassen.[2] Beide Techniken erleichtern dem Körper die Resorption des Spermas und lindern das Gefühl der Verstopfung. Die unwillkürlichen Kontraktionen bei den Kontraktionsphasen-Orgasmen ohne Samenerguss massieren auch die Prostata, was die Verstopfung lindert und die Prostata gesund erhält.

KANN ES MIR SCHADEN, NICHT ZU EJAKULIEREN?
Die Taoisten praktizieren die in diesem Buch beschriebenen Techniken seit mehreren tausend Jahren ohne schädliche Nebenwirkungen. Im Gegenteil: Diese Methoden heben Gesundheit und Lebenserwartung. Aus ihren Studien über multiorgastische Männer in der westlichen Welt ziehen Dunn und Trost den Schluss: »Bisher haben sich bei keiner unserer Versuchspersonen Erektions- oder Ejakulationsschwierigkeiten eingestellt. Unsere älteren multiorgastischen Männer können auch nach einem oder mehreren Orgasmen stabile Erektionen aufrechterhalten. In unserer klinischen Erfahrung haben wir bisher noch keinen Mann gesehen, der aufgrund von Versuchen mit multiplen Orgasmen seine sexuellen Fähigkeiten eingebüßt hätte.«

☛ Wegweiser

Was ist denn jetzt passiert?
Ich habe keinen Samenerguss gehabt und dennoch meine Erektion eingebüßt. Woran liegt das?

Es kann noch etwas anderes mit Ihrem Samen geschehen, außer dass er ejakuliert oder vom Körper resorbiert wird. Wenn Sie die taoistischen Techniken anwenden, werden Sie gelegentlich einen Orgasmus ohne Samenerguss erleben und trotzdem Ihre Erektion einbüßen. Sofern das nicht einfach auf nachlassende Erregung zurückzuführen ist, haben Sie wahrscheinlich eine retrograde oder nach innen gerichtete Ejakulation erlebt. Wenn Sie nach innen ejakulieren, gelangt der Samen in Ihre Blase und verlässt Ihren Körper ohne schädliche Auswirkungen, wenn Sie das nächste Mal Harn lassen. Da Sie Ihre Erektion und schließlich auch Ihr Sperma einbüßen (dann nämlich, wenn Sie urinieren), haben Sie die Übung nicht richtig gemacht; aber Sie haben sich damit keinerlei Schaden zugefügt.[3] Hartman und Fithian erklären dazu: »Es ist wichtig zu wissen, dass der Körper bei einer retrograden Ejakulation keinen Schaden nimmt. Nur wird der Penis wie nach einem gewöhnlichen Samenerguss schlaff, wenn eine solche Ejakulation abgeschlossen ist.« Wenn Sie neugierig sind, können Sie in ein Glas urinieren. Ist der Urin wolkig, so hatten Sie eine retrograde Ejakulation. Wahrscheinlich werden Sie diesen Urintest lediglich machen, wenn Sie alleine üben, denn in einer Liebesnacht mit Kerzenlicht dürfte er ein wenig klinisch wirken.

Hinter dem männlichen Orgasmus gähnt der Abgrund der Ejakulation. Wenn Sie es eilig haben, den Höhepunkt zu erreichen, werden Sie auf dem Grat abrutschen und in die dunkle Schlucht der Erschlaffung stürzen. Zwar empfinden viele Männer nach dem Samenerguss weiterhin Lust, aber die meisten finden sich in der Talsohle ihrer Erregungskurve wieder, von wo aus sie nun langsam wieder hinaufklettern müssen. Die fünf bis zehn Ejakulationskontraktionen sind zwar durchaus ein Genuss – sonst würden die meisten Männer ja nicht das Ziel ihres Verlangens in ihnen sehen. Ejakulationsorgasmen mögen wie eine aufregende und rasende Fahrt erscheinen. Aber nachdem Sie einmal die Erfahrung der lang andauernden und ekstatischen sexuellen Luftakrobatik bei einem multiplen Orgasmus gemacht haben, wird dieser Abstieg in die Niederungen des Ejakulationsorgasmus recht langweilig und vergleichsweise enttäuschend wirken. »Wenn ich einen abgespritzt habe«, klagt ein multiorgastischer Mann, »fühle ich mich, als hätte ich sechs Sekunden Autoscooter fahren dürfen – nach zwei Stunden Schlange stehen!«

WIE KANN ICH MULTIPLE ORGASMEN ERREICHEN? Wie bei jedem anderen Orgasmus beginnen Sie, indem Sie sich sexuell erregen, sei es durch einen erotischen Gedanken, sei es durch den Anblick, die Stimme oder die Berührung Ihrer Geliebten. (Bei Halbwüchsigen tut es ein Windhauch.) Diese Erregung führt im Allgemeinen zu einer Erektion, und mit zunehmender Stimulation durchlaufen Sie eine Erregungsphase, an deren Ende Sie in die *Kontraktionsphase* eintreten.

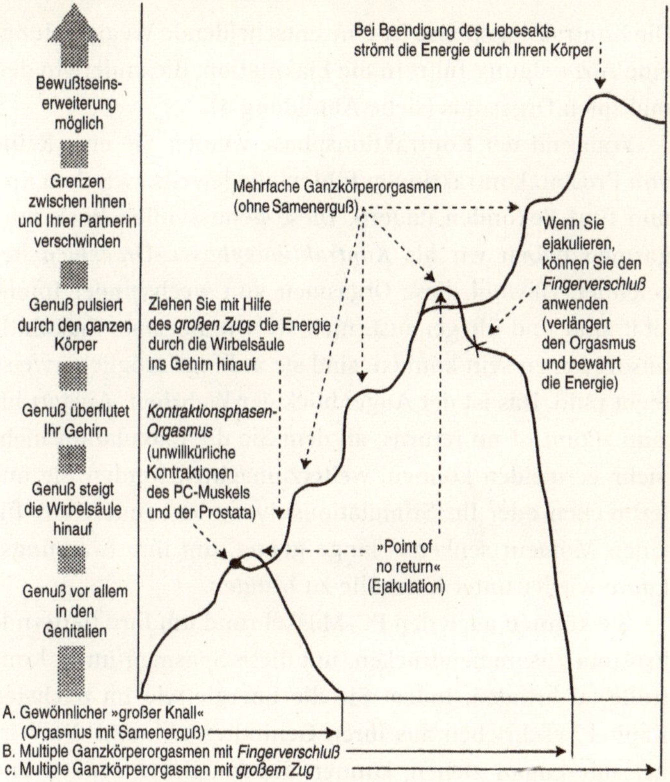

Abb. 4: Ihr Orgasmuspozential
Statt gewöhnlicher Ejakulationsorgasmen des Typs »Großer Knall« (A) können Sie mithilfe des sexuellen Kung-Fu in der Kontraktionsphase (vor der Ejakulation) Ihre Energie hinaufziehen und mehrere Ganzkörperorgasmen erleben. Wenn Sie ejakulieren, können Sie anhand des Fingerverschlusses Ihren Orgasmus verlängern und die Energie bewahren (B). Wenn Sie den Samenerguss vermeiden, können Sie den großen Zug anwenden, um bei Beendigung des Liebesspiels die Energie durch Ihren Körper strömen zu lassen (C).

Die Kontraktionsphase ist eine entscheidende Weggabelung: eine Abzweigung führt in die Ejakulation, die andere in den multiplen Orgasmus (siehe Abbildung 4).

Während der Kontraktionsphase werden Sie eine Reihe von Prostatakontraktionen fühlen, die jeweils zwischen drei und fünf Sekunden dauern. Diese genussvollen Beckenorgasmen haben wir als *Kontraktionsphasen-Orgasmen* bezeichnet. Obwohl diese Orgasmen von wechselnder Intensität sind und oft genauso intensiv wie normale Ejakulationsorgasmen sein können, sind sie anfangs möglicherweise recht mild. Das ist der Augenblick der Wahrheit. Anstatt bis zum »Point of no return«, an dem Sie die Ejakulation nicht mehr vermeiden können, weiterzumachen, werden Sie unterbrechen oder Ihr Stimulationsniveau auf andere Art für einen Moment senken – lange genug, um Ihre Erregungskurve wieder unter Kontrolle zu bringen.

Sie können auch den PC-Muskel rund um Ihre flatternde Prostata zusammendrücken, um diese Spasmen unter Kontrolle zu bringen. Indem Sie die Energie wie im nächsten Kapitel beschrieben aus Ihren Genitalien ab- und die Wirbelsäule empor ziehen, können Sie den Druck senken und den Drang zu ejakulieren lindern. In der Vorbereitung auf einen weiteren Genitalorgasmus wird Ihr Erregungsniveau leicht sinken. Bei multiplen Orgasmen verläuft Ihre Erregungskurve wie eine Welle, die einen Höhepunkt erreicht und dann, anstatt zu kippen und in sich zusammenzustürzen, in eine größere Welle übergeht und auf einen noch höheren Gipfelpunkt hinaufgetragen wird.

Dazu eine wichtige Anmerkung: Wenn Sie Kontraktionsphasen-Orgasmen anstreben, ist die Wahrscheinlichkeit groß, dass Sie in die Ejakulation abrutschen werden. Die meisten Männer finden heraus, dass sie ihre Erregung kurz vor Erreichen des Kontraktionsphasen-Orgasmus unterbrechen müssen, um entspannt in diesen hinüberzugleiten. Viele multiorgastische Männer beschreiben diesen Vorgang so, dass sie geistig in Orgasmen ohne Samenerguss *zurück*fallen, anstatt *vorwärts* in die Ejakulation zu fallen. Die Idee ist, dass man dem Punkt, an dem die Ejakulation unvermeidlich wird, so nahe wie möglich kommt – und im Kontraktionsphasen-Orgasmus schwelgt –, ohne in die Ejakulation abzurutschen. Sie werden den Genuss und das befreiende Gefühl von Prostatakontraktionen, von Kontraktionen des PC-Muskels und von Schließmuskelkontraktionen erleben.

Wie eng aufeinanderfolgend Sie diese multiplen Kontraktionsphasen-Orgasmen erleben, hängt von Ihnen ab. Sie werden Wellen befriedigender Lust fühlen, die Ihnen, wenn Ihre Partnerin ebenfalls multiorgastisch ist, helfen, Ihr sexuelles Verlangen zu harmonisieren. Sie werden sich keine Gedanken darüber machen müssen, ob Ihre Partnerin »ihren Höhepunkt« (oder ihre Höhepunkte) hatte, bevor auch Sie »Ihren Orgasmus« haben dürfen. Denn Sie beide werden das Potenzial für zahlreiche Höhepunkte orgastischer Lust haben.

☛ **Wegweiser**

Hoppla!

Wenn es Ihnen schwerfällt, den Orgasmus von der Ejakulation zu trennen, können Sie damit beginnen, die sexuelle Energie entlang Ihrer Wirbelsäule emporzuziehen, bevor Sie den Höhepunkt erreichen. Dem Tao zufolge liegt der eigentliche Schlüssel zur Heilung des Körpers und zu einem den ganzen Körper erfassenden Genuss in der Zirkulation der sexuellen Energie entlang des kleinen Energiekreislaufs. Gelingt es Ihnen erst einmal, die sexuelle Energie in Ihrem Körper emporzuziehen, so werden Sie möglicherweise entdecken, dass Sie in Ihrem Gehirn, in anderen Körperteilen oder im ganzen Körper »orgastische« Gefühle haben.

Das bewusste Zusammendrücken des PC-Muskels rund um Ihre Prostata wird Ihnen ebenfalls helfen, die Empfindungsfähigkeit Ihres Beckens zu steigern und die Kontraktionsphasen-Orgasmen zu beherrschen, die die genussvollen unwillkürlichen Zuckungen Ihrer Prostata auslösen.

Seien Sie nicht enttäuscht, wenn Sie in den Samenerguss hinüberkippen – was Ihnen in der Lernphase häufig widerfahren wird und auch später gelegentlich vorkommen dürfte. Genießen Sie die angenehmen Kontraktionen Ihres Penis, die den Samenerguss begleiten, und halten Sie sich vor Augen, dass es später immer noch Gelegenheit gibt, weitere Höhepunkte zu erleben. Denken Sie daran, dass diese Praktiken Zeit und Vertrautheit mit sich selbst und mit der Partnerin erfordern.

WAS IST DER UNTERSCHIED ZWISCHEN MULTIPLEN ORGASMEN UND MULTIPLEN GANZKÖRPERORGASMEN?

Jeder Genitalorgasmus trägt dazu bei, die aus dem Aufbau der sexuellen Energie und aus dem verstärkten Blutzustrom in Ihr Becken resultierende Spannung zu verringern. Mehrere Beckenorgasmen – ohne Ejakulation – sind äußerst befriedigend (und fördern die Energie), aber wenn Sie Ihre Orgasmusfähigkeit weiterentwickeln, werden Sie diese Beckenorgasmen zweifellos auf Ihren ganzen Körper ausdehnen wollen, denn darin liegt das eigentliche Geheimnis des Tao.

Multiple *Ganzkörperorgasmen* beginnen ebenfalls mit der Auslösung von Beckenorgasmen in der Kontraktionsphase. Aber anstatt die sexuelle Energie (und den Genuss) im Becken zu halten, ziehen Sie sie die Wirbelsäule entlang ins Gehirn hinauf und lassen sie in den ganzen Körper strömen. Wie Sie das bewerkstelligen können, zeigen wir Ihnen Schritt für Schritt im nächsten Kapitel.

Die meisten Männer haben keine Ahnung davon, welche Höhepunkte des sexuellen Genusses sie erreichen können. Nicht nur, dass sie lediglich einen Orgasmus erleben (der für sie gleichbedeutend mit der Ejakulation ist), erfahren sie diesen Orgasmus auch ausschließlich in ihren Geschlechtsteilen. In seinem Buch *Everything You Always Wanted to Know About Sex (But Were Afraid to Ask)* beschreibt Dr. David Reuben den Orgasmus so, wie er üblicherweise von westlichen Sexualforschern verstanden wird: »Damit ein Orgasmus stattfinden kann, muss die gesamte Energie des Nervensystems auf die Sexualorgane konzentriert werden. Für einen erfolgreichen Orgasmus ist es erforderlich, dass jedes Mikrovolt an elektrischer Energie mobilisiert und in den Penis beziehungsweise in die Klitoris/Vagina geleitet wird.« Damit geht Reuben nicht über das hinaus, was nach Erkenntnis der Taoisten lediglich die erste Stufe des Orgasmus ist: der *Genitalorgasmus*.

Wie unsere grafische Darstellung des Orgasmuspotenzials (Abbildung 4) verdeutlicht, können Sie lernen, nicht nur mehrfache Höhepunkte zu erreichen, sondern Ihre Orgasmen auch von Ihren Genitalien über Ihr Gehirn auf Ihren ganzen Körper auszudehnen. Um es mit den Worten eines multiorgastischen Mannes zu sagen: »Ein Ganzkörperorgasmus ist etwas Unglaubliches. Wenn Sie diese Erfahrung einmal gemacht haben, werden Sie sich nie wieder mit einem Genitalorgasmus zufriedengeben.«

WIE GENAU FÜHLT SICH EIN GANZKÖRPERORGASMUS AN? Jeder Mann empfindet diesen Höhepunkt ein wenig anders, was eine allgemeingültige Beschreibung des Erlebnisses erschwert. Häufig ist die Erfahrung derart intensiv, dass die Menschen zu ihrer Beschreibung auf eine mystische Sprache zurückgreifen und Formulierungen wie »Einssein mit dem Universum« verwenden. Derartige Erklärungen sind schwer nachzuvollziehen, wenn man das Beschriebene noch nicht selbst erlebt hat. Oft haben die Menschen jedoch auch konkretere Empfindungen wie Wärme, ein Kribbeln, ein Vibrieren oder Pulsieren im ganzen Körper. Am ehesten erhalten Sie über die möglichen Empfindungen Aufschluss, wenn Sie die Beschreibungen von Männern lesen, die Ganzkörperorgasmen gehabt haben.

Einer dieser Männer beschreibt seine erste derartige Erfahrung so: »Wir liebten uns, und ich glaubte, ich würde kommen. Also begann ich, tief zu atmen, und als ich dies tat, begann sich mein Kopf gewissermaßen elektrisch zu laden – er begann zu knistern. So als würden in seinem Inneren kleine Funken sprühen, prickelnde kleine Dinger, die mir über den Nacken liefen. In meinem Kopf begann es zu rauschen. Es wurde mir fast schwindlig – es war *total stark*. Ich dachte: ›Wenn das so weitergeht, hebe ich ab!‹ Es dauerte – es ist schwer, beim Sex das Zeitgefühl zu behalten –, aber es dauerte mindestens eine Minute. Es war ein *langer* Orgasmus. Es prickelte, prickelte, prickelte. Es kam und ging. Mein ganzer Körper klingelte.«

Ein anderer Mann schildert seinen ersten multiplen Orgasmus folgendermaßen: »Er fand nicht in meinen Geschlechtsteilen statt. Mein ganzer Körper begann zu vibrieren. Ich dachte: ›Ich habe keine Ahnung, was hier vorgeht.‹ Daher war ich anfangs ein wenig besorgt, aber es fühlte sich gut an. Also entspannte ich mich einfach und ließ es geschehen.«

Ein weiterer multiorgastischer Mann beschreibt es so: »Meine wachsende sexuelle Erregung ist weniger aktiv, weniger heiß, weniger wild als bei einem Ejakulationsorgasmus. Sie ist ausgeglichener und beherrschter. Der Genuss und der Druck bauen sich auf und können in den Energiekreislauf und durch meinen ganzen Körper fließen. Das Ziel besteht nicht darin, das Sperma hinauszuschießen, sondern darin, überall in meinem Körper diese vibrierende Energie zu fühlen, Liebe und Zärtlichkeit zu aktivieren, meinen Geist zu erweitern. Der ganze Körper ist sehr viel entspannter, insbesondere im Augenblick des Orgasmus.«

Ein anderer Mann findet folgende Worte, um die Erfahrung mit jener eines Ejakulationsorgasmus zu vergleichen: »Das Gefühl des Ganzkörperorgasmus ist subtiler, umfassender, befriedigender. Der gesamte Prozess ist keine kurze Explosion, sondern eine längere und langsamere Implosion.

Ich fühle mich anschließend nicht leer, was leicht zu verstehen ist, da bei der Explosion etwas deinen Körper verlässt, während es bei der Implosion in dir bleibt. Es bleibt eine tiefe Befriedigung auf körperlicher, emotionaler und geistiger Ebene zurück, die manchmal Stunden, manchmal auch Tage erhalten bleibt.«

In der westlichen Welt haben wir die Definition des Orgasmus auf ein Pulsieren in unserem Becken (Prostata) und in unseren Genitalien (Penis) eingegrenzt, aber die Taoisten erkannten, dass jegliches Pulsieren (Kontraktion und Expansion) ein Orgasmus sein und in jedem Teil des menschlichen Körpers stattfinden kann. Michael Winn erklärt dazu: »Sie können ein orgastisches Pulsieren im ganzen Körper oder in irgendeinem Teil des Körpers erleben. Eines Ihrer Organe kann einen Orgasmus haben. Ihr Gehirn kann einen Orgasmus haben. Sie würden nicht wissen, dass Sie einen Orgasmus in Ihrem Penis oder in Ihrer Prostata haben, wenn Ihr Gehirn nicht ebenfalls einen Orgasmus hätte.«

Getrennte und zusammenhängende multiple Orgasmen

Ganzkörperorgasmen sind so intensiv, dass häufig schwer zu erkennen ist, wo der eine Höhepunkt aufhört und wo der nächste beginnt. Die über Sie hinweggehenden Wellen der Lust machen es vollkommen nebensächlich, wie viele Höhepunkte Sie »schaffen«. Die Laborstudien von Hartman und Fithian (vgl. Kapitel 1) legen den Schluss nahe, dass Männer (und Frauen) sowohl *getrennte* als auch *zusammenhängende* multiple Orgasmen haben können.

Bei getrennten multiplen Orgasmen erleben Sie einen orgastischen Höhepunkt, der langsam abklingt, um dann jedoch vom nächsten Orgasmus eingeholt zu werden. Bei fortlaufenden multiplen Orgasmen erleben Sie einen einzigen orgastischen Höhepunkt, dessen Intensität über einen längeren Zeitraum hinweg schwankt, wobei Sie den Zustand des Orgasmus jedoch nie ganz verlassen. Hartman und Fithian zeichneten diese beiden unterschiedlichen Arten des Orgasmus auf, indem sie die Herzfrequenz beobachteten, die bei getrennten multiplen Orgasmen zwischen den Höhepunkten auf den Basiswert sank (etwa siebzig Schläge pro Minute). Bei zusammenhängenden multiplen Orgasmen stieg die Herzfrequenz auf eine Reihe von Höchstwerten, ohne zwischendurch auf den Basiswert zu sinken (vgl. Abbildung 19 auf Seite 149).

Darüber hinaus können getrennte und fortlaufende Orgasmen in unzähligen Kombinationen von Höhepunkten auftreten. Die Möglichkeiten sind wirklich unbegrenzt. Das ist etwas ganz anderes als jene sechs Sekunden dauernden Orgasmen, die als »normal« gelten und mit denen sich die meisten Männer abgefunden haben.

Sex und Spiritualität Wenn Sie die Duo-Übung (mit einer Partnerin) machen, werden Sie möglicherweise auch fühlen, wie Ihre sexuelle Energie durch den Körper Ihrer Partnerin zirkuliert und umgekehrt. Schließlich können Sie sogar das Gefühl erreichen, dass sich die Körpergrenzen zwischen Ihnen beiden auflösen. Viele Männer haben während eines außerordentlich vertrauten Liebesspiels dieses Einssein mit dem Universum erlebt. Durch das sexuelle Kung-Fu werden Sie lernen, gemeinsam mit Ihrer Partnerin und auch allein regelmäßig in diesen Zustand zurückzukehren. Eine derartige sexuelle Einheit mit einem anderen Menschen und eine solche Verschmelzung mit dem Universum kann im tiefen Sinn zu einer Bewusstseinsveränderung führen. Das ist der Grund dafür, dass die Sexualität im Fernen Osten vielfach als Teil der spirituellen Suche betrachtet wird und nicht als etwas, was diese Suche behindert. (Wir behandeln die Verbindung zwischen Sexualität und Spiritualität eingehender in Kapitel 5, im Abschnitt »Sexualisierung des Geistes«.)

Kapitel 3

Wie man ein multi-orgastischer Mann wird

Nun, da Sie mehr über Ihre Sexualität und Ihr wirkliches sexuelles Potenzial wissen, ist es an der Zeit, dass Sie multiorgastisch werden. Um diese Fähigkeit zu erlangen, müssen Sie sowohl Ihre sexuelle Kraft als auch Ihr sexuelles Empfinden weiterentwickeln. Wie in der Einführung erwähnt, erleben die meisten Männer, welche die in diesem Kapitel beschriebenen Übungen machen, innerhalb von ein oder zwei Wochen multiple Orgasmen und beherrschen die Technik in drei bis sechs Monaten vollkommen. Einige Männer mit großer sexueller Energie und ausgeprägtem sexuellem Empfinden werden gleich beim ersten Versuch einen mehrfachen Orgasmus erreichen, während es bei anderen, deren Energie oder Empfinden weniger stark ist, vielleicht ein halbes Jahr dauern kann, bis sie multiorgastisch werden. Die Fortschritte hängen auch davon ab, wie intensiv man übt. Die genannten Zeitrahmen dienen zur Orientierung. Vor allem gilt es, sich nicht entmutigen zu lassen. Sie schaffen es.

Atmungsgrundlagen

So seltsam es scheinen mag: Will man lernen, seine Ejakulation zu beherrschen und multiorgastisch zu werden, so muss man zunächst seine Atmung stärken und vertiefen. In allen Kampfsportarten und Meditationspraktiken gilt das Prinzip, dass die Atmung das Mittel ist, Kontrolle über den eigenen Körper zu erlangen. Die Atmung ist sowohl *unwillkürlich* als auch *willkürlich*. Mit anderen Worten: Wir atmen normalerweise, ohne darüber nachzudenken, aber wir können auch bewusst den Rhythmus oder die Tiefe unserer Atmung ändern. Der Einsatz des Geistes zur Beherrschung des Körpers ist das Fundament des sexuellen Kung-Fu.

Ihre Atmung hängt auch mit Ihrer Herzfrequenz zusammen. Wenn Sie schnell und flach atmen, etwa nach dem Laufen, steigt Ihr Puls. Wenn Sie langsam und tief atmen, sinkt Ihr Puls. Wie wir bereits gesehen haben, gehört zum Orgasmus eine erhöhte Herzfrequenz, und ein beschleunigter Atem ist ein Zeichen für das Nahen des Höhepunkts. Daher besteht der erste Schritt zur Beherrschung Ihrer Erregungskurve und damit Ihrer Ejakulation in einer tiefen und langsamen Atmung.

Zwerchfellatmung Die meisten von uns atmen sehr oberflächlich, im Allgemeinen saugen wir die Luft nur in den Brustkorb und die Schultern. Doch so können unsere Lungen nur eine kleine Menge Sauerstoff aufnehmen. Die Zwerchfellatmung – das tiefe Einsaugen der Luft bis auf den Grund der Lungen – ist jene Atmung, deren sich ein neugeborenes Kind bedient. Wenn Sie ein schlafendes Neugeborenes beobachten, werden Sie sehen, dass sich mit jedem Atemzug der gesamte Bauch des Kindes hebt und senkt. Die Zwerchfellatmung gibt uns die Möglichkeit, die auf dem Grund unserer Lungen stehende Luft durch frische, sauerstoffreiche Luft zu ersetzen. Obwohl dies die gesündeste Art der Atmung ist, verlieren wir im Lauf der Jahre diese angeborene Fähigkeit und werden durch Stress und Angst gezwungen, unsere Atmung zu verkürzen. Die ängstliche Atmung ist auf den oberen Brustkorb beschränkt. Wenn wir glücklich sind und lachen, sind wir noch in der Lage, mit dem Zwerchfell zu atmen. Bei der folgenden Übung werden Sie lernen, wieder wie ein Neugeborenes mit dem Bauch zu atmen.

☛ **Wegweiser**

Atmen Sie durch die Nase ein

Atmen Sie bei allen in diesem Buch beschriebenen Übungen stets durch die Nase ein, denn damit filtern und erwärmen Sie die aufgenommene Luft. Wenn Sie durch den Mund einatmen, nehmen Sie ungefilterte und ungewärmte Luft auf, die zu verarbeiten Ihrem Körper schwerer fällt.

☞ **Übung 1**

Zwerchfellatmung

1. Setzen Sie sich auf einen Stuhl, halten Sie den Rücken gerade und setzen Sie die Füße etwa eine Schulterbreite weit auseinander.
2. Legen Sie Ihre Hände über dem Nabel auf den Bauch, und entspannen Sie die Schultern.
3. Atmen Sie durch die Nase ein und fühlen Sie, wie sich Ihr Unterbauch im Bereich des Nabels (darunter und rundherum) ausdehnt und aufbläht. Dabei senkt sich auch das Zwerchfell (siehe Abbildung 5).
4. Bleiben Sie mit dem Brustkorb in entspannter Haltung, atmen Sie eher kräftig aus, um den Unterbauch wieder

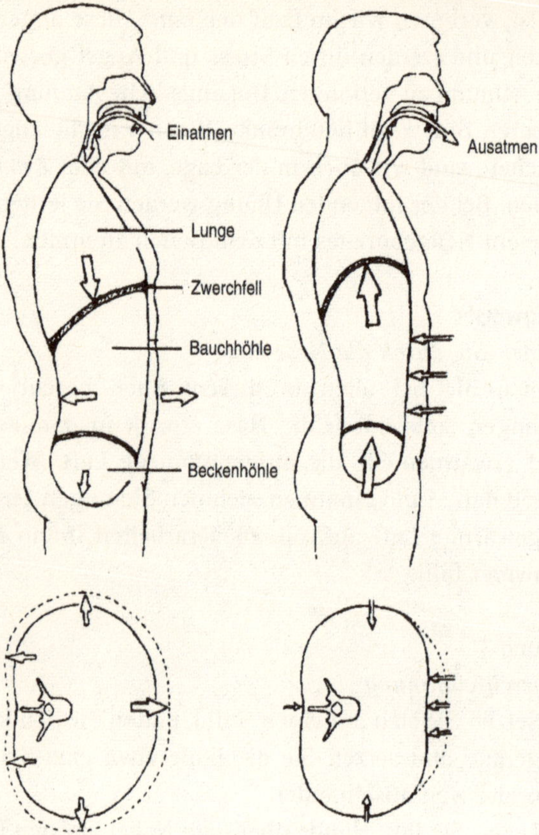

Abb.5: Zwerchfellatmung

einzuziehen, als würden Sie Ihren Nabel in Richtung des Rückgrats zurückziehen. Fühlen Sie, wie Ihr Penis und Ihre Hoden emporgezogen werden.

5. Wiederholen Sie die Schritte 3 und 4 jeweils 18- bis 36-mal.

Einige Minuten Zwerchfellatmung täglich werden Ihren Körper lehren, von allein tief zu atmen, und zwar auch dann, wenn Sie schlafen. Wenn Sie sich durch das Feuer der Leidenschaft bewegen, wird Ihnen diese Fähigkeit zur Beherrschung Ihrer Atmung wesentlich helfen, einen Samenerguss zu verhindern und das Gefühl des Orgasmus auf Ihren ganzen Körper auszudehnen.

Auch nachdem Sie gelernt haben, nicht zu ejakulieren, ist es sehr wichtig, dass Sie weiterhin diese Übung für die tiefe Atmung machen oder schließlich einfach unwillkürlich tief atmen. Die Zwerchfellatmung wird dazu beitragen, die sexuelle Energie durch Ihren Körper zu leiten und den Organen zuzuführen. Darüber hinaus massiert die Zwerchfellatmung die Organe und die Prostata und kann jenes Stauungsgefühl lindern, das viele Männer haben, wenn sie erstmals den Samenerguss verhindern.

Durch die Nase *aus*zuatmen ist zwar nicht so wichtig wie das Einatmen auf diesem Weg, aber es ist zu empfehlen. Manche Menschen finden es jedoch leichter, beim tiefen Atmen durch den Mund auszuatmen. Sie müssen selbst herausfinden, welche Methode Ihnen angenehmer ist.

☛ **Wegweiser**

Zwerchfell-Lachen

Wenn Ihnen die Zwerchfellatmung – so wie vielen Menschen in der westlichen Welt – schwerfällt, können Sie stattdessen das Zwerchfell-Lachen praktizieren. Ein Zwerchfell-Lachen erschüttert Ihren ganzen Bauch. Hier handelt es sich nicht um ein gekünsteltes Lachen, sondern um das echte Lachen in Gesellschaft enger Freunde.

Diese Art von Lachen kann Ihnen Bauchschmerzen verursachen, denn die meisten von uns benutzen die entsprechenden Muskeln nicht sehr oft.
Zum Zwerchfell-Lachen setzen Sie sich mit geradem Rücken auf einen Stuhl und setzen die Füße etwa eine Schulterbreite weit auseinander. Legen Sie die Hände auf den Bauch und beginnen Sie (aus dem Bauch heraus) zu lachen. Fühlen Sie, wie ihr Oberbauch vibriert. Dieses Lachen wird zur Entspannung Ihres Zwerchfells beitragen und es Ihnen leichter machen, mit dem Bauch zu atmen. Auch erzeugen Sie mit diesem Lachen viel Energie, die Sie später durch Ihren Körper zirkulieren lassen können,um bessere Orgasmen zu erleben und Ihre Gesundheit zu stärken.

☞ Übung 2

»Jahrhunderte zählen«

1. Atmen Sie langsam ein (indem Sie den Bauch ausdehnen) und aus (indem Sie den Bauch einziehen). Zählen Sie jeden vollständigen Atemvorgang mit Einatmen und Ausatmen als einen Atemzug.
2. Fahren Sie fort, mit dem Zwerchfell zu atmen, und zählen Sie von eins bis hundert, wobei Sie Ihre Gedanken vollkommen auf die Atmung konzentrieren.
3. Wenn Sie bemerken, dass Sie mit Ihren Gedanken woanders sind, beginnen Sie von vorne.
4. Machen Sie diese Übung zweimal täglich, so lange, bis Sie problemlos bis hundert zählen können.

Erhöhen Sie Ihre Konzentration

Diese Übung baut auf der Zwerchfellatmung auf, die Sie gerade erlernt haben. Sie wird Ihre Konzentrationsfähigkeit verbessern. Bei dieser Übung zählen Sie hundert Atemzüge, ohne Ihren Geist abschweifen zu lassen. (Nicht vergessen: Ein Atemzug besteht aus Inhalation und Exhalation.) Das ist leicht zu verstehen, aber nicht einfach durchzuführen. Den meisten Menschen fällt es schwer, bis zehn – geschweige denn bis hundert – zu zählen, ohne dass ihre Gedanken abschweifen. Ein multiorgastischer Mann beschreibt seine Erfahrung mit der Übung: »Ich gehe ins Fitnesscenter, und wenn ich in der Sauna sitze, zähle ich meine Atemzüge: ein und aus als eins, ein und aus als zwei, und so weiter bis hundert. Manchmal atme und zähle ich vor mich hin, um plötzlich, so bei fünfzig oder sechzig, zu bemerken, dass ich über Aktien oder irgendetwas anderes nachdenke und vergessen habe, bei welcher Zahl ich angelangt war. Also fange ich wieder bei eins an und zähle einfach so lange weiter, bis ich es bis hundert geschafft habe.«

Stärken Sie Ihre Sexmuskeln

Nun sind wir so weit, dass wir uns an die Erhöhung Ihrer sexuellen Kraft wagen können. Der Pubococcygeus oder PC-Muskel, den wir im vorigen Kapitel erwähnt haben, ist jener Muskelstrang, der sich vom Schambein bis zum Steißbein erstreckt (siehe Abbildung 6). Die meisten Männer fühlen ihren PC-Muskel am Damm, genau hinter den Hoden und vor dem After. Diesen Muskel setzen Sie ein, um den Harnfluss zu blockieren, wenn Sie keine Toilette finden können. Der PC-Muskel ist auch für die rhythmischen Kontraktionen

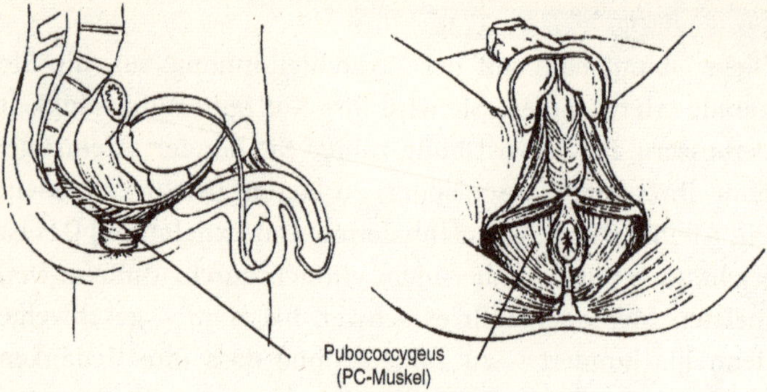

Abb. 6: Der PC-Muskel

in Becken und After während des Orgasmus verantwortlich. In *The G-Spot* weisen Ladas, Whipple und Perry auf die Bedeutung des PC-Muskels hin: »Wenn es einem Mann gelingt, seinen PC-Muskel zu stärken, kann er auch lernen, multiple Orgasmen zu haben und den Orgasmus von der Ejakulation zu trennen.« Ihr Orgasmus baut auf der Prostata auf, weshalb Sie unbedingt lernen müssen, wie Sie mit Ihren Beckenmuskeln auf die Prostata drücken können. Durch dieses sogenannte *Quetschen* erreichen Sie nicht nur mehr und bessere Orgasmen, sondern beugen auch einer Verhärtung und Vergrößerung der Prostata vor und vermeiden oder heilen Prostatabeschwerden.

Der PC-Muskel (der die Vorsteherdrüse umgibt) dient als Ventil, das rund um die Geschlechtsteile geöffnet und geschlossen werden kann. Dieser Muskel kommt zum Einsatz, wenn Sie beim Harnlassen versuchen, die letzten Tropfen Urin herauszupressen. Frauen spüren ihn am stärksten, wenn sie versuchen, ein Baby herauszupressen. Frauen mit einem starken PC-Muskel können den Penis eines Mannes in ihrer Vagina enger umschlossen halten, wodurch der Genuss beider Partner steigt.

Der PC-Muskel ist es auch, der Tieren das Schwanzwedeln ermöglicht. Seltsamerweise lautet die buchstabengetreue Übersetzung des lateinischen Wortes *Penis* »Schwanz«. Mit Hilfe dieser Übung lernen Sie also, »mit Ihrem Schwanz zu wedeln«, um Ihre Erektion zu stärken und Ihre Orgasmen zu intensivieren und vom Samenerguss zu trennen.

☞ **Übung 3**

Den Strom stoppen

1. Stellen Sie sich beim Urinieren auf Zehen und Fußballen. Wenn nötig, können Sie sich an der Wand anlehnen.
2. Atmen Sie tief ein.
3. Atmen Sie langsam aus, drücken Sie den Urin kraftvoll hinaus, während Sie auf Ihren Damm drücken und die Zähne zusammenbeißen.
4. Atmen Sie ein und spannen Sie den PC-Muskel an, um den Urinstrom zu unterbrechen.
5. Atmen Sie aus und beginnen Sie erneut zu urinieren.
6. Wiederholen Sie die Schritte 4 und 5 drei- bis sechsmal beziehungsweise so oft, bis Sie das Harnlassen beendet haben.

Wie man den Strom stoppt Ihren PC-Muskel finden Sie am einfachsten, indem Sie beim nächsten Mal, wenn Sie auf die Toilette gehen, den Harnstrom stoppen. Dazu müssen Sie die Muskeln im Becken zusammenziehen. Die Beherrschung des Harndrangs war eine der ersten Techniken zur Kontrolle über Ihren Körper, die Sie erlernten. Die Fähigkeit, den Urinstrom zu kontrollieren, kann Ihnen jetzt helfen, Ihren Samenerguss zu beherrschen, denn die Harnleitung, die Spermienleitung und die Leitung aus der Bläschendrüse verlaufen allesamt durch die Prostata. (Aus diesem Grund hat ein Mann, dessen Prostata vergrößert ist, Schwierigkeiten beim Harnlassen und beim Ejakulieren.)

☛ **Wegweiser**

Die Blase leeren

Da die Harnblase und die Prostata so nah beieinander liegen, sollten Sie vor der Selbstbefriedigung oder dem Geschlechtsverkehr Harn lassen, wenn sich Ihre Blase voll anfühlt. Eine volle Blase wird Ihnen das Gefühl geben, Sie müssten ejakulieren, und kann es daher erheblich erschweren, den Samenerguss zurückzuhalten.

Wenn Sie einen starken PC-Muskel haben, sollten Sie in der Lage sein, das Harnlassen willkürlich zu unterbrechen und wiederaufzunehmen. Fällt Ihnen dies schwer, so ist Ihr PC-Muskel zu schwach. Die Unterbrechung des Urinstroms ist anfangs möglicherweise mit einem unangenehmen Gefühl verbunden. Das ist vollkommen normal und sollte innerhalb weniger Wochen vergehen, es sei denn, Sie haben aus irgendeinem Grund eine Infektion. In diesem Fall sollten Sie zuerst einen Arzt aufsuchen und die Erkrankung auskurieren, bevor Sie mit der Übung fortfahren. Beginnt Ihr Muskel zu schmerzen, so benötigen Sie einfach Übung. Indem Sie auf den Damm drücken, wenn Sie den Urin hinauspressen, können Sie kraftvoller urinieren. Und es wird neben Ihrem PC-Muskel auch Ihre Nieren, Ihre Prostata und Ihre Harnblase stärken.

Auf den Zehen zu stehen und die Zähne zusammenzubeißen unterstützt zwar die Übung, aber im wesentlichen geht es einfach darum, *das Harnlassen so oft wie möglich zu unterbrechen und wiederaufzunehmen.* Ein multiorgastischer Mann beschreibt die »Pinkelübung« so: »Wenn ich auf die Toilette gehe, versuche ich jetzt immer, mindestens dreimal mittendrin aufzuhören und wieder anzufangen. Und wenn ich Lust habe und nicht in Eile bin, versuche ich es noch öfter, vielleicht sechs- oder siebenmal.«

PC-Klimmzüge Die Bedeutung des PC-Muskels wurde im Westen in den vierziger Jjahren von dem Gynäkologen Arnold Kegel entdeckt, der die berühmten »Kegel-Übungen« entwickelte. Diese Übungen helfen schwangeren Frauen, ihre Blase zu kontrollieren, und erleichtern die Geburt. Einige Frauen entdeckten, dass diese Übungen auch ihre sexuelle Begierde erhöhten, für intensivere Orgasmen sorgten und ihnen halfen, multiorgastisch zu werden. Wie wir an früherer Stelle erwähnt haben, ist die Stärkung dieses Muskels von großer Bedeutung sowohl für die Gesundheit des Beckens als auch für das sexuelle Vergnügen.

Es gibt zahlreiche verschiedene Übungen zur Stärkung Ihres PC-Muskels. Die meisten davon sind Abwandlungen der ursprünglichen Methode Kegels. Anhand all dieser Übungen lernen Sie, wie Sie den PC-Muskel an- und entspannen können. Die Methoden unterscheiden sich lediglich bezüglich der Zahl der empfohlenen Wiederholungen und der vorgeschriebenen Dauer der Anspannung. Die folgende Übung beruht auf der taoistischen Erkenntnis, dass die zirkulären Muskeln (darunter die Muskeln, welche die Augen, den Mund, den Damm und den After umgeben) untereinander verbunden sind. Durch Anspannung der Muskeln rund um Ihre Augen und Ihren Mund können Sie Ihre PC-Klimmzüge unterstützen. Mit dieser Übung beginnt man am einfachsten im Sitzen, später kann man sie jedoch auch im Stehen oder Liegen machen.

☞ **Übung 4**

PC-Klimmzüge

1. Atmen Sie ein und konzentrieren Sie sich auf Ihre Prostata, Ihren Damm und Ihren After.
2. Spannen Sie beim Ausatmen Ihren PC-Muskel rund um Ihre Prostata und Ihren After an spannen Sie gleichzeitig die Muskeln um Ihre Augen und Ihren Mund an.
3. Atmen Sie ein und entspannen Sie sich, wobei Sie die Kontraktion der drei Muskeln lösen.
4. Wiederholen Sie die Schritte 2 und 3 jeweils 9- bis 36-mal. Spannen Sie Ihre Muskeln an, während Sie ausatmen, und entspannen Sie sie, während Sie einatmen.

Zwar unterstützt eine Anspannung Ihrer Augen und Ihrer Lippen das *Quetschen* Ihres PC-Muskels rund um Prostata und After, aber *der wichtigste Teil der Übung besteht darin, einfach so oft wie möglich Ihren PC-Muskel anzuspannen und zu entspannen* – im Auto, beim Fernsehen, beim Telefonieren, in einer langweiligen Sitzung. Sie können an einer roten Ampel ausprobieren, wie viele Kontraktionen Sie zu Wege bringen, oder Sie können eine einzelne Kontraktion so lange halten, bis die Ampel auf Grün schaltet.

Versuchen Sie, diese Übung mindestens zwei- bis dreimal am Tag zu machen; allerdings bleibt die Trainingsintensität vollkommen Ihnen überlassen. Möglicherweise bekommen Sie genau wie bei normalen Klimmzügen einen Muskelkater. Übertreiben Sie nicht; steigern Sie Anzahl und Häufigkeit der Übungen Schritt für Schritt. Beständigkeit ist wichtiger als Intensität. Um die Übung zu einem selbstverständlichen Bestandteil Ihres Tagesablaufs zu machen, können Sie das Training mit alltäglichen Vorgängen wie dem Aufstehen, dem Duschen oder dem Fernsehen verknüpfen.

Die Autoren von *The G-Spot* vertreten die Auffassung, ein Mann mit einem gesunden PC-Muskel solle imstande sein, mit seinem erigierten Penis ein Handtuch zu heben und zu senken, indem er diesen Muskel anspannt. (In der fortgeschrittenen taoistischen Praxis erlernt man sogar, zur Stärkung der Beckenmuskeln Gewichte einzusetzen.) Für den Augenblick wollen wir uns damit begnügen zu versuchen, ein Handtuch zu heben. Vielleicht sollten Sie besser vermeiden, das vor Publikum zu versuchen. Wie die Autoren von *The G-Spot* richtig bemerken, ist »Leistungsdruck der Erzfeind der männlichen Erektion«.

Selbstbefriedigung und Selbstkultivierung

Als nächstes müssen Sie Ihr sexuelles Empfinden auf ein höheres Niveau heben. Sie beginnen damit einfach durch Selbstbefriedigung. Unglücklicherweise wachsen wir in der westlichen Welt meist nicht in dem Bewusstsein auf, dass Sex und sexuelle Energie ein natürlicher und unverzichtbarer Bestandteil eines gesunden Lebens sind. Möglicherweise ließen Ihre Eltern Sie von dem Augenblick an, da Sie begannen, Ihren Intimbereich zu berühren, in subtiler oder weniger subtiler Form wissen, die Hände hätten nichts in der Hose verloren. Das hielt Sie wahrscheinlich nicht davon ab, sich in Ihrem Zimmer oder im Bad einzuschließen. Doch ebenso wahrscheinlich ist, dass die Masturbation in Ihnen undeutliche Schuldgefühle hervorruft und Ihnen peinlich ist. Mit diesen Gefühlen stehen Sie nicht allein.

Die ambivalente Einstellung des Christentums zum Sex, insbesondere zu jenem Sex, der nicht der Fortpflanzung dient, beeinflusst auch heute noch die abendländische Gesellschaft und ihre sexuellen Gebräuche. So wurde im Jahr 1994 die amerikanische Generalstabsärztin Dr. Joycelyn Elders zum Rücktritt gezwungen, weil sie öffentlich erklärt hatte, Selbstbefriedigung sei »ein Teil der menschlichen Sexualität«. In diesem Zusammenhang ist erwähnenswert, dass das christliche Verbot der Masturbation, der *Onanie*, auf einer Fehlinterpretation der biblischen Geschichte von Onan beruht. Onan wurde bestraft, weil er sich weigerte, die Frau seines verstorbenen Bruders zu schwängern, wie es zu jener Zeit Brauch war. Seine »Sünde« hatte nichts mit Selbstbefriedigung zu tun.[1]

Das Spiel mit sich selbst Die taoistische Sexuallehre entstand als Zweig der Medizin, nicht der Morallehre.[2] Daher verbietet sie keine Form der sexuellen Aktivität, sondern versucht einfach, den Menschen beizubringen, wie sie gesund bleiben können, während sie dem Sex frönen. Die taoistischen Meister sahen in der Masturbation, die sie als *Solo-Kultivierung* oder *Genitalübung* bezeichneten, eine wesentliche Methode zu lernen, Kontrolle über den Samenerguss zu gewinnen und die sexuelle Energie zur Revitalisierung des Körpers zirkulieren zu lassen. (Denken Sie daran, dass die Solo-Kultivierung, die wir in diesem Buch auch *Selbstkultivierung* und einfach *Selbstbefriedigung* nennen, den Samenerguss *nicht* einschließt.)

Dem Tao zufolge gehört das Spiel zu den besten Wegen, etwas zu erlernen, und das »Spiel mit sich selbst« ist eine ausgezeichnete Methode, unsere Genitalien und unsere sexuelle Energie zu stärken. Viele Menschen hegen die Sorge, man könne »zu viel« masturbieren, aber die Taoisten wussten, dass es kein Zuviel gibt – solange man den Samenerguss kontrolliert. Das Problem sind zu häufige Ejakulationen: sie entziehen dem Mann seine Kraft. Das gilt für den Geschlechtsverkehr genauso wie für die Selbstbefriedigung.

Laut Kinsey und den meisten jüngeren Studien masturbieren fast alle Jungen – und die meisten Männer.[3] Indem man diesen natürlichen Bestandteil der kindlichen Sexualität verbietet oder hemmt, macht man sexuelle Diebe aus den Jungen und zwingt sie, ihre Lust zu stehlen. Es ist durchaus möglich, dass die meisten Männer deshalb so schnell ejakulieren, weil sie als Heranwachsende ständig versuchen mussten, mit etwas Verbotenem »fertig zu werden«, bevor man sie »erwischte«. Dr. Wardell Pomeroy beschreibt in seinem Buch *Boys and Sex*, dass Jungen, die ohnehin fast alle masturbieren, eher lernen sollten, dies langsam und mit Muße zu tun, so dass sie, wenn sie schließlich mit Partnerinnen aktiv werden, in der Lage sind, den Liebesakt länger auszudehnen.

Die Taoisten würden dem noch hinzufügen, dass Jungen lernen sollten, sich selbst zu befriedigen, ohne zu ejakulieren. Jungen oder Teenager, die sehr häufig ejakulieren, entdecken vielleicht, dass ihre Energie und Motivation für andere Aktivitäten beträchtlich nachlässt. Einer der Autoren dieses Buches, Mantak Chia, wuchs in Thailand auf, wo er in der Schule neben einem Jungen saß, der die vierte Klasse viermal wiederholte. Der Junge masturbierte jeden Tag vier- bis fünfmal in der Klasse und ejakulierte in eine Flasche. Offensichtlich war dies ein extremer Fall, aber der taoistischen Lehre zufolge machte es sein Versagen in der Schule durchaus verständlich. Er molk sich und sein Gehirn buchstäblich leer. Der Ausdruck »sich das Gehirn abwichsen« beschreibt sehr treffend die Dumpfheit, die sich nach wiederholtem Samenerguss einstellt.

Viele Männer (und Frauen) fahren auch in der Ehe oder in einer festen Beziehung fort, sich selbst zu befriedigen. Im Jahr 1972 teilte die American Medical Association den Ärzten in einem Buch mit dem Titel *Human Sexuality* mit: »Die Masturbation wird von Frauen und Männern jeden Alters praktiziert, häufig als Ergänzung zum ehelichen Geschlechtsverkehr, und Frauen pflegen mit zunehmendem Alter mehr zu masturbieren.« (Schätzungen zufolge betreiben 70 Prozent der verheirateten Männer – und Frauen – Selbstbefriedigung.[4]) Selbstbefriedigung ersetzt nicht den Sex mit einem Partner, aber sie kann eine wertvolle Ergänzung dazu sein.

Eine vor kurzem von der University of Chicago durchgeführte landesweite Studie zur Sexualität fand heraus, dass Personen, die regelmäßig Geschlechtsverkehr mit einem Partner haben, sogar *öfter* masturbieren als Personen, die keinen regelmäßigen Sex haben.[5]

Selbstbefriedigung kann Ihnen helfen, aufgestaute Spannungen zu lösen, wenn Sie eher sexuelle Erleichterung als Intimität brauchen. Sie ist auch hilfreich, wenn Ihre Partnerin müde oder abgelenkt ist oder keinen so großen sexuellen Appetit wie Sie hat. (Wenn Ihre Partnerin allgemein einen geringeren sexuellen Antrieb hat, sollten Sie dafür sorgen, dass sie das Kapitel 6 liest; außerdem sollten Sie gemeinsam den Abschnitt »Die Jahreszeiten unseres Liebeslebens« in Kapitel 9 lesen.) Wenn Sie aus irgendeinem Grund das Gefühl haben, einfach nicht in der Lage zu sein, sich selbst zu befriedigen, können Sie lernen, stattdessen mit Ihrer Partnerin multiorgastisch zu werden. Das dürfte lediglich ein wenig länger dauern. Sie können auch die Übungen machen, die Sie bisher kennengelernt haben: Zwerchfellatmung, »Jahrhunderte zählen«, den Strom stoppen, PC-Klimmzüge.

Selbstbefriedigung gehört nicht zu den Dingen, die man uns beibringt. In Anbetracht des Aufschreis, den die Generalstabsärztin Elders auslöste, indem sie erklärte, die Masturbation solle »eigentlich unterrichtet werden«, ist es wenig wahrscheinlich, dass die Selbstbefriedigung in naher Zukunft in die Lehrpläne aufgenommen wird. Die meisten von uns lernen allein oder gemeinsam mit anderen, genauso unerfahrenen Jungen, wie man in aller Eile masturbiert. Das erleichtert es uns nicht, wirkliches Gespür – oder große Fingerfertigkeit – zu entwickeln. Daher hier einige Tipps.

LERNEN SIE IHREN EIGENEN GENUSS KENNEN. Wenn Sie bisher pornographische oder erotische Darstellungen verwendet haben, um sich zu erregen, so versuchen Sie, sobald Sie einmal erregt sind, Ihre Aufmerksamkeit auf die Vorgänge in Ihrem Körper zu verlagern. Pornographie kann zwar Ihre sexuelle Energie steigern, aber sie wirkt auch ablenkend und kann es Ihnen erschweren, sich mit Ihren eigenen Empfindungen auf dem Weg zum Orgasmus zu beschäftigen. Viele Männer lernen, sich mit Pornographie zu befriedigen, und obwohl dies nicht der richtige Ort ist, um über das Für und Wider der Sexindustrie zu diskutieren, scheint uns klar, dass Pornographie eben deshalb erfolgreich ist, *weil* sie uns von uns selbst ablenkt. In der folgenden Übung müssen Sie sich nach innen wenden und Ihren eigenen Genuss kennenlernen, anstatt eine fremde Vorstellung von Genuss zu übernehmen.

STIMULIEREN SIE IHREN GANZEN PENIS. Sie sollten unbedingt versuchen, Ihren ganzen Penis zu stimulieren. Die meisten Männer konzentrieren sich vor allem auf die Eichel, da sie der erogenste Teil des Gliedes ist. Die chinesische Medizin jedoch lehrt, dass die verschiedenen Teile des Penis verschiedenen Körperteilen entsprechen (siehe Abbildung 7). Um eine übermäßige Stimulation eines Körperteils zu vermeiden, sollten Sie versuchen, Ihren ganzen Penis zu reiben, also den Schaft genauso wie die Eichel.

BERÜHREN SIE IHRE HODEN. Wenn Berührungen Ihres Hodensacks bisher kein Teil Ihrer üblichen Praxis waren, so sollten Sie es jetzt vielleicht einmal damit versuchen. Die

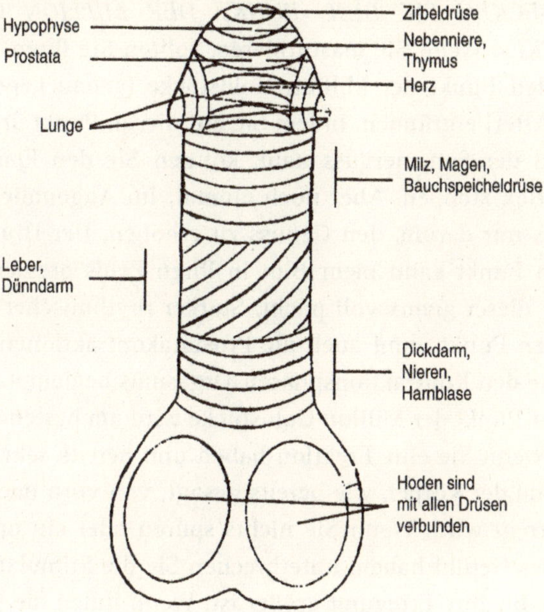

Abb. 7: Reflexzonen des Penis

Hoden können besonders empfindlich für leichte Berührungen sein, obwohl manche Männer auch gerne kräftig an ihrem Hodensack ziehen. Das Reiben der Hoden regt sogar die Testosteronproduktion an, was Ihre Potenz steigert, indem es erstens die Spermienzahl erhöht und zweitens Ihre allgemeine Gesundheit hebt (in Kapitel 8 finden Sie eine Anleitung zur Hodenmassage). Im nächsten Abschnitt werden wir das Hodenziehen beschreiben, welches zur Verzögerung des Samenergusses beitragen kann; zunächst jedoch sollten Sie lernen, wie Sie Ihren Hodensack einfach nur zum Vergnügen berühren können.

ENTDECKEN SIE DEN »PUNKT DER MILLION GOLDSTÜCKE«. Wenn Sie masturbieren, sollten Sie Ihren Damm und den Punkt der Million Goldstücke (genau gegenüber dem After) ergründen. Indem Sie auf diesen Punkt drücken, sobald der Samenerguss naht, können Sie den Ejakulationsreflex stoppen. Aber noch einmal: Im Augenblick geht es uns nur darum, den Genuss zu erhöhen. Der Druck auf diesen Punkt kann mehr Blut in Ihren Penis pressen, wodurch dieser genussvoll pocht. Starker rhythmischer Druck auf den Punkt ahmt auch die Prostatakontraktionen nach, welche den Kontraktionsphasen-Orgasmus begleiten.

Der Punkt der Million Goldstücke wird am besten stimuliert, wenn Sie eine Erektion haben und bereits sehr erregt sind, da der Körper, wie bereits gesagt, von vorn nach hinten erregt wird. Wenn Sie nichts spüren oder ein unangenehmes Gefühl haben, unterbrechen Sie die Stimulation so lange, bis Ihre Erregung größer ist. Wenn Ihnen die Stimulation dieses Punkts keinen Genuss verschafft, können Sie sich wieder auf Penis und Hodensack konzentrieren.

NEHMEN SIE SICH ZEIT. Es ist wichtig, dass Sie sich so viel Zeit wie möglich nehmen, um den Genuss auszudehnen und zu lernen, wie Sie die Ejakulation hinausschieben können.

»In unserer Arbeit mit über tausend Personen«, berichten Hartman und Fithian, »haben wir herausgefunden, dass ein Mann, der lernt, die Masturbation auf fünfzehn bis zwanzig Minuten auszudehnen, im Liebesakt durchhalten kann, so lange er will. Dieser Zeitraum (fünfzehn bis zwanzig Minuten) scheint entscheidend zu sein. Hat man diese Marke einmal überschritten, so beherrscht man seinen Samenerguss. Es ist ganz einfach.«

Fünfzehn bis zwanzig Minuten erscheinen Ihnen möglicherweise sehr lang – und sind es auch, insbesondere, wenn Sie bisher an zwei- bis dreiminütige Masturbationsquickies gewöhnt waren. Ein multiorgastischer Mann erklärt den Unterschied: »Wenn ich früher mit mir selbst spielte, spritzte ich in drei oder vier Minuten ab, einfach um die Spannung zu lösen oder weil mir langweilig war. Die Selbstkultivierung war etwas ganz anderes. Ich versuchte, so lange wie möglich mit mir zu spielen, ohne zu kommen. Nach einer Weile konnte ich zwanzig Minuten lang mit mir spielen.« Sind Sie einmal multiorgastisch, so werden Sie in der Lage sein, in diesen zwanzig Minuten viele Male (ohne Samenerguss) zum Höhepunkt zu gelangen. Und Sie werden in der Lage sein, verjüngende, heilende Energie durch Ihren Körper zirkulieren zu lassen. Ein anderer multiorgastischer Mann sagt über die Selbstkultivierung: »Es ist etwas, das irgendwo zwischen Masturbation und Meditation liegt.«

Keinesfalls wollen wir die Selbstbefriedigung zu einer mechanischen Übung oder zu einer Anstrengung machen. Wie beim Geschlechtsverkehr gibt es keine »richtige Dauer« und keine »richtige Zahl von Orgasmen«. Beides hängt von der Situation, von der verfügbaren Zeit und vom Maß Ihrer Erregung ab. Wenn Sie sich zu langweilen beginnen, sollten Sie sich fragen, was der Grund für Ihre Langeweile ist. Fallen Sie möglicherweise in alte Schemata zurück? Werden Ihre Berührungen mechanisch? Konzentrieren Sie sich zu sehr auf Ihre Genitalien? Sind Sie abgelenkt? Wenn Sie sich nicht konzentrieren können, sollten Sie es mit der im nächsten Kapitel beschriebenen Atemübung versuchen, um die Beziehung zu Ihrem Körper wiederherzustellen.

Wir betrachten es normalerweise nicht als sehr männlich, unseren Körper zu sensibilisieren und uns zu verwöhnen, aber das Vergnügen ist genauso männlich wie die Qual – nur sehr viel angenehmer. Es wird Ihre Übung erleichtern, mit einem heißen Bad (vielleicht mit ein wenig beruhigendem Sesam- oder Olivenöl) oder einer Körpermassage zu beginnen. Sie können Ihre Konzentration fördern, indem Sie für gedämpfte Beleuchtung sorgen und eine Kerze anzünden. Oder Sie können sich (mit oder ohne Kerze) vor einen Spiegel setzen und Ihren Körper betrachten. Versuchen Sie, seine Sinnlichkeit zu finden. Berühren Sie Ihre Hände und Arme, Ihre Füße (sofern Sie diese erreichen können), Waden und Schenkel. Berühren Sie Ihre Brust und auch Ihre Brustwarzen. Wenn Sie sich selbst befriedigen, versuchen Sie, Ihre Oberschenkel und Ihren Bauch zu massieren, bevor Sie sich auf Ihre Genitalien stürzen.

ENTWICKELN SIE LIEBE. Zwar betreiben die meisten Männer Selbstbefriedigung (mit oder ohne Schuldgefühle), doch nur die wenigsten sind imstande, dies liebevoll zu tun und diese Form der Sexualität zu vervollkommnen. Wer seine Liebe zu sich selbst nicht pflegen kann, wird auch kein liebevoller Sexualpartner sein. Die sexuelle Energie tut nichts anderes, als die Energie in Ihrem Körper zu vergrößern – sei es nun positive oder negative Energie. Empfinden Sie Liebe, so wird diese Liebe durch Ihr sexuelles Begehren größer. Empfinden Sie Hass, so wird der Hass gesteigert. Sie müssen unbedingt verstehen, wie die sexuelle Energie Ihre Emotionen sowohl bei der Solo-Kultivierung als auch bei der partnerschaftlichen Liebe vertieft. Indem Sie Ihre sexuelle Energie kultivieren und in liebevolle Zuwendung umwandeln, werden Sie auch besser in der Lage sein, den Samenerguss zu verhindern; die Kontrolle aufrechtzuerhalten ist sehr viel schwieriger, wenn Sie Wut oder Ungeduld empfinden.

In der taoistischen Sexuallehre gibt es keine Trennung zwischen den Genitalien und dem Herzen, denn die sexuelle Energie zirkuliert durch den ganzen Körper. Ein multiorgastischer Mann beschreibt das so: »Ich versuchte stets zwischen Sex und Gefühl zu trennen, aber als ich mich der taoistischen Sexualität zuwandte, wuchsen meine Geschlechtsteile und mein Herz zusammen, und ich entdeckte eine echte, tiefe Liebe zu meiner Partnerin sowie zu den anderen Menschen in meiner Umgebung.«

Die Taoisten kennen eine einfache Übung, um das Herz mit den Genitalien (oder die Liebe mit dem Sex) zu verbinden. Machen Sie diese Übung, wenn Sie in dem Moment, da Sie sich Ihrer Partnerin oder sich selbst sexuell zuwenden, entdecken, dass Sie gereizt, frustriert oder abgelenkt sind: Legen Sie die rechte Hand auf Ihre Leistengegend und die linke auf Ihr Herz, um sexuelle Energie und Liebe miteinander zu verbinden. Wenn Sie häufig Wut, Hass oder andere negative Emotionen empfinden, müssen Sie diese Gefühle umwandeln, bevor Sie Ihre sexuelle Energie kultivieren können. Hier können das Innere Lächeln und die Sechs heilenden Klänge – Techniken, die Mantak Chia in seinem Buch *Tao Yoga des Heilens* beschreibt – ebenso helfen wie eine psychologische Betreuung.

Liebe zu sich selbst, die etwas ganz anderes ist als Egoismus oder Narzissmus, ist die Grundlage für jede Solo- oder Partneraktivität. In *The G-Spot* warnen die Autoren, sie hätten kein Buch über Liebe, sondern eines über Sex geschrieben. Aber die Taoisten wussten, dass man diese beiden Dinge nie wirklich voneinander trennen kann.

Nun können Sie sich an eine Selbstbefriedigungsübung wagen, die Ihnen helfen wird, Ihren sinnlichen Brennpunkt zu erweitern und den Genuss auf Ihren ganzen Körper auszudehnen. Im folgenden Abschnitt werden Sie anspruchsvollere Übungen erlernen, anhand deren Sie Ihre Erregung unter Kontrolle bringen und ein multiorgastischer Mann werden können. Aber um diese Übungen erfolgreich absolvieren zu können, müssen Sie wissen, wie Ihre Befriedigung funktioniert. Daher beginnen wir hier mit der Selbstbefriedigung.

Wenn Sie die unwillkürlichen Kontraktionen des PC-Muskels empfinden, die sich beim Kontraktionsphasen-Orgasmus ohne Samenerguss einstellen, dann befinden Sie sich bereits auf dem richtigen Weg. Haben Sie gar schon zwei oder drei Miniorgasmen, so sind Sie bereits ein multiorgastischer Mann! Am Anfang gibt es keine erdbebengleichen Orgasmen, aber am Ende werden die Höhepunkte Ihren ganzen Körper erfassen. Für den Anfang sollten Sie einfach den angenehmen Schauer dieser Miniorgasmen genießen. Ein multiorgastischer Mann beschreibt seine Erfahrung: »Wenn ich kurz vor dem Samenerguss stehe, unterbreche ich, entspanne mich und atme tief durch. Ich lasse mich in einen Orgasmus ohne Ejakulation zurückfallen. Manchmal fühlt er sich an wie eine genussvolle Zuckung in meiner Prostata. Dann wieder kann ich ihn überall in meinen Genitalien spüren, und er ist so intensiv wie – nein, intensiver als ein Orgasmus mit Samenerguss. Meine Frau kann oft nicht beurteilen, ob ich ejakuliert habe oder nicht, bis ich es ihr sage.«

Wenn Sie bisher noch keinen Kontraktionsphasen-Orgasmus gehabt haben und einen unangenehmen Druck im Becken verspüren, können Sie die Übung zur Beckenmassage versuchen, die wir später in diesem Kapitel beschreiben werden. Oder Sie können einfach ejakulieren. Indem Sie die sexuelle Energie aus Ihrem Becken ziehen und dieses massieren, können Sie den Druck lindern, den alle Männer anfangs spüren. Und wenn Sie zufällig in den Samenerguss hinüberkippen, sollten Sie sich deswegen kein Kopfzerbrechen machen. Schließlich beginnen Sie gerade erst, diese Technik zu erlernen und Ihre Erregung unter Kontrolle zu bringen.

☞ Übung 5

Selbstbefriedigung

1. Beginnen Sie, indem Sie Ihren Penis sanft einreiben. Ein Gleitmittel wird Ihre Empfindungen verstärken. Öl ist im Allgemeinen besser als eine Lotion, da es nicht so schnell trocknet.
2. Befriedigen Sie sich selbst ganz nach Ihrem Geschmack, wobei Sie immer Ihren ganzen Penis, Ihren Hodensack und Ihren Damm (einschließlich des Punkts der Million Goldstücke) massieren und stimulieren sollten.
3. Versuchen Sie, sich Ihrer steigenden Erregungskurve bewusst zu werden: Achten Sie auf das Kribbeln an der Peniswurzel, beobachten Sie die verschiedenen

Erektionsstadien, horchen Sie auf den sich beschleunigenden Herzschlag.

4. Wenn Sie in die Nähe des Samenergusses kommen, halten Sie inne, und ruhen Sie sich aus. Versuchen Sie, die mit dem Kontraktionsphasen-Orgasmus einhergehende Kontraktion Ihres PC-Muskels und Ihres Afters zu registrieren. Seien Sie jedoch nicht überrascht, wenn es einige Zeit dauert, bis Sie diesen Höhepunkt ohne Samenerguss erleben können. Sie können auch versuchen, Ihren PC-Muskel rund um Ihre Prostata zusammenzudrücken, wenn die Kontraktionen der Prostata beginnen und Sie befürchten zu kommen.
5. Nachdem Sie die Kontrolle wieder gewonnen haben, können Sie von neuem beginnen, sooft Sie wollen, und fortfahren, so lange es Ihnen gefällt.

Lernen Sie, den Samenerguss zu beherrschen

Nun, da Sie begonnen haben zu lernen, wie Sie Ihren Atem und Ihre Sexmuskeln kontrollieren können, sind Sie so weit, dass wir einige spezifische Techniken in Angriff nehmen können, mit deren Hilfe Sie im Zustand hoher Erregung den Samenerguss beherrschen können. Je intensiver Sie die bisher gelernten Übungen machen, desto leichter werden Ihnen jene fallen, die wir später in diesem Kapitel besprechen werden, und desto leichter werden Sie verhindern können, über den »Point of no return« hinauszugehen.

Unterbrechen Das Erste und Wichtigste ist, dass Sie sich Ihrer Erregungskurve stets bewusst sind und Ihrer Hand kurz Einhalt gebieten (oder, wenn Sie mit Ihrer Partnerin zusammen sind, einige Stöße aussetzen), bevor es vermutlich zum Samenerguss kommt. Die Sexualforscher sprechen in diesem Zusammenhang häufig von der *Start-Stopp-Technik*, aber gemeint ist etwas, was ohnehin jeder kennt. Man unterbricht besser zu früh als zu spät. Anfangs werden Sie die Selbststimulierung wahrscheinlich für zehn bis zwanzig Sekunden unterbrechen müssen, damit der Drang zum Samenerguss nachlässt.

Atmung Die tiefe Atmung, die wir an anderer Stelle beschrieben haben, ist unverzichtbar, wenn Sie Ihre Erregungskurve beherrschen und im Zustand höchster Erregung die Ejakulation hinauszögern wollen. Eine Technik, die sich als besonders wirkungsvoll erwiesen hat, besteht darin, tief einzuatmen und den Atem einige Augenblicke lang anzuhalten, bis der Drang zum Samenerguss nachlässt. Einige multiorgastische Männer atmen jedoch besonders schnell, um die Ejakulation hinauszuzögern. (Dieses schnelle, flache Atmen wird im Yoga als *Feueratem* bezeichnet.) Tiefes, langsames Atmen erleichtert die Beherrschung der sexuellen Energie, während flaches, schnelles Atmen zur Verteilung der Energie beiträgt. Probieren Sie aus, welche Methode bei Ihnen am besten funktioniert.

Kontraktion des PC-Muskels Wie bereits erwähnt, umgibt der PC-Muskel die Prostata, die der Samen während der Expulsionsphase des Orgasmus passieren muss. Indem Sie lernen, Ihre Prostata während des Kontraktionsphasen-Orgasmus (wenn sie sich unwillkürlich zusammenzieht) zusammenzupressen, können Sie es leichter vermeiden, von der Kontraktion in die Expulsion zu schlittern. (Zwischen Kontraktion und Expulsion liegt der berüchtigte »Point of no return«.) Ein multiorgastischer Mann beschreibt seine Erfahrung: »Ich halte den Samenerguss zurück, indem ich genau im richtigen Augenblick einfach den PC-Muskel zusammenziehe. Es dauerte einige Zeit, bis ich diese Technik beherrschte, aber die Ergebnisse rechtfertigen den Aufwand wirklich.«

Das *Quetschen* des Penis Viele Sexualwissenschaftler empfehlen die so genannte »Quetsch«-Technik, die ursprünglich Männern angeraten wurde, die unter »vorzeitigem« Samenerguss litten. Die Technik ist einfach. Legen Sie einfach Zeige- und Mittelfinger einer Hand auf die Unterseite Ihres Penis, plazieren Sie den Daumen auf der Oberseite, und drücken Sie (siehe Abbildung 8 A). Manche Männer finden auch heraus, dass sie ihre Erregung senken können, indem sie ihren Penis wie die Lenkstange eines Fahrrads umfassen und mit dem Daumen auf die Spitze oder die Unterseite Druck ausüben (Abbildung 8 B). Im Spiel mit sich selbst können diese Techniken wirkungsvoll sein, aber beim Geschlechtsverkehr sind sie schlecht auszuführen, da man dafür das Glied aus der Scheide herausziehen müsste. Um sich auf diese Situation vorzubereiten, können Sie versuchen, Ihren Geist zum Zusammenpressen der Penisspitze einzusetzen. Schließlich wird es Ihnen gelingen, sie allein mit Ihrem Geist zusammenzupressen. Die peinliche Situation, Ihre Hände dazu einsetzen zu müssen, wird Ihnen erspart bleiben. Eine weitere gute Technik besteht darin, den Penisschaft am Ansatz zusammenzudrücken (denken Sie

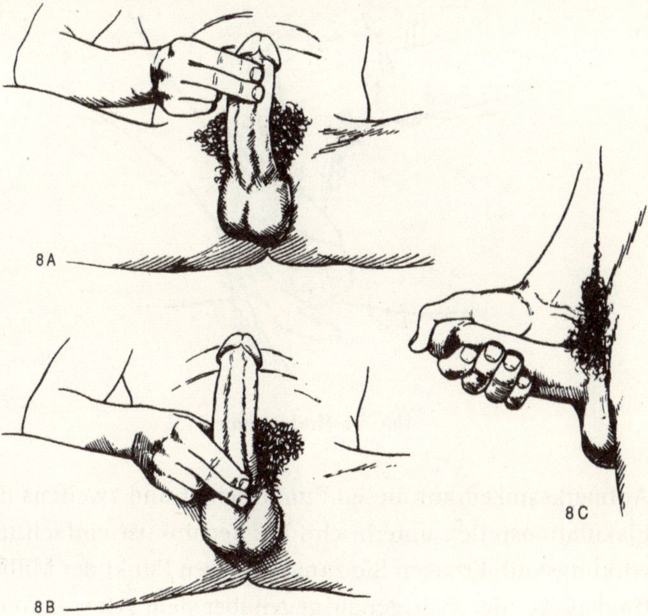

Abb. 8: Verzögerung des Samenergusses mit Hilfe der »Quetschtechnik«

stets daran, auch mit Ihrem Geist zu drücken). Mit dieser Technik werden Sie Ihre Erregung besser unter Kontrolle bekommen und obendrein Ihre Erektionen ausdehnen und festigen (Abbildung 8 C).

Das Pressen des Punktes der Million Goldstücke Eine der ältesten taoistischen Techniken besteht darin, den Punkt der Million Goldstücke zu pressen, während man den PC-Muskel zusammenzieht. Diese Technik erleichtert es Ihnen, den Samenerguss hinauszuzögern, indem sie erstens Ihre

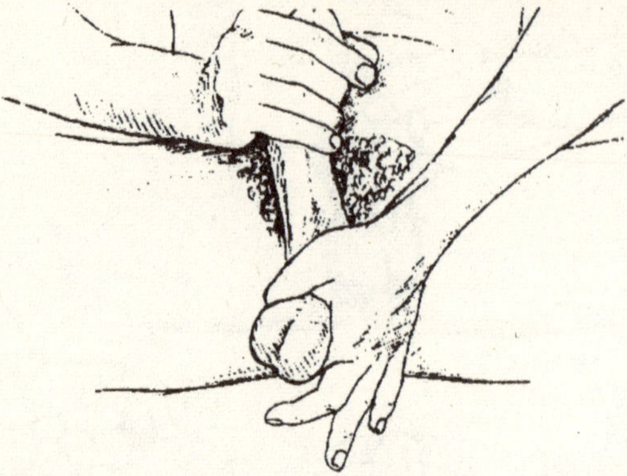

Abb. 9: Hodenziehen

Aufmerksamkeit auf diesen Punkt richtet und zweitens den Ejakulationsreflex unterbricht. Die Technik ist einfach und wirkungsvoll. Ertasten Sie zunächst Ihren Punkt der Million Goldstücke, der sich genau gegenüber dem After befindet (siehe Abb. 2 auf Seite 33). Dort befindet sich eine Einkerbung, wenn Sie an der richtigen Stelle drücken. Sie müssen mit Ihrem Finger bis zum ersten Gelenk hineinfahren. Ein multiorgastischer Mann beschreibt seine Erfahrung mit dieser Technik: »Wenn ich eine Weile auf den Punkt der Million Goldstücke drücke, lässt meine Erektion geringfügig und die Gefahr eines Samenergusses erheblich nach.« Diese Technik können Sie auch im Liebesakt anwenden, ohne den Penis zurückziehen zu müssen.

Ziehen am Hodensack Da Ihre Hoden eng an den Körper gezogen werden müssen, damit der Samen herausbefördert werden kann, verzögert es den Samenerguss, wenn der Hodensack vom Körper weggezogen wird. Bilden Sie mit Daumen und Zeigefinger einen Ring um den Hodensack (siehe Abbildung 9) und ziehen Sie diesen fest nach unten.

Das Ableiten der sexuellen Energie Wenn Sie sich vom Samenerguss abhalten wollen, müssen Sie etwas lernen, das wichtiger ist als alle mechanischen Techniken: Sie müssen die sexuelle Energie aus Ihren Geschlechtsorganen ziehen und durch die Wirbelsäule in den übrigen Körper leiten. Wenn sich immer mehr sexuelle Energie in Ihrem Unterleib bildet, wird sie schließlich unkontrollierbar werden und sich auf dem direktesten Weg entladen – durch Ihren Penis. Gelingt es Ihnen jedoch, diese Energie abzuleiten, so wird es Ihnen sehr viel leichter fallen, den Samenerguss zu verhindern. Wie wir im vorangegangenen Kapitel besprochen haben, liegt in dieser Fähigkeit auch der Schlüssel zum Ganzkörperorgasmus. Im nächsten Abschnitt werden wir Sie Schritt für Schritt anleiten, wie Sie Ihre sexuelle Energie durch Ihren Körper zirkulieren lassen können. In der Zwischenzeit stellen Sie sich einfach vor, Ihre sexuelle Energie aus Ihrem Penis herauszuziehen und über den Damm in Ihr Rückgrat zu leiten. Indem Sie den Damm zusammenziehen, unterstützen Sie den Aufstieg der Energie und bereiten sich auf die später in diesem Kapitel zu besprechende Übung des *großen Zugs* vor.

☞ Übung 6

Trennen Sie den Orgasmus vom Samenerguss

1. Beginnen Sie damit, dass Sie Ihren Penis wie in der Selbstbefriedigungsübung gleitfähig machen.

2. Bevor Sie sich auf Ihre Genitalien konzentrieren, denken Sie daran, Ihren übrigen Körper, insbesondere Bauch, Oberschenkel und Brustwarzen, zu berühren und zu massieren.
3. Befriedigen Sie sich, wie es Ihnen gefällt, und stimulieren Sie den gesamten Penis, den Hodensack und den Damm.
4. Achten Sie auf Ihre Erregungskurve. Versuchen Sie, den Anstieg der Erregung zu verfolgen: Achten Sie auf das Kribbeln an der Peniswurzel, beobachten Sie die Erektionsstadien, achten Sie auf die Beschleunigung Ihrer Atmung und Ihres Pulses.
5. Wenn Sie fühlen, dass Sie sich dem Punkt nähern, an dem es kein Zurück mehr gibt, halten Sie inne, atmen Sie ruhig und spannen Sie Ihren PC-Muskel rund um Ihre Prostata an. Darüber hinaus können Sie den Samenerguss auch hinauszögern, indem Sie auf den Punkt der Million Goldstücke drücken, die Hoden nach unten ziehen, die Penisspitze mit der Hand zusammendrücken oder einfach Ihren Geist dazu einsetzen. Probieren Sie aus, welche dieser Techniken bei Ihnen am besten funktioniert. Was jedoch am wichtigsten ist: Beobachten Sie genau Ihren Erregungsverlauf, und halten Sie rechtzeitig inne – nicht zu spät vor dem »Point of no return«.
6. Wenn Sie spüren, dass Ihre sexuelle Energie überhandnimmt und außer Kontrolle zu geraten droht, sollten Sie versuchen, diese Energie unter Einsatz Ihres Geistes die Wirbelsäule hinaufzuziehen; spannen und entspannen Sie den PC-Muskel mehrere Male. Fühlen

Sie sich immer noch zu heiß und unkontrollierbar, so halten Sie für zehn bis zwanzig Sekunden inne und konzentrieren Sie sich auf eine tiefe Atmung.

7. Versuchen Sie, die Kontraktion Ihres PC-Muskels und Ihres Afters beim Kontraktionsphasen-Orgasmus zu beobachten.
8. Unterbrechen Sie, nachdem Sie mehrere Höhepunkte ohne Samenerguss erreicht haben. Nachher werden Sie sich friedlich und/oder energiegeladen fühlen. Versuchen Sie zu verfolgen, wie Ihre sexuelle Energie in Ihrem Körper zirkuliert (diesen Vorgang werden Sie als Kribbeln, Kitzeln oder Prickeln empfinden).

Mit dieser Übung setzen Sie Techniken ein, um sich leichter zu beruhigen, wenn sich Ihre Erregung dem Höhepunkt nähert. Auch hier versuchen Sie, die befriedigenden unwillkürlichen Pumpbewegungen von Prostata und After zu erleben, ohne zu ejakulieren (Kontraktionsphasen-Orgasmus). Ein multiorgastischer Mann beschreibt, wie es ihm gelingt, zum Orgasmus zu gelangen, ohne zu ejakulieren: »Erstens scheinen Variationen zu helfen – ich tue nicht immer das Gleiche wieder und wieder, sondern variiere beim Liebesakt die Tiefe der Stöße oder wechsle bei der Selbstbefriedigung den Griff und die Bewegungen meiner Hand. Ich verringere dann das Tempo, wenn ich fühle, dass ich mich dem Höhepunkt nähere. Ich konzentriere mich auf eine tiefe Atmung. Und schließlich bewege ich das angesammelte *Chi* meine Wirbelsäule hinauf und durch den kleinen Energiekreislauf.«

Welche Techniken Sie auch immer anwenden, um Ihre Erregung zu erhöhen oder zu senken, *die wichtigsten Be-*

standteile des Verfahrens sind die Atmung, das Zusammendrücken des PC-Muskels und das entspannte Hinübergleiten in einen Orgasmus ohne Ejakulation.

☛ **Wegweiser**

Beckendruck

Der Druck in Ihrem Becken ist ein natürliches Ergebnis der erhöhten Menge an hineingepumptem Blut und *Chi* und der zunehmenden sexuellen Energie. Wenn der Druck unangenehm wird, können Sie entweder einfach fortfahren und ejakulieren. Oder Sie bedienen sich der tiefen Atmung, der PC-Klimmzüge und der Dammmassage (die wir in diesem Kapitel im Abschnitt »Der Fingerverschluss« beschreiben), um den Druck zu lindern. Wenn Sie lernen, das Pulsieren Ihrer Prostata zu fühlen und Ihre sexuelle Energie hinaufzuziehen, wird es immer unwahrscheinlicher, dass Sie einen unangenehmen Druck in Ihren Genitalien verspüren. Ein multiorgastischer Mann beschreibt seine Erfahrung: »Wenn ich anhalte, bleibt mein Penis oft noch für einige Minuten hart, aber ich fühle mich nicht verkrampft oder unwohl. ›Blaue Eier‹ habe ich noch nie gekriegt, denn ich atme tief durch und ziehe die Energie nach oben. Ich fühle mich einfach entspannt.«

Lernen Sie, Ihre sexuelle Energie zu kontrollieren

Im nächsten Abschnitt werden Sie den »kalten Zug« erlernen, jene taoistische Technik, anhand deren Sie Ihre sexuelle Energie aus Ihren Hoden ziehen und durch den Körper zirkulieren lassen können, *bevor* Sie heiß werden und unter

Druck kommen. Im darauffolgenden Abschnitt werden Sie den »großen Zug« erlernen, den Sie einsetzen können, wenn Sie bereits heiß sind und unter Druck stehen. Allerdings ist der Umgang mit Ihrer sexuellen Energie sehr viel einfacher für Sie, solange die Energie noch kalt ist. Daher empfehlen wir Ihnen, erst den »kalten Zug« zu erlernen, bevor Sie sich am »großen Zug« versuchen. Wenn Sie lernen, den kalten Zug richtig zu praktizieren, werden Sie den großen Zug selten brauchen. Je früher Sie imstande sind, die sexuelle Energie aus den Genitalien zu ziehen, desto leichter wird es Ihnen fallen, mehrfache Ganzkörperorgasmen zu erreichen und Ihre sexuelle Energie schließlich für Ihre gesamte körperliche Verfassung zu nutzen.

Wenn Sie allein oder mit einer Partnerin Sex praktizieren, wird der kalte Zug Sie in die Lage versetzen, den Drang zum Ejakulieren zu senken. Wenn Sie sich sexuell geladen fühlen, aber kein Interesse an Sex haben oder keine Gelegenheit dazu, wird es Ihnen der kalte Zug ermöglichen, den sexuellen »Druck« zu lindern und diese Energie in Kreativität und Vitalität umzuwandeln. Michael Winn erläutert: »Ich habe Tausende Männer in der westlichen Welt in dieser Technik unterrichtet und herausgefunden, dass sie den schnellsten und sichersten Weg für einen Mann darstellt, das Gefühl der Frustration oder drückenden Begierde zu lindern und einen starken Strom kreativer Energie in sein Herz und sein Gehirn zu leiten. Diese Technik erlaubt es einem Mann, seine Sexualität überall und zu jeder Zeit zu kultivieren – in der Schlange am Bankschalter, an seinem Schreibtisch im Büro oder auch mitten in der Nacht, wenn er mit einer Erektion aus einem sexuellen Traum erwacht.«

Der »kalte Zug«

Der *kalte Zug* wird auch als *Hodenatmung* bezeichnet, da diese Technik dazu führt, dass sich die Hoden heben und senken, als würden sie atmen. Es ist wirklich so, dass Sie Ihren Geist und Ihre Muskeln einsetzen, um Ihre Hoden zu heben und zu senken und die sexuelle Energie aus Ihren Genitalien heraus- und in Ihr Gehirn hinaufzuziehen. Den Taoisten zufolge kann ein Mann durch einen Orgasmus ohne Samenerguss nicht nur den Verlust von Samen (samt der darin enthaltenen Hormone, Proteine, Mineralstoffe, Vitamine und Aminosäuren) vermeiden, sondern auch den Verlust der durch das Sperma erzeugten bioelektrischen Energie (des *Ching-chi*)[6]. Ihre Hoden sind die Fabriken, in denen Ihre Sexualhormone und Ihre sexuelle Energie produziert werden, und von hier aus ziehen Sie die Energie entlang der Wirbelsäule in Ihr Gehirn empor (siehe Abbildung 10). Das ermöglicht es Ihnen, die sexuelle Energie in Ihren Genitalien zu senken und schließlich eine erfrischende, revitalisierende Welle von Energie entlang Ihrer Wirbelsäule zu spüren, die auch sämtliche Nervenstränge stimuliert. Sie werden in der Lage sein, diese orgastische Welle der Befriedigung jederzeit zu genießen, ohne überhaupt sexuell erregt sein zu müssen. Ihr ganzes Leben wird Genuss sein!

☞ Übung 7

Der »kalte Zug«

1. *Berühren oder umfassen Sie Ihren Hodensack* mit einer Hand und erwärmen Sie ihn so lange, bis Sie ein leichtes Kribbeln oder ein erstes Erwachen Ihrer sexuellen Energie spüren. (Wenn Sie sich an einem

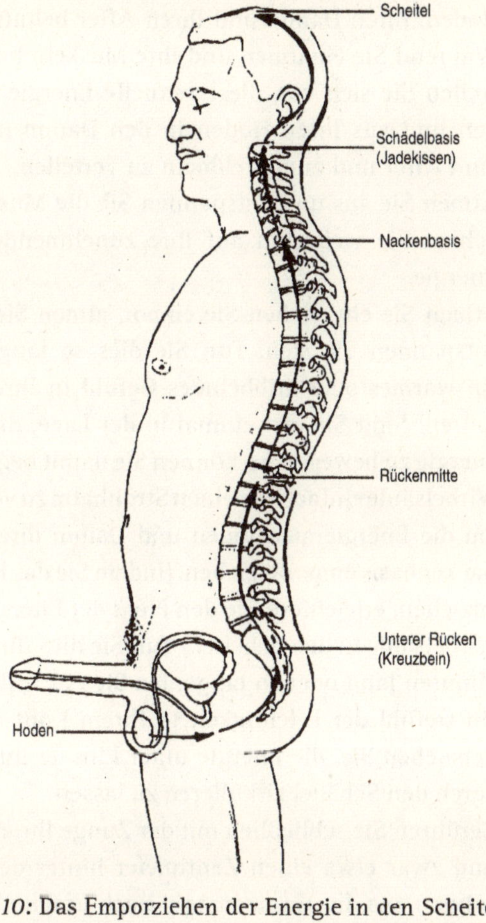

Abb. 10: Das Emporziehen der Energie in den Scheitel

öffentlichen Ort befinden, können Sie einfach einem sexuellen Gedanken oder einer erotischen Phantasie nachhängen.)

2. Atmen Sie ein und ziehen Sie die Muskeln um Ihre

Hoden, Ihren Damm und Ihren After behutsam hoch. Während Sie einatmen und Ihre Muskeln hochziehen, stellen Sie sich vor, diese sexuelle Energie einzusaugen und aus Ihren Hoden in den Damm und weiter zum After und zum Steißbein zu verteilen.

3. Atmen Sie aus und entspannen Sie die Muskeln, aber achten Sie weiterhin auf Ihre zunehmende sexuelle Energie.
4. Atmen Sie ein, ziehen Sie empor, atmen Sie aus, und entspannen Sie sich. Tun Sie dies so lange, bis Sie ein warmes oder kribbelndes Gefühl in Ihrem Damm spüren. Sind Sie erst einmal in der Lage, die sexuelle Energie zu bewegen, so können Sie damit beginnen, die Wirbelsäule einfach wie einen Strohhalm zu verwenden, um die Energie aus Hoden und Damm direkt bis zur Nackenbasis emporzuziehen. (Indem Sie das Kinn leicht anziehen, erleichtern Sie den Fluss der Energie von der Wirbelsäule in den Scheitel.) Tun Sie dies fünf bis zehn Minuten lang oder so lange, bis Sie ein Kribbeln oder ein Gefühl der Leichtigkeit in Ihrem Kopf verspüren. Versuchen Sie, die Energie unter Einsatz Ihres Geistes durch den Schädel zirkulieren zu lassen.
5. Berühren Sie schließlich mit der Zunge Ihren Gaumen, und zwar etwa einen Zentimeter hinter den Vorderzähnen, wo das Gaumensegel nach unten abfällt (siehe Abbildung 11). Ihre Zunge funktioniert hier wie ein Schalter, der die vordere mit der hinteren Leitungsbahn verbindet und der Energie den Weg öffnet, um an der Vorderseite Ihres Körpers zum Nabel hinabzufließen.

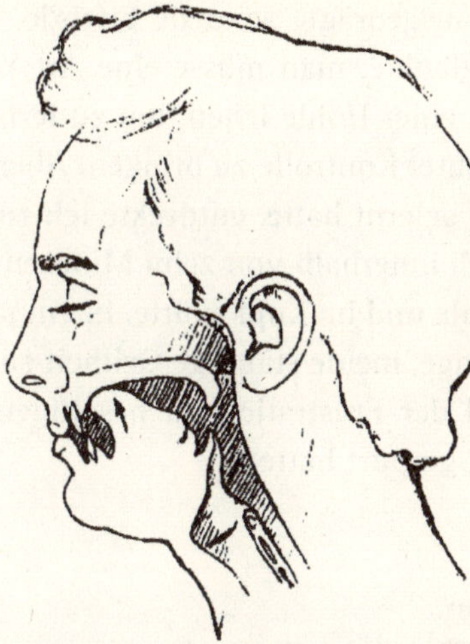

Abb. 11: Berührung des Gaumensegels mit der Zunge

Wie Sie die Energie emporziehen Es kann einige Zeit dauern, bis Sie gelernt haben, die Energie kreisen zu lassen. Verlieren Sie also nicht den Mut, insbesondere wenn Sie noch nicht viel Erfahrung mit Meditation und anderen Techniken der Selbsterfahrung gesammelt haben. Möglicherweise entdecken Sie auch, dass Sie die Energie an bestimmten Punkten entlang Ihrer Wirbelsäule spüren, an anderen jedoch nicht. Sobald Sie fühlen, dass die Energie im Kopf ankommt, wissen Sie, dass Sie die Übung erfolgreich ausgeführt haben.

Vielleicht entdecken Sie zu Ihrer Überraschung, dass Sie in der Lage sind, diese Energie fast augenblicklich weiterzubewegen. Wie am Anfang dieses Kapitels erwähnt, hängt dies vor allem von Ihrer sexuellen Kraft und Sensibilität ab. Ein multiorgastischer Mann sagt: »Schon als Teenager besaß ich eine ausgeprägte sexuelle Energie, die mich oft frustrierte. Ich glaubte, man müsse eine Art Yogi sein und dreißig Jahre in einer Höhle leben, um zu lernen, seine sexuelle Energie unter Kontrolle zu bringen. Aber als ich diese einfache Übung gelernt hatte, entdeckte ich zu meinem Erstaunen, dass ich innerhalb von zehn Minuten ein Kribbeln in der Wirbelsäule und im Kopf spürte. In ein paar Monaten war ich in der Lage, meine ständige Geilheit zu beherrschen und das Gefühl der Frustration zu beseitigen, das ich so viele Jahre lang gespürt hatte.«

☛ **Wegweiser**

Auflockerung

Wenn Ihr Rücken oder Ihr Becken verspannt sind, ist es Ihnen schwerfallen, die sexuelle Energie entlang Ihres Rückgrats emporzuziehen. Lockern Sie Ihren Beckenbereich, Ihre Wirbelsäule und Ihren Nacken. Stellen Sie sich vor, Sie sitzen auf einem galoppierenden Pferd und wiegen Ihr Becken vor und zurück, wobei Ihr Kinn auf und ab hüpft. Über Ihre Wirbelsäule läuft eine warme Welle.

Ziehen Sie Ihre Energie hinab Sie müssen Ihre sexuelle Energie nicht nur aus den Genitalien durch den hinteren Kanal ins Gehirn emporziehen, sondern sie anschließend durch den vorderen Kanal in Ihren Bauch hinableiten, wo sie ruhen kann. Das fällt oft sehr viel schwerer als das Emporziehen der Energie. Michael Winn erklärt: »Viele Männer haben keine Schwierigkeit, die Energie entlang der Wirbelsäule nach oben zu bewegen. Es besteht eine Verbindung zwischen den Hoden und dem Gehirn. Manche Männer finden diesen Transportweg sogar ganz von allein. Dagegen fällt es den meisten Männern schwer, die Energie in die Organe auf der Vorderseite des Körpers, in denen sie unbewusst einen Großteil ihrer emotionalen Energie bewahren, hinabzuleiten. Frauen, welche dieselbe Übung durchführen, fällt es üblicherweise leichter, die Energie auf der Vorderseite hinabzuleiten, während sie größere Schwierigkeiten haben, sie entlang der Wirbelsäule emporzuziehen. Ich bin einigen Männern begegnet, denen es leichter fällt, die sexuelle Energie durch den vorderen Kanal emporzuziehen; in solchen Fällen empfehle ich ihnen, die Energie einfach in der entgegengesetzten Richtung zirkulieren zu lassen.«

Wenn auch jeder der hier beschriebenen Schritte dazu beiträgt, die Energie im Körper emporzubewegen, *so ist doch die Kontraktion des Afters der wichtigste Teil der Übung, da sie die Energie buchstäblich durch Ihr Rückgrat hinaufpumpt.* Schließlich werden Sie in der Lage sein, allein durch Ihre Konzentration und ein kurzes Zusammendrücken des Afters die Energie in Ihren Kopf hinaufzuleiten.

Zunächst werden Sie daran arbeiten, die Energie in Ihren Scheitel emporzuziehen, wodurch Sie einen »Gehirn«- oder Ganzkörperorgasmus erleben und einen Energieschub verspüren. Genauso wichtig ist jedoch, dass Sie die Energie anschließend in Ihren Nabel hinabziehen, um Ihr Gleichgewicht aufrechtzuerhalten und Ihrem Körper die Möglichkeit zu geben, die Energie für einen späteren Einsatz zu speichern (siehe Abbildung 12). Die Taoisten kannten die Wahrheit des Satzes: »Was aufgeht, geht wieder unter.«

In der westlichen Welt machen wir uns oft lustig über die

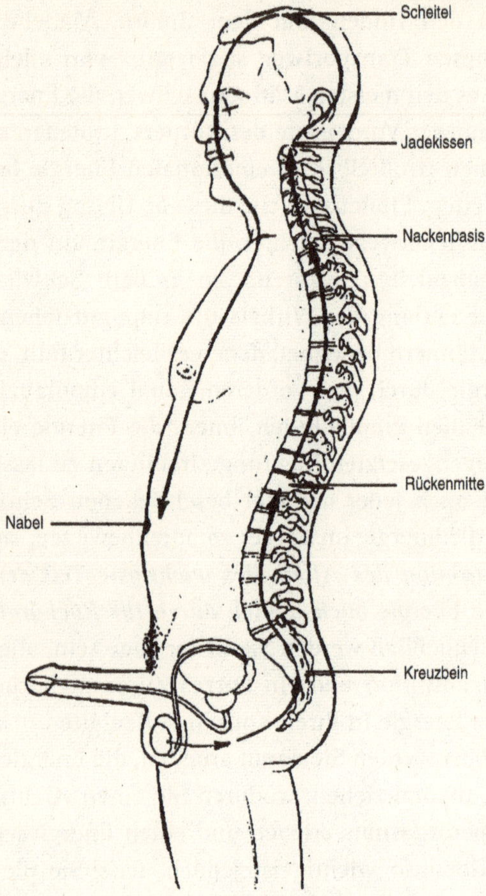

Abb. 12: Der Weg der Energie in Ihren Nabel

Yogis, die dasitzen und sich auf ihren Nabel konzentrieren. Die meisten Menschen glauben, der Nabel sei lediglich der verkümmerte Rest der Nabelschnur. Tatsächlich ist er jedoch unser physischer und energetischer Mittelpunkt. Der Nabel war unsere erste Verbindung mit der Außenwelt: Aller Sauerstoff, alles Blut und alle Nährstoffe strömten durch diesen Zugang im Abdomen in unseren fötalen Körper. An Ihrem Nabel befindet sich ein Energiespeicher, in dem Sie die bei der Zirkulation gesammelte Energie sammeln können. Der Körper kann diese Energie dann »verdauen«, wenn er sie benötigt. Sollten Sie anfangs nicht in der Lage sein, die sexuelle Energie ganz in Ihren Kopf hinaufzubefördern, so können Sie sie stattdessen entlang der Wirbelsäule bis auf Bauchhöhe emporziehen und direkt in diesen Speicher an Ihrem Nabel leiten. Aber mit ein wenig Übung sind Sie bald imstande, die Energie ganz nach oben zu befördern.

☛ **Wegweiser**

Was Ihnen passieren kann:

Ich spüre meine sexuelle Energie nicht

Nicht erregte sexuelle Energie ist leicht nach oben zu ziehen und kann von Ihrem Körper ohne Schwierigkeit verdaut werden, da sie nicht sehr heiß ist. Wenn Sie jedoch nicht genug sexuelle Energie fühlen können, indem Sie einfach Ihre Hoden berühren oder einer sexuellen Phantasie nachhängen, können Sie Ihre Genitalien direkter stimulieren.

Ich kann die Energie nicht die Wirbelsäule emporleiten

Wenn es Ihnen schwerfällt, die Energie durch Ihr Rückgrat emporzuziehen, können Sie dem Aufstieg nachhelfen, indem Sie sich der natürlichen Pumpen Ihrer Wirbelsäule bedienen. Gehirn und Wirbelsäule werden von zerebrospinaler Flüssigkeit umspült. Die Pumpen im Kreuzbein (der Rückseite Ihres Beckens) und an der Schädelbasis fördern die Zirkulation dieser Flüssigkeit und können Ihnen auch helfen, die Energie entlang der Wirbelsäule heraufzuziehen (siehe Abbildung 13). Diese Pumpen, deren Funktion der Osteologie heute nicht mehr fremd ist, waren den Taoisten bereits vor mehreren tausend Jahren wohlbekannt. Sie können dazu die folgende Übung im Stehen oder Sitzen machen:

1. Aktivieren Sie Ihre Kreuzbeinpumpe, indem Sie Ihren After nach oben gegen das Steißbein pressen und Ihr Becken vor- und zurückbewegen.
2. Aktivieren Sie Ihre Schädelpumpe (an der Schädelbasis), indem Sie Ihr Kinn in einer weichen kreisenden Bewegung nach innen und oben ziehen und wieder zurückbewegen. Achten Sie darauf, dass die Kiefer- und Nackenmuskeln entspannt bleiben.
3. Ruhen Sie sich nach Aktivierung der Kreuzbein- und Schädelpumpe aus, und beginnen Sie, die Energie entlang der Wirbelsäule in Ihr Gehirn emporzuziehen.

Es gelingt mir nicht, die Energie hinabzuleiten

Wie bereits an anderer Stelle erwähnt, haben viele Männer und manche Frauen Schwierigkeiten, die Energie abwärtszuleiten. Sie können mit Ihren Händen den vorderen Kanal entlang der Mittellinie Ihres Körpers von Ihrer Stirn bis hinab zu Ihrer Kehle und Ihrem Brustkorb und Bauch verfolgen. Sie können auch versuchen, die Energie mit Ihrem Speichel »hinunterzuschlucken«. (Funktioniert

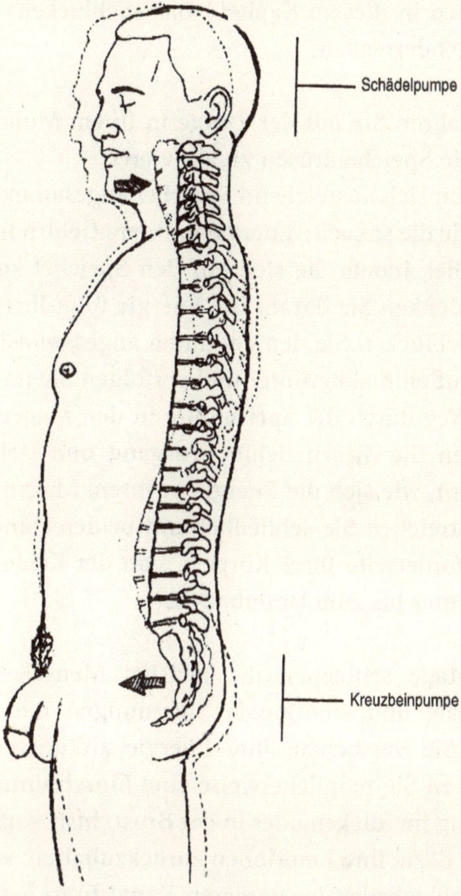

Abb. 13: Schädel- und Kreuzbeinpumpe

dies nicht, so besteht möglicherweise eine Blockade im vorderen Kanal. Vergleichen Sie dazu »Wegweiser: Die Beseitigung von Blockaden im vorderen Kanal« weiter hinten in diesem Kapitel.) Das »Schlucken« funktioniert folgendermaßen:

1. Fahren Sie mit der Zunge in Ihrem Mund umher, um die Speicheldrüsen zu aktivieren.
2. Hat sich ausreichend Speichel angesammelt, so ziehen Sie die sexuelle Energie in Ihrem Gehirn in Ihren Speichel, indem Sie sich auf den Speichel konzentrieren. (Denken Sie daran: Die Energie folgt Ihrem Geist.)
3. Schlucken Sie den gesamten angesammelten Speichel auf einmal herunter und verfolgen Sie im Geist seinen Weg durch die Speiseröhre in den Magen. Wiederholen Sie diesen Schluckvorgang und stellen Sie sich vor, wie sich die Energie in Ihrem Magen sammelt.
4. Streichen Sie schließlich mit beiden Händen über die Vorderseite Ihres Körpers, von der Kehle gerade hinunter bis zum Unterbauch.

Heutzutage schleppen die meisten Menschen zahlreiche physische und emotionale Spannungen mit sich herum. Wenn Sie versuchen, Ihre Energie zirkulieren zu lassen, bemerken Sie möglicherweise eine Einschnürung oder Verstopfung im Rücken oder in der Brust. Insbesondere Männer neigen dazu, ihre Emotionen zurückzuhalten, was häufig zu Energieblockaden im vorderen Kanal führt, entlang dessen die Emotionen gelagert sind – im Herzen, im Solarplexus, im Magen und in den Eingeweiden. Diese Blockaden müssen Sie beseitigen, bevor Sie den »großen Zug« versuchen können. (Fällt es Ihnen auch nach Beseitigung aller Blockaden im vorderen Kanal immer noch schwer, die Energie abwärtszuleiten, so sollten Sie die im nächsten Abschnitt beschriebene, sehr wirkungsvolle Ventil-Übung machen.)

☛ **Wegweiser**

Die Beseitigung von Blockaden im vorderen Kanal

Wenn Sie Schwierigkeiten haben, die Energie nach unten zu ziehen, und den Verdacht hegen, Ursache dieser Schwierigkeiten könnte eine Blockade sein, so versuchen Sie Folgendes:

1. Legen Sie die linke Hand auf Ihren Bauch und die rechte genau über dem Herzzentrum auf die Basis Ihrer Kehle.
2. Stellen Sie sich beim Einatmen vor, dass Sie Energie durch den vorderen Kanal in Ihre rechte Hand und von dort durch Ihre Kehle bis zur Zungenspitze heraufziehen.
3. Stellen Sie sich beim Ausatmen vor, dass Sie den Strom umkehren, so dass er wieder an Ihrem Herz vorbei in den Bauch hinabfließt. Auf diese Art können Sie Energieblockaden im vorderen Kanal beseitigen.

Der »große Zug«

Nun, da Sie gelernt haben, wie Sie Ihre sexuelle Energie zirkulieren lassen, wenn diese nicht zu heiß ist, können Sie lernen, wie Sie diese Energie kontrollieren und zirkulieren lassen, wenn sie erregt ist. In diesem Fall wird die Energie heißer und explosiver und ist schwerer daran zu hindern, aus Ihrem Penis herauszuschießen. Bevor Sie jedoch den »großen Zug« versuchen, müssen Sie sicherstellen, dass Sie in der Lage sind, Ihre Energie, wie in der letzten Übung beschrieben, zirkulieren zu lassen. Der Versuch, erregte sexuelle Energie zu stoppen, ähnelt dem Bemühen, ein Pferdegespann zu stoppen, das auf eine Klippe zurast. Bevor Sie dies mit dem »großen Zug« versuchen, müssen Sie reiten können. Und das lernen Sie mit der Übung des »kalten Zugs«.

Wie wir in Kapitel 1 erwähnt haben, ist die Ejakulation einfach ein unwillkürlicher Muskelspasmus, den Sie nun bewusst zu steuern lernen, damit Sie entscheiden können, ob und wann Sie ejakulieren wollen. Michael Winn erklärt, wie der »große Zug« funktioniert: »Der Samenerguss kann nur dann stattfinden, wenn in den lokalen Nerven genug Energie und in den lokalen Muskeln genug Blut vorhanden sind, um den Muskelspasmus auszulösen. Die Technik des ›großen Zugs‹ zur Verhinderung des Ejakulationsspasmus hat nichts Mystisches an sich. Sie pressen die PC-Muskeln rund um die Samenleiter zusammen und pumpen dann sukzessive mit den großen Muskeln im Gesäß (und, wenn notwendig, auch mit den Fuß-, Faust- und Kiefermuskeln). Diese großen Muskeln ziehen das Blut aus Ihren Genitalien. Gleichzeitig ziehen Sie die Energie von den Genitalnerven ab, indem Sie Ihre Konzentration auf eine Welle von Nervenreizen verlagern, die durch die Wirbelsäule in Ihr Gehirn hinaufwandern. Die Kombination dieser Aktivitäten entzieht den Genitalien einfach das Blut und die Energie, die sie für den unwillkürlichen Spasmus benötigen. So einfach ist das. All das Pressen und Anspannen ist ein wenig grob, aber es funktioniert. Ein Mann, der sich regelmäßig darin übt, schafft es immer. Ich habe Hunderte von Schülern, die es täglich beweisen.«

Wenn Sie beginnen, den »großen Zug« zu erlernen, werden Sie sämtliche in diesem Abschnitt beschriebenen Techniken anwenden müssen. Wenn Sie den »großen Zug« schließlich beherrschen, werden Sie dazu nur noch Ihren Geist und vielleicht einen kleinen Druck auf Ihren PC-Muskel brauchen. Ein multiorgastischer Mann bestätigt: »Anfangs musste ich meine Muskeln, insbesondere den Damm und den After, anspannen, während ich mich darauf konzentrierte, die Energie in mein Gehirn heraufzuziehen. Mittlerweile steigt die Energie fast von allein hinauf.«

☛ **Wegweiser**

Einige Warnungen

Der »große Zug« ist eine sehr wirkungsvolle Technik, bei der Sie unbedingt einige Sicherheitsregeln befolgen müssen.

Bewahren Sie sexuelle Energie nie für lange Zeit im Gehirn auf

Denken Sie stets daran, mit der Zunge den Gaumen zu berühren, damit die Energie durch den vorderen Kanal in den Nabel abfließen kann, wo sie sicher gespeichert wird. In der Vergangenheit brachten viele Lehrer fernöstlicher Sexualtechniken ihren Schülern bei, wie sie die Energie in ihr Gehirn hinaufziehen konnten, lehrten sie jedoch nicht, was sie tun mussten, um die Energie wieder hinunterzubringen. Das führte zu dem, was als *Kundalini-Syndrom* bezeichnet wird. Die Taoisten wussten, wie wichtig es ist, den Kreislauf zu schließen. Wann immer Sie das Gefühl haben, zu viel Energie zu haben, sollten

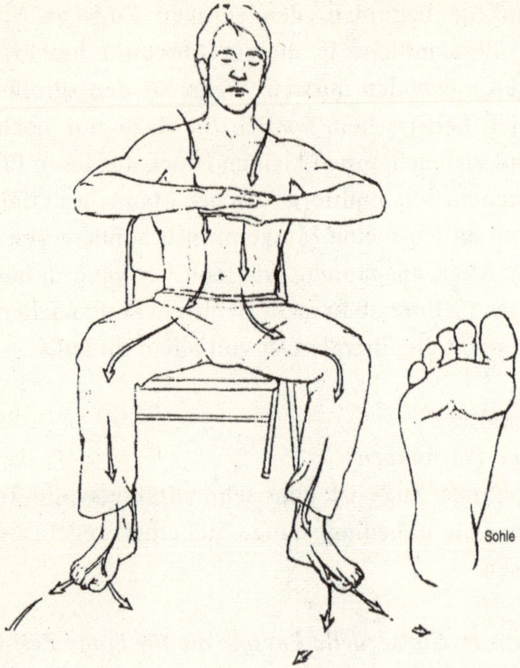

Abb. 14: Die Energie wird in die Füße und Zehen geleitet

Sie sich der Zwerchfellatmung bedienen und beim Ausatmen die Energie ganz hinunter in Ihre Zehen und in Ihre Fußsohlen strömen lassen (siehe Abbildung 14).

Achten Sie auf Ihr Gleichgewicht

Denken Sie daran, dass die sexuelle Energie, die Sie durch Ihren Körper zirkulieren lassen, jegliche Emotionen verstärken wird. Dazu Michael Winn: »Das Wichtigste ist, dass Sie als Erstes versuchen, alle extremen

Gefühle zu beseitigen. Vermeiden Sie es zu üben, wenn Sie große Wut oder eine andere extreme Emotion empfinden.« Sie sollten auch nicht üben, wenn Sie zu müde sind. Wenn Sie irgendeine Krankheit haben, sollten Sie mit einem Spezialisten für Healing Tao sprechen, bevor Sie mit dieser Übung beginnen.

Gehen Sie es locker an

Dieser Rat klingt vielleicht eher nebensächlich, aber tatsächlich ist Ihre Einstellung zu der Methode von entscheidender Bedeutung. Walter Beckley, ein Lehrer für Healing Tao, erklärt es so: »Viele Männer stürzen sich begeistert in die Übung. Das ist durchaus in Ordnung, aber Sie müssen aufpassen, die Energie nicht durch Ihre Wirbelsäule hinaufzupressen, weil Sie sich damit schaden können. Die richtige Einstellung ist spielerisch und genießerisch. Gehen Sie sanft mit Ihrem Körper um. Besser, Sie verlieren die Energie und ejakulieren, als dass Sie versuchen, die Energie das Rückgrat hinaufzuzwingen.«

Bereiten Sie sich vor

Üben Sie wenn möglich mit leerem Magen, ohne jedoch hungrig zu sein. Warten Sie nach dem Essen immer mindestens eine Stunde, bevor Sie anfangen. Der Körper braucht Energie, um die Nahrung zu verdauen, die Sie gerade zu sich genommen haben. Das bedeutet, dass Sie weniger Energie zur Verfügung haben, die Sie zirkulieren lassen können. Tragen Sie leichte Kleidung. Es sollte frische Luft im Raum sein, aber vermeiden Sie Zug. Und denken Sie immer daran, durch die Nase zu atmen.

Nehmen Sie die richtige Stellung ein

Legen Sie sich anfangs bei diesen Übungen nicht auf den Rücken, denn die aufsteigende sexuelle Energie kann in der Brust steckenbleiben und Ihnen Schmerzen bereiten. Am Anfang sollten Sie sitzen, stehen oder auf der Seite liegen. Wenn Sie auf der Seite liegen, so stets auf der rechten. (Liegen Sie auf der linken Seite, so wird Ihr Herz zu sehr belastet.) Wenn Sie die Übungen beherrschen, können Sie sie in jeder Position machen. Legen Sie keine Gegenstände (wie Kissen) unter Ihren Körper, während Sie auf der Seite liegen, da dies den Energiekanal abdrücken und Rückenschmerzen verursachen kann.

Warnung

Wenn Sie einen aktiven Herpesherd haben, müssen Sie mit dieser Übung warten, bis die Entzündung ausgeheilt ist. Wenn Sie Herpes haben, das Virus jedoch nicht aktiv ist (das heißt, wenn Sie keinen sichtbaren Entzündungsherd haben), können Sie die Übung machen.

Anfangs werden Sie Ihre großen Muskeln einsetzen, um die Energie nach oben zu ziehen. Bald werden Sie diese Muskeln weniger benutzen und lernen, mehr auf Ihren PC-Muskel zu vertrauen. Schließlich werden Sie in der Lage sein, Ihre Aufmerksamkeit auf Ihre Schädeldecke zu konzentrieren und die Energie ohne Anstrengung hinaufzuziehen. Möglicherweise dauert es einige Zeit, bis Sie so weit sind, aber schließlich werden Sie imstande sein, eine kräftigende Energieladung durch Ihre Wirbelsäule hinaufzuschicken, indem Sie einfach nur daran denken.

Beherrschen Sie einmal den »großen Zug«, so werden Sie in der Lage sein, die Energie in jeder Situation fließen zu lassen: während Sie spazierengehen, in einer Schlange stehen, im Auto sitzen oder im Bett liegen. Anfangs sollten Sie für die Übung jedoch eine ruhige Zeit wählen, in der keine Unterbrechungen drohen. So können Sie sich darauf konzentrieren, diesen subtilen und lebenspendenden Energiestrom durch Ihren Körper zu leiten.

Machen Sie sich keine Sorgen, wenn Sie in den ersten Tagen oder Wochen kaum eine Wirkung spüren. Wie schnell man erlernt, die Energie durch den eigenen Körper zu dirigieren, ist von Mensch zu Mensch verschieden. Wenn Sie bereits andere geistige Übungen wie Meditation, Yoga oder fernöstliche Kampfsportarten praktiziert haben, werden Ihnen diese Übungen leichter fallen. Wenn dies Ihr erster Versuch mit einer »geistigen Praxis« ist, lassen Sie sich durch anfängliche Misserfolge nicht entmutigen. Konzentration zu erlernen dauert seine Zeit. Es mag schwierig erscheinen, aber Sie werden verblüfft sein, wie bald Sie den Fluss der Energie in Ihrem Körper spüren werden. Da die Energie in natürlichen Kreisläufen fließt, ist es letztlich immer die Energie selbst, die den Geist leitet. Und wie wir an anderer Stelle erwähnt haben, werden Sie bald in der Lage sein, die meisten Schritte in der Übung zu vergessen und die Energie lediglich mit Ihrem Geist emporzubefördern. Aber wie beim Autofahren müssen Sie die einzelnen Schritte erst erlernen, bevor Sie sie wieder vergessen dürfen.

Das Hinaufpumpen der Energie mit Hilfe des »großen Zugs« funktioniert nach demselben Prinzip wie eine Wasserpumpe. Indem Sie mit Ihren Muskeln pumpen, erzeugen

Sie den Druck und den Sog, der die Energie emporzieht, aber am leichtesten fließt die Energie entlang der Wirbelsäule nach oben, während Sie sich entspannen. In den Ruhephasen konzentrieren Sie Ihren Geist weiterhin auf den Energiestrom.

☞ **Übung 8**

Der »große Zug«

1. Befriedigen Sie sich im Stehen, so lange, bis Sie eine starke Erektion haben, ohne jedoch den »Point of no return« (zwischen dreißig Sekunden und einer Minute, bevor Sie ejakulieren würden) zu erreichen.
2. Unterbrechen Sie die Selbststimulation und ruhen Sie einen Augenblick aus, um die Kontrolle wiederzugewinnen. Dann schließen Sie Ihren PC-Muskel fest *um Ihre Prostata* und klopfen gleichzeitig mit Ihren Zehen auf den Boden.
3. Atmen Sie ein und ziehen Sie, indem Sie Ihr Gesäß fest zusammendrücken, Ihre sexuelle Energie aus dem Damm in Ihren After und von dort in die Wirbelsäule.
4. Spannen Sie, so als würden Sie einen Autoreifen aufpumpen, in Wellen die Muskeln vom After bis zum Rückgrat, wobei Sie jedes Mal kurz einatmen. Sie können den Aufstieg der Energie auch unterstützen, indem Sie Ihr Rückgrat vor und zurück wiegen, so als ritten Sie auf einem Pferd.
5. Wenn die Energie die Schädelbasis erreicht, müssen Sie das Kinn ein wenig einziehen, um der Energie den Weg von der Wirbelsäule in den Schädel zu ebnen.

6. Rollen Sie Ihre Augen nach oben, so als würden Sie zu Ihrer Stirn hinaufsehen. Das wird dazu beitragen, die Energie ganz bis zum Scheitelpunkt Ihres Schädels hinaufzubringen.
7. Wenn Sie die Energie ganz nach oben gepumpt haben, haben Sie einen »großen Zug« geschafft. Der Zustand Ihrer Erektion ist ein Maßstab dafür, wie erfolgreich Sie beim »großen Zug« waren: Wenn Sie die Energie aus Ihren Genitalien ziehen und die Wirbelsäule hinaufbewegen, sollte Ihre Erektion nachlassen.
8. Wiederholen Sie die vorgenannten Schritte 3 bis 6 weitere acht Male.
9. Nachdem Sie die Energie neunmal bis zum Scheitel hinaufgepumpt haben, setzen Sie Ihren Geist, Ihre Augen und alle Ihre Sinne ein, um diese kreative sexuelle Energie in Ihrem Gehirn neun-, achtzehn- oder sechsunddreißigmal in Spiralen kreisen zu lassen, erst in die eine, dann in die andere Richtung. Wenn Sie das Spiralkreisen beendet haben, ruhen Sie sich eine Weile aus und genießen Sie die mit dem Energiestrom einhergehende überwältigende Empfindung in Ihrem Gehirn, die häufig als Wärme und Kribbeln ähnlich einem Miniorgasmus empfunden wird.
10. Wenn Sie fühlen, dass Ihr Gehirn voll ist, berühren Sie mit der Zunge den Gaumen und lassen Sie die Energie durch Ihren vorderen Kanal vom Gehirn zunächst in die Zone zwischen Ihren Augenbrauen und von dort aus über Nase, Kehle, Herz und Solarplexus zum Nabel fließen, wo sie gespeichert wird.

Am besten üben Sie am Morgen oder nachmittags, da Ihnen der nach einem »großen Zug« erhöhte Energiepegel in der Nacht das Einschlafen erschweren kann. Wenn dieser Fall eintritt oder wenn Sie entdecken, dass Sie zu viel »nervöse« Energie haben, tippen Sie einfach mit der Zunge den Gaumen an (wodurch vorderer und hinterer Kanal miteinander verbunden werden) und leiten Sie die Energie aus Ihrem Kopf hinab zum Nabelspeicher. Sie können die Energie auch wie zuvor beschrieben in Spiralen im Kopf kreisen lassen und die beim »kalten Zug« gelernten Techniken einsetzen.
Wenn das Problem der erhöhten Energie weiter besteht, können Sie die gleich beschriebene Ventil-Übung machen.

☛ **Wegweiser**

Was Ihnen passieren kann:
Ich fühle nichts

Wir haben Ihnen dazu geraten, den »großen Zug« anzuwenden, wenn Ihre sexuelle Energie nicht zu erregt ist. Je heißer sie ist, desto wahrscheinlicher wird es, dass Sie die Beherrschung verlieren und ejakulieren, womit Sie die Energie, die Sie nach oben ziehen wollen, verlieren. Wenn Sie jedoch nicht genug sexuelle Energie fühlen, können Sie getrost 95 bis 99 Prozent der Strecke zum Orgasmus zurücklegen. Sind Sie einmal in der Lage, zum Orgasmus zu kommen, ohne zu ejakulieren, so können Sie sich bis zum Orgasmus erregen und immer noch die Energie in Ihr Gehirn hinaufziehen. Wenn Sie kurz vor dem Orgasmus stehen oder zum Orgasmus gelangen, halten Sie inne und führen Sie den »großen Zug« dreibis neunmal beziehungsweise so lange durch, bis das orgastische Gefühl aufsteigt.

Die Energie ist zu heiß
Möglicherweise entdecken Sie, dass Ihre Energie zu heiß und zu explosiv ist und dass Sie entweder einen Samenerguss haben werden oder nicht mehr in der Lage sind, die Energie durch die Wirbelsäule emporzuziehen. Tritt dieser Fall ein, so sollten Sie sich weniger erregen. Die Energie kann erst ab einer gewissen Menge emporgezogen werden, aber zumindest am Anfang sollten Sie nicht zu viel Energie haben.

☞ **Übung 9**
Ventil

1. Legen Sie sich auf den Rücken. Wenn Sie Schmerzen im Kreuz oder in der Lendengegend spüren, legen Sie ein Kissen unter die Kniekehlen.
2. Halten Sie die Hände so vor Ihren Mund, dass die Fingerspitzen einander berühren und die Handflächen in Richtung Ihrer Füße weisen.
3. Schließen Sie die Augen und holen Sie tief Atem. Fühlen Sie, wie sich Magen und Brust sanft ausdehnen.
4. Lächeln Sie und atmen Sie ruhig mit dem Geräusch »hiiiiiiiiii« aus. Drücken Sie beim Ausatmen die Hände in Richtung Ihrer Füße und stellen Sie sich vor, dass Ihr Körper ein Hohlraum ist, den Sie mit dem Druck Ihrer Hände leeren.
5. Wiederholen Sie das Geräusch und die Bewegung drei-, sechs- oder neunmal, wobei Sie sich jedes Mal

vorstellen, dass Sie die überschüssige Energie aus Ihrem Kopf über das Herz und den Bauch durch die Beine drücken und schließlich über die Füße entweichen lassen. Sie können diese Übung auch im Stehen oder Sitzen versuchen. Wenn es Ihnen weiter schwerfällt, Ihre Energie abzulassen, sollten Sie einen Lehrer für Healing Tao (siehe Anhang) oder einen Experten für Akupunktur kontaktieren.

Ich ejakuliere weiterhin

Wenn Sie dem Punkt, an dem es kein Zurück mehr gibt, zu nahe kommen, sollten Sie versuchen, Ihren PC-Muskel andauernd angespannt zu halten, um Ihre Prostata fest zu umklammern und dadurch den Samenerguss zu verhindern. Sie können Ihren PC-Muskel angespannt halten, während Sie mit Ihren Gesäßmuskeln pumpen. Wenn Sie sich unmittelbar vor dem Samenerguss befinden und zusätzliche Kraft benötigen, um die Energie nach oben umzuleiten, müssen Sie gleichzeitig mit dem Zusammenpressen Ihrer Gesäßmuskeln auch Ihre Hände zu Fäusten ballen, Ihre Kiefermuskeln anspannen und die Zähne zusammenpressen. Das wird den Druck auf Ihre Pumpen erhöhen. Allerdings sollten Männer, die Spannung in Nacken und Kiefer speichern, diese Technik nicht anwenden.

Mein Rücken schmerzt

Es kann schwierig sein, die Energie in die Basis der Wirbelsäule zu ziehen, und manche Männer spüren einen leichten Schmerz, ein Kribbeln oder »Nadelstiche«, wenn die Energie ins Kreuzbein eintritt. Wenn Ihnen das passiert, müssen Sie sich keine Sorgen machen. Sie können den Abfluss der Energie unterstützen, indem Sie den Bereich sanft mit den Fingern massieren.

Meine Augen schmerzen

Wenn Sie Ihre Augen nach oben oder im Kreis rollen, verspüren Sie möglicherweise Augen- oder Kopfschmerzen. Das ist ein typischer Hinweis auf ermüdete Muskeln und kein Anlass zur Sorge. Hält das Problem an, so sollten Sie diesen Teil der Übung lockerer in Angriff nehmen.

Ich habe Kopfschmerzen

Wenn Sie unter Kopfschmerzen leiden, das Gefühl haben, »unter Strom zu stehen«, oder schlecht schlafen, bewahren Sie vielleicht zu viel stehende Energie in Ihrem Kopf. Die Energie kann sich überhitzen, wenn sie an einem Platz bleibt – ein Problem, das man leicht lösen kann, indem man die Energie in Bewegung hält. Achten Sie darauf, dass die Energie neun-, achtzehn- oder sechsunddreißigmal erst in die eine und dann in die andere Richtung zirkuliert. (Wie beim Kochen müssen Sie den Topf umrühren, damit das Essen nirgendwo anbrennt.) Haben Sie die Energie in Ihrem Kopf kreisen lassen, so lassen Sie sie durch den vorderen Kanal hinabfließen. Wenn es Ihnen schwerfällt, die Energie durch den vorderen Kanal abwärtszubewegen, können Sie sie auch durch den hinteren Kanal abfließen lassen.

Ich bin gereizt und aggressiv

Wenn Sie die neue Energie nicht genug zirkulieren lassen, kann sie nicht nur eine bereits vorhandene Aggressivität steigern, sondern auch dazu führen, dass Sie sich überhitzen und negative Emotionen wie Wut entwickeln. In diesem Fall sollten Sie versuchen, diese Wut oder andere negative Emotionen in liebevolle Zuwendung umzuwandeln. Vergleichen Sie dazu auch den Abschnitt »Wann man kommen sollte« am Ende dieses Kapitels.

Andere Nebenwirkungen

Bei einem kleinen Prozentsatz der Männer, die diese Techniken ausprobieren, staut sich überschüssige Energie im Oberkörper. Die Symptome einer solchen Stauung schwanken von Person zu Person und reichen von Schlaflosigkeit über ein Klingeln in den Ohren bis zu Herzklopfen und Kopfschmerzen, die mehrere Tage anhalten können. Wenn Sie irgendeines dieser Symptome aufweisen, sollten Sie die Übung augenblicklich abbrechen und die in diesem Kapitel beschriebene Übung zum Ablassen der Energie machen. Halten die Beschwerden an, so sollten Sie sich an einen Spezialisten für Healing Tao oder an einen Experten für Akupunktur wenden. Die meisten Schulmediziner werden nicht in der Lage sein, eine richtige Diagnose zu stellen oder das Problem zu behandeln, da sie nicht darin geschult sind, den Fluss der Energie im Körper samt seinen physischen Auswirkungen zu verstehen. Es sollte erwähnt werden, dass die Probleme nicht durch die Zirkulation Ihrer sexuellen Energie, sondern vielmehr durch die von vornherein in

Ihrem Oberkörper vorhandenen emotionalen und physischen Spannungen verursacht werden. Die sexuelle Energie bringt diese Probleme lediglich stärker zum Ausdruck. Aus diesem Grund müssen Sie diese Spannungen lösen, bevor Sie mit den Übungen fortfahren können.

Wie bereits erwähnt, deuten Probleme beim Versuch, die Energie herabzuziehen, auf eine mögliche Blockade im vorderen Kanal hin. Die Taoisten setzen den Klang ein, um blockierte Energiekanäle zu öffnen und den Körper zu heilen. Diese Technik wird als die Sechs heilenden Klänge bezeichnet. (Eine eingehende Beschreibung dieses Verfahrens finden Sie in *Tao Yoga des Heilens* von Mantak Chia.) Der Klang, der Ihren vorderen Kanal öffnen und Ihnen helfen wird, überschüssige Energie abzulassen, wird als *dreifacher Wärmer* oder *dreifacher Erhitzer* bezeichnet.

Nach jeder Sitzung, in der Sie den »großen Zug« geübt haben, müssen Sie Ihre Genitalien massieren. Dadurch verteilen Sie die Energie, die nicht nach oben gezogen wurde, und lindern etwaige Gefühle von Verstopfung oder Völle. Massieren Sie auch Ihren Damm, Ihr Steißbein und Ihr Kreuzbein, so wie in der noch in diesem Kapitel folgenden Übung zur Beckenmassage beschrieben. Wenn sich Ihre Hoden voll anfühlen, können Sie auch die in Kapitel 8 beschriebene Hodenmassage durchführen. Die Hodenmassage wird Ihrem Körper ebenso wie die Beckenmassage helfen, sexuelle Energie und Sperma zu absorbieren.

Der Fingerverschluss

Nun wollen wir Ihnen zeigen, wie Sie den Samen stoppen können, wenn Sie einmal den Punkt überschritten haben, den Masters und Johnson als *Unvermeidlichkeit des Samenergusses* bezeichneten – wenn Sie also über den »Point of no return« hinausgegangen sind. Am besten setzen Sie, wann immer dies möglich ist, den »großen Zug« ein und benutzen zunehmend Ihren Geist statt Ihrer Finger, um sich vom Samenerguss abzuhalten. Der Einsatz der Finger kann peinlich sein. Wenden Sie diese Technik an, wenn Sie Ihre Energie bewahren wollen, etwa wenn Sie krank oder belastet sind und nicht in der Lage waren, den Samenerguss zu verhindern. Wenn Sie den Fingerverschluss zwecks Zurückhalten des Samens anwenden, nachdem Sie über den »Point of no return« hinausgegangen sind, werden Sie Ihre Erektion einbüßen. Sie werden jedoch entdecken, dass sie schneller zurückkehrt. Ein multiorgastischer Mann bestätigt: »Nach Anwendung des Fingerverschlusses hatte ich sehr bald wieder eine Erektion und konnte weitermachen.«

☞ Übung 10

Der Fingerverschluss

1. Wenn Sie spüren, dass der Samenerguss nicht mehr zu vermeiden ist, pressen Sie Zeige-, Mittel- und Ringfinger Ihrer stärkeren Hand auf den Punkt der Million Goldstücke, und zwar gerade fest genug, um den Samenfluss zu stoppen.
2. Ihre Finger sollten leicht gekrümmt sein, und Ihr Mittelfinger sollte direkt auf den Harnleiter drücken. Da sich dieses Gefäß ausdehnt, wenn die Ejakulation be-

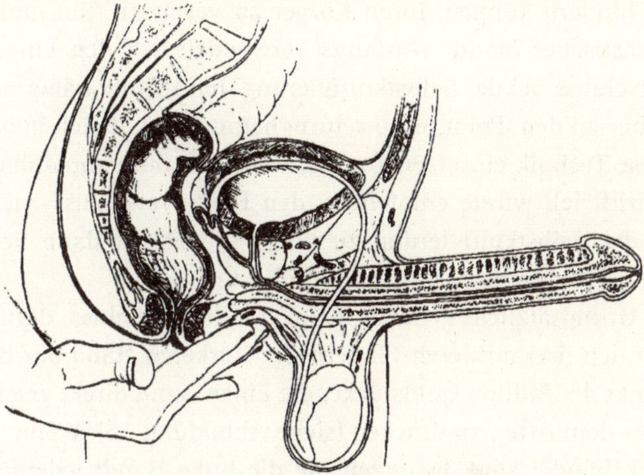

Abb. 15: Der Fingerverschluß

vorsteht, ist es leicht zu finden. Die beiden anderen Finger sollten auf beide Seiten des Gefäßes drücken, um es in seiner Position zu halten.

3. Spannen Sie Ihren PC-Muskel an und ziehen Sie Ihren Damm aufwärts. Ziehen Sie die orgastische Energie über das Rückgrat in Ihr Gehirn hinauf.
4. Halten Sie Ihre Finger vor, während und nach den Kontraktionen in der eingenommenen Position.
5. Wenn das Pumpen vollkommen abgeklungen ist, können Sie die Finger entfernen.

Im vorigen Abschnitt haben wir den Punkt der Million Goldstücke behandelt, den man drücken kann, um den Samenerguss zu verzögern. Der Punkt der Million Goldstücke ist auch jener Ort, an dem Sie den Samen tatsächlich daran hindern können, Ihren Körper zu verlassen. Ein multiorgastischer Mann: »Anfangs verwendete ich den Fingerverschluss bei der Selbstkultivierung. Ich konnte näher und näher an den ›Point of no return‹ herangehen, da ich immer diese Technik einsetzen konnte, wenn ich ihn einmal überschritt. Ich würde empfehlen, den Fingerverschluss zuerst in der Selbstkultivierung zu üben, so dass er dann beim Geschlechtsverkehr ganz natürlich ist.«

Grundsätzlich geht es beim Fingerverschluss darum, mit den drei mittleren Fingern der stärkeren Hand auf den Punkt der Million Goldstücke, die Einkerbung direkt gegenüber dem After, zu drücken (siehe Abbildung 15). Wenn Sie Linkshänder sind, benutzen Sie die linke Hand; jedenfalls werden Sie für diese Technik die Kraft Ihrer stärkeren Hand brauchen. (Achten Sie auch darauf, dass Ihre Fingernägel kurz geschnitten und gefeilt sind, so dass Sie sich nicht verletzen können.) Sie müssen auf diesen Punkt pressen, sobald Sie bemerken, dass Sie den »Point of no return« überschreiten – jedoch bevor Sie tatsächlich zu ejakulieren beginnen –, und so lange pressen, bis die Ejakulationskontraktionen aufhören.

Sie drücken auf jenen Punkt, an dem sich der Samenleiter und der Harnleiter treffen. Ein multiorgastischer Mann schlägt Folgendes vor: »Sie sollten sich darüber klar sein, dass die Konzentration und der Druck, die Sie während Ihres Orgasmus brauchen, anfangs das Vergnügen an den orgastischen Kontraktionen verringern werden. Wenn Sie das wissen, werden Sie eher imstande sein, den Druck bis zum Ende aufrechtzuerhalten.« Keine Sorge: Mit der Zeit wird

Ihnen dies leichter fallen, und es wird Sie weniger von Ihrer Lust ablenken.

Wird der Druck auf die richtige Stelle ausgeübt, so tritt kein Samen aus. Kommt doch Samen heraus, so haben Sie Ihren Punkt der Million Goldstücke noch nicht gefunden. Versuchen Sie beim nächsten Mal, Ihre Finger ein wenig näher am After zu plazieren, und achten Sie darauf, kräftig auf die Einbuchtung zu drücken.

Wenn Sie neugierig sind, ob Sie die Übung richtig gemacht haben, können Sie in ein Glas urinieren. Ist der Urin klar, so haben Sie alles richtig gemacht. Ist der Urin sehr wolkig, so hat eine nach innen gerichtete Ejakulation stattgefunden und der Samen ist in Ihre Harnblase geflossen. In diesem Fall sollten Sie beim nächsten Mal – wie bereits beschrieben – versuchen, die drei Finger ein wenig näher beim After zu plazieren.

Wenn Sie den Samen mit Ihren Fingern blockieren, kehrt der Großteil der Flüssigkeit in die Nebenhoden und in die Samenleiter zurück. Das Gewebe in dieser Region ist besonders elastisch, weshalb es durch diese Technik nicht geschädigt wird. Aber es ist sehr wichtig, nach dieser Übung die Beckenbereiche zu massieren (siehe Übung 11 zur Beckenmassage auf Seite 119), PC-Klimmzüge zu machen und, im Idealfall, Ihre sexuelle Energie, wie im vorhergehenden Abschnitt beschrieben, durch Ihren Körper zirkulieren zu lassen. Wenn Sie beginnen, den Fingerverschluss anzuwenden, werden Sie möglicherweise einen gewissen Druck oder sogar Schmerzen verspüren, was nur noch deutlicher zeigt, dass Sie Ihrem Körper dabei helfen müssen, den Samen zu absorbieren. Ein multiorgastischer Mann gibt seine Erfahrung wieder: »Beim Fingerverschluss muss man vorsichtig sein, nicht zu fest zuzudrücken. Eines Nachts begannen meine Pumpen zu arbeiten, und ich drückte richtig fest zu, und nachher hatte ich eine Weile lang Schmerzen.«

Sie können einen Großteil des Drucks, den Sie nach dem Fingerverschluss oder dem »großen Zug« möglicherweise in Ihrem Becken fühlen, beseitigen, indem Sie einige Schlüsselpunkte in Ihrem Beckenbereich massieren. Zunächst und vor allem müssen Sie Ihren Damm (den Punkt zwischen Peniswurzel und After) sowie die Hoden massieren (die Hodenmassage finden Sie in Kapitel 8). Auf diese Art können Sie den Druck wesentlich lindern und Ihren Körper beim Absorbieren des Samens unterstützen. Wichtig ist auch, dass Sie Ihr Steißbein massieren – insbesondere bei der Einbuchtung zwischen After und Steißbein (siehe Abbildung 16). Einer Massage bedürfen auch die acht Löcher Ihres Kreuzbeins (siehe Abbildung 17). Durch diese Massagen helfen Sie Ihrem Körper, die erzeugte sexuelle Energie zu absorbieren.

☞ Übung 11

Beckenmassage

1. Massieren Sie mit Ihren Fingern in einer kreisförmigen Bewegung den Punkt der Million Goldstücke, und zwar zunächst in der einen und dann in der anderen Richtung.
2. Wiederholen Sie diese Massage zwischen After und Steißbein.
3. Wiederholen Sie diese Massage bei allen acht Löchern des Kreuzbeins. Wenn Sie die einzelnen Löcher nicht finden können, massieren Sie den gesamten Bereich

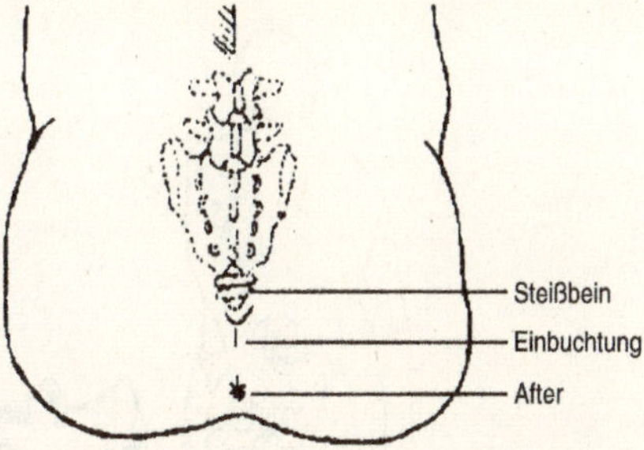

Abb. 16: Massage der Einbuchtung zwischen Steißbein und After

an verschiedenen Stellen. Kreisen Sie dabei erst in die eine und dann in die andere Richtung.

☛ **Wegweiser**

Schmerzen

Wenn Sie starke Schmerzen spüren, drücken Sie wahrscheinlich zu weit vorne oder zu spät. In diesem Fall schwillt der Harnleiter wie ein eingezwickter Gartenschlauch unter dem Flüssigkeitsstau an. Sie müssen den Hahn zudrehen, bevor das Wasser in den Schlauch strömt. Achten Sie darauf, beim nächsten Mal weiter hinten und/oder früher zu drücken und keinen zu starken Druck auszuüben. Bis zu einem gewissen Grad ist es – insbesondere in den ersten Wochen – üblich, dass der Druck Ihrer Finger und der Flüssigkeitsdruck im Becken ein unangenehmes Gefühl verursachen, aber lange wird dieser Schmerz nicht anhalten. Wenn Sie Schmerzen spüren, sollten Sie versuchen, die Technik zu verfeinern. Oder vergessen Sie diese Behelfslösung und erlernen Sie den wichtigeren »großen Zug«.

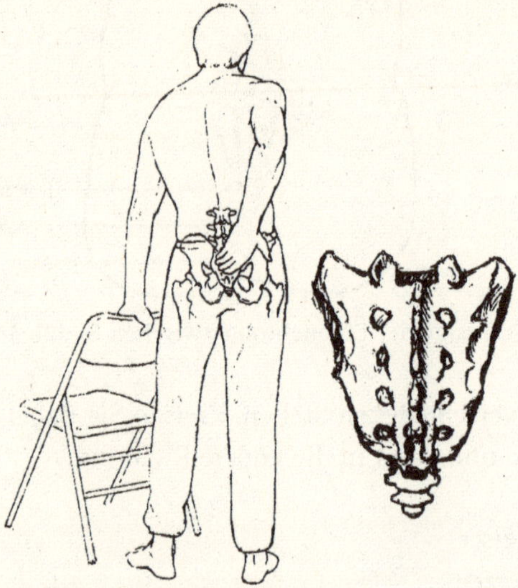

Abb. 17: Massage der Kreuzbeinlöcher

Sobald Sie Ihre Erektion einbüßen, wird eine kleine Menge Samen heraussickern; daher ist dieses Verfahren keine Methode zur Empfängnisverhütung und gewährt auch keinen Schutz vor Geschlechtskrankheiten. In Ergänzung zu anderen Methoden der Empfängnisverhütung erhöht diese Technik jedoch deren Wirksamkeit. Da Sie mit dieser Technik immer noch ein gewisses Maß an Energie verlieren, sollten Sie so bald wie möglich den »großen Zug« erlernen. Anfangs werden Sie sich vielleicht erschöpft fühlen, aber Ihre Energie wird schneller zurückkehren als nach einem Samenerguss.

Hier handelt es sich um ein Verfahren mit großer Wirkung, das Sie anfangs höchstens alle zwei oder drei Tage anwenden sollten. Wenn Sie älter oder allgemein abgespannt sind, sollten Sie sich dieser Methode anfangs nicht häufiger als zweimal in der Woche bedienen. Die zurückgehaltene sexuelle Energie verursacht möglicherweise Durst oder ein Hitzegefühl. Nehmen Sie einfach mehr Flüssigkeit zu sich. Nachdem Sie diese Technik einen bis drei Monate lang praktiziert haben (manchmal jedoch auch schon früher), werden Sie bemerken, dass Ihr Sexualtrieb stärker wird und dass Sie häufiger Erektionen haben. Erhöhen Sie Ihre sexuelle Aktivität (allein und zu zweit) maßvoll. Versuchen Sie nicht zu übertreiben.

☛ **Wegweiser**

Druck im Schädel

Nach einem Monat etwa spüren Sie möglicherweise ein Gefühl des Drucks im Kopf. Dies ist eine Folge der Energiezunahme in Ihrem Körper. Es ist ein Zeichen dafür, dass Sie Fortschritte machen, dass Ihre Energie größer geworden ist. Manche empfinden dieses Mehr an Energie als befriedigendes Kribbeln, wie statische Energie, die keinen Schlag versetzt. (Hier handelt es sich um die gleiche Energie, welche die Tantra-Lehrer im Westen als Kundalini-Energie bekannt gemacht haben.) Wird diese Kraft jedoch unangenehm, so können Sie sie in den übrigen Körper leiten, indem Sie die Zunge gegen den Gaumen pressen und die Energie abwärtsfließenlassen.

Wenn Sie hohen Blutdruck haben, sollten Sie Ihre Zunge im Unterkiefer lassen (anstatt den Gaumen zu berühren) und die Energie ebenfalls ganz hinab in die Fußsohlen leiten (siehe Abbildung 14). Auch Sport, Fußmassagen und eine Vollkorndiät tragen dazu bei, die Energie hinunterzubringen. Wenn Sie noch nicht in der Lage sind, Ihre sexuelle Energie kreisen zu lassen, können Sie einfach ein- oder zweimal ejakulieren, um die überschüssige Energie zu entladen.

Wann man aufhören sollte

Für die meisten Männer enden die Selbstbefriedigung und der Liebesakt mit dem Samenerguss. Sie jedoch werden, nachdem Sie den »großen Zug« gelernt haben und multiorgastisch geworden sind, möglicherweise mit der sehr realen Frage konfrontiert sein, wann Sie aufhören sollen. Es wird Tage geben, an denen Sie sehr lange masturbieren oder Geschlechtsverkehr haben wollen, und es wird andere Tage geben, an denen Ihnen nach einem befriedigenden multiorgastischen Quickie zumute ist. Sie haben die Wahl, und Ihre Entscheidung wird davon abhängen, wie Ihr Leben gerade verläuft. Sie sollten sich nach Ihrem eigenen Verlangen und nach dem Ihrer Partnerin richten.

Man sollte es jedoch vor allem am Anfang nicht übertreiben. Wie Masahiro Ouchi, ein Lehrer für Healing Tao, beschwichtigend erklärt: »Männer fühlen sich sehr mächtig, wenn sie mit dem sexuellen Kung-Fu beginnen. Häufig wissen sie nicht, wann es an der Zeit ist aufzuhören. Gehen Sie es ruhig an, und geben Sie Ihrem Körper und Ihrer Partnerin Zeit, sich anzupassen.« Sie werden auch dafür sorgen müssen, dass Ihre Partnerin genug sexuelle Kraft hat, um in Ihrem neuen, intensiven Liebesleben mithalten zu können. Sie können sie ermutigen, Kapitel 6 zu lesen, welches speziell für sie geschrieben ist. Aber versuchen Sie nicht, Ihre Partnerin zu drängen, und seien Sie sensibel für ihre Bedürfnisse. Sie haben ja immer noch die Möglichkeit, sich selbst zu befriedigen.

Viele Menschen sind besorgt, sie könnten zu viel masturbieren, oder fürchten, andere Bereiche ihres Lebens zu vernachlässigen, wenn sie sich zu sehr dem sexuellen Genuss hingeben. Dem Tao zufolge ist derjenige, der imstande ist, Genuss an sich selbst zu haben und sich selbst zu befriedigen, von dem Zwang befreit, ständig oberflächlichem Sex oder anderen unbefriedigenden Stimulationen nachzulaufen.

☛ **Wegweiser**

Lassen Sie Ihre Erektion alle zwanzig Minuten schwinden

Wenn Sie regelmäßig länger als zwanzig Minuten mit sich selbst spielen oder Geschlechtsverkehr haben – was sehr wahrscheinlich ist, wenn Sie einmal multiorgastisch geworden sind –, *müssen Sie unbedingt etwa alle zwanzig Minuten Ihre Erektion schwinden lassen, damit das Blut wieder durch den Körper zirkulieren kann.* Das sexuelle Kung-Fu ist kein Ausdauerwettbewerb. Befriedigen und kultivieren Sie sich selbst, solange Sie Zeit haben und das entsprechende Verlangen spüren.

Wann man kommen sollte

Jedes Mal, wenn Sie zum Orgasmus kommen, ziehen Sie zusätzliche sexuelle Energie in Ihren Körper. Aus diesem Grund verlieren Sie, wenn Sie schließlich doch ejakulieren, weniger Energie, als Sie verloren hätten, wenn Sie zuvor keine mehrfachen Orgasmen gehabt hätten. Drei Rechenbeispiele:

1. Wenn Sie ein halbes Dutzend Orgasmen haben (wobei Sie jedes Mal die Energie durch Ihr Gehirn und den übrigen Körper zirkulieren lassen) und dann ejakulieren, werden Sie etwa 50 Prozent Ihrer sexuellen Energie einbüßen.
2. Wenn Sie ein halbes Dutzend Orgasmen haben und dann den Fingerverschluss anwenden, werden Sie etwa ein Viertel Ihrer sexuellen Energie einbüßen.
3. Wenn Sie ein halbes Dutzend Orgasmen haben und dann den »großen Zug« anwenden (und nicht ejakulieren), werden Sie überhaupt keine sexuelle Energie einbüßen.

Die letzte Variante eröffnet Ihnen die beste Chance, die ekstatischen Orgasmen, die Sie in Ihrem Gehirn und im ganzen Körper fühlen, zu Ihrer Vervollkommnung einzusetzen. Und Sie gibt Ihnen die Möglichkeit, die Energie im Dienst von Gesundheit und Wohlbefinden einzusetzen. Indem Sie derart viel Energie erzeugen und bewahren, riskieren Sie allerdings eine Überhitzung, wenn Sie nicht imstande sind, die Energie entlang des kleinen Energiekreislaufs zirkulieren zu lassen.

☛ **Wegweiser**

Nicht heißlaufen lassen

Dem Tao zufolge ist die Erektionsenergie Holzenergie (bzw. Leberenergie). Wenn Sie also nicht ejakulieren, sondern die orgastische Energie nach oben ziehen, vergrößern Sie diese Energie in Ihrer Leber. Wird diese wachsende Energie nicht in Liebe und Zuwendung umgesetzt, so verwandelt sie sich in Wut und Hass. Wenn Sie also sehr viel Energie haben, dann seien Sie besonders zärtlich und liebevoll zu Ihrer Partnerin. Haben Sie keine Partnerin, so lassen Sie anderen Menschen in Ihrem Leben diese Zuwendung zuteil werden.

Sie verhindern eine Überhitzung auch dadurch, dass Sie viel Wasser trinken oder Ihren Speichel schlucken. Diese Methoden haben eine kühlende Wirkung auf Ihren Körper. Auch Ihr Gemütszustand kann sich auf die Energie in Ihrem Körper auswirken. Wenn Sie ruhig sind und Liebe empfinden, kann der Körper die Energie sehr viel leichter absorbieren. Wenn Sie Wut oder Geringschätzung für sich selbst oder Ihre Partnerin empfinden, steigt die Gefahr der Überhitzung. Wenn Sie sich überhitzen oder fühlen, dass Sie mehr Energie haben, als Sie absorbieren können, sollten Sie wahrscheinlich ejakulieren. Besteht das Problem weiter, so versuchen Sie, das Innere Lächeln oder die Sechs heilenden Klänge zu praktizieren (beide in *Tao Yoga des Heilens* beschrieben) oder wenden Sie sich an einen Spezialisten für Healing Tao.

Der taoistischen Idealvorstellung zufolge soll man so selten wie möglich ejakulieren, aber jeder Mann kann und soll sich nur so lange des Samenergusses enthalten, wie es seinen Bedürfnissen entspricht. Um es mit den Worten von Su Nü zu sagen: »Man muss seine eigene Stärke messen und danach ejakulieren. Alles andere ist Zwang und Dummheit.«

Ihre Stärke hängt von Ihrem Alter, Ihrer Gesundheit, Ihrem geistigen Zustand und Ihrer Willenskraft ab.

Sun Ssu-miao, einer der bedeutendsten Ärzte im alten China, empfahl den Männern, *sie könnten eine gute Gesundheit und ein langes Leben erreichen, indem sie zweimal im Monat ejakulierten,* solange sie gesund aßen und trainierten. Er nannte auch die folgenden Grundregeln:

Ein *zwanzigjähriger* Mann
kann einmal alle *vier* Tage ejakulieren.
Ein *dreißigjähriger* Mann
kann einmal alle *acht* Tage ejakulieren.
Ein *vierzigjähriger* Mann
kann einmal alle *zehn* Tage ejakulieren.
Ein *fünfzigjähriger* Mann
kann einmal alle *zwanzig* Tage ejakulieren.
Ein *sechzigjähriger* Mann
sollte nicht mehr ejakulieren.

Es versteht sich von selbst, dass diese Empfehlung keinerlei Beschränkung dafür bedeutet, wie oft ein Mann, gleich welchen Alters, Geschlechtsverkehr und Orgasmen ohne Samenerguss haben kann. Diese Einschränkung bezüglich der Ejakulation klingt möglicherweise enttäuschend, aber wenn Sie einmal einen multiplen Orgasmus ohne Ejakulation gehabt haben, werden Sie die Ejakulation überhaupt nicht mehr vermissen. Ein multiorgastischer Mann drückt es so aus: »Wenn Sie erst einmal Multis haben, wollen Sie nie mehr zu den Spritzorgasmen zurück. Spritzorgasmen finden nur in den Genitalien statt, Multis hingegen im ganzen Körper.«

Sun Ssu-miao, der einhunderteins Jahre alt wurde, ejakulierte nur, nachdem er einhundert Mal den Liebesakt vollzogen hatte. Aber Sie sollten sich nicht nach irgendeiner strikten Formel richten, sondern versuchen, Ihren Körper aufmerksam zu beobachten. Wenn Sie erschöpft oder krank sind, viel getrunken oder gegessen haben, sollten Sie einen Samenerguss vermeiden. Wenn Sie hart arbeiten, wollen Sie wahrscheinlich Ihren Samen behalten, während Sie im Urlaub möglicherweise etwas häufiger ejakulieren möchten. Die alten Taoisten, die sehr naturverbunden lebten, glaubten auch, dass der Mensch seine Energie so wie Pflanzen und Tiere im Winter aufsparen sollte. Neben den Jahreszeiten gibt es weitere natürliche Rhythmen, die darüber entscheiden, wie oft Sie ejakulieren sollten. Wenn Sie versuchen, ein Kind zu zeugen, ejakulieren Sie immer dann, wenn Ihre Partnerin ihren Eisprung hat.

Grundsätzlich gilt, dass Sie sich nach einem Samenerguss erfrischt und energiegeladen fühlen sollten. Wenn die Ejakulation ein Gefühl der Leere, der Niedergeschlagenheit oder der Erschöpfung bei Ihnen hinterlässt, sollten Sie die Zeitspannen zwischen den Ejakulationen ausdehnen oder den Samenerguss ganz vermeiden, bis Ihr Reservoir an sexueller Energie wieder aufgefüllt ist. Wenn Sie jedoch ejakulieren, können Sie einen Teil des Samens und der sexuellen Energie bewahren, indem Sie sich dem »Point of no return« langsam nähern, anstatt energisch einem Höhepunkt zuzustreben. Auch können Sie nach dem Samenerguss PC-Kontraktionen praktizieren, um Ihre Beckenmuskulatur zu festigen und die Menge der üblicherweise nach der Ejakulation austretenden Energie zu reduzieren.

Gleichzeitig dürfen Sie die Vermeidung der Ejakulation nicht zu einer Obsession werden lassen. Machen Sie sich keine Vorwürfe, wenn Sie doch ejakulieren. Michael Winn sagt dazu: »Man sollte die Ejakulation keinesfalls fanatisch bekämpfen. Viele Männer, die sexuelles Kung-Fu erlernen, denken anfangs: ›Das ist toll. Klingt vernünftig. Das will ich auch lernen.‹ Und dann fällt es ihnen schwer, ihre Ejakulation unter Kontrolle zu bringen. Also beginnen sie, sich Vorwürfe zu machen und Schuldgefühle zu entwickeln. Dabei gehen sie an der eigentlichen Aufgabe vorbei. Denn es geht gar nicht darum, ob man ejakuliert oder nicht, sondern darum, ob man imstande ist, einen Teil der sexuellen Energie durch den eigenen Körper fließen zu lassen und nutzbar zu machen, bevor man ejakuliert. Es liegt auf der Hand, dass die Chance, diese Energie im Dienst des kreativen und spirituellen Wachstums zu kultivieren, umso größer wird, je länger man die Ejakulation hinauszögern kann. *Wenn Sie ejakulieren müssen, wenn es kommt und nicht aufzuhalten ist, dann lassen Sie es eben geschehen. Quälen Sie sich nicht. Denn wirklich wichtig ist letztlich nicht nur die Energie im Sperma, sondern vor allem auch die Liebe zwischen Ihnen und Ihrer Partnerin.*«

Denken Sie immer daran, dass die Energie mehr ist als einfach nur das Sperma: Wenn es Ihnen gelingt, einen Teil der Energie aus dem Sperma zu ziehen, sind Sie bereits sehr viel weiter als zuvor.

Weiter in Bezug auf den Genuss, zu dem Sie fähig sind, und weiter in Bezug auf die Energie, die Sie im Dienst Ihrer Gesundheit zirkulieren lassen können. Echte sexuelle Befriedigung entspringt sowohl dem Genuss als auch der

Gesundheit: Im folgenden Kapitel zeigen wir Ihnen, wie Sie beides mit Ihrer Partnerin teilen können.

Sexualität und Macht Die Praktiken, die Sie in diesem Buch lernen, haben eine große Wirkung, und haben Sie sie einmal erlernt, so ist es ganz normal, dass Sie stolz auf die Beherrschung Ihrer sexuellen Energie und auf Ihre neuen Fähigkeiten im Bett sind. Aber gerade jetzt ist es wichtig, dass Sie nicht dem häufig mit der männlichen Sexualität einhergehenden Geprotze und Männlichkeitswahn anheimfallen. Hören wir dazu Masahiro Ouchi, einen erfahrenen Spezialisten für Healing Tao: »Das sexuelle Kung-Fu ist recht einfach zu erlernen, und viele Männer fühlen sich damit sehr mächtig im Bett. Aber das sollte nicht zu einem Machtwahn ausarten. Macht hat mit Eroberung zu tun, welche das Gegenteil von Liebe und echter Spiritualität ist.« Ouchi, der einen schwarzen Gürtel in Karate besitzt, stellt eine Analogie zwischen sexuellem Kung-Fu und Karate her: »Die meisten Leute, die einen Schwarzen Gürtel haben, setzen ihre Fähigkeiten falsch ein. Sie werden unnachgiebiger und selbstgefälliger und verlieren die Einsicht und die Sanftmut, welche die eigentlichen Quellen dieser Fähigkeiten sind.«

Um das sexuelle Kung-Fu richtig praktizieren zu können, müssen Sie Ihr Herz öffnen und die Techniken im Geist der Demut und in liebender Zuwendung praktizieren. Arroganz und Selbsterhöhung sind fehl am Platz. Selbstgefälligkeit ist nur ein Ausdruck von Unsicherheit, und wenn Sie einmal echtes sexuelles Selbstvertrauen besitzen, werden Sie imstande sein, auf anmaßendes Gehabe und übertriebene Selbstdarstellung zu verzichten. Denken Sie daran, dass diese Praktiken und Ihre neue sexuelle Energie Ihre Emotionen verstärken werden, weshalb Sie sie kultivieren müssen. Wenn Sie zu Arroganz und Selbstgefälligkeit neigen, sollten Sie die Sechs heilenden Klänge (nachzuschlagen in *Tao Yoga des Heilens*) anwenden. Wenn Sie Ihre Emotionen nicht beherrschen, werden diese Ihre Praktiken, Ihr Vergnügen und Ihre Partnerschaft einschränken.

Die Kunst zu lieben Viele Männer, die beginnen, das sexuelle Kung-Fu zu praktizieren, vertiefen sich derart in ihre eigenen Praktiken, dass sie ihre Partnerin und den spontanen und ekstatischen Vorgang des Liebesakts aus den Augen verlieren. Sie können allein üben, sooft Sie wollen, aber wenn Sie mit Ihrer Partnerin zusammen sind, denken Sie daran, dass es nicht nur *Ihre* Praktiken sind. Beim Liebesakt geht es darum zu lieben, und aus dieser Liebe entspringen Genuss und Gesundheit. Beim Liebesakt geht es nicht darum, dass Sie sexuelle Energie für sich selbst erzeugen oder Ihre Fähigkeiten demonstrieren. Wie Masahiro Ouchi erklärt: »Die Technik ist nichts weiter als – eben die Technik. Sie ist nicht die eigentliche Kunst. Sie müssen die Technik so gut erlernen, dass Sie sie vergessen können. Es ist, als spielten Sie ein Musikinstrument: Zunächst müssen Sie die Tonleitern lernen, aber dann vergessen Sie sie und spielen einfach aus dem Bauch.« In den beiden folgenden Kapiteln werden wir von den Übungen zur Selbstkultivierung zu den Paarkultivierungsübungen übergehen, anhand deren Sie und Ihre Partnerin zu einem multiorgastischen Paar werden können. (Homosexuelle Männer können diese beiden Kapitel überspringen und direkt in Kapitel 7 weiterlesen.)

Kapitel 4

Entdecken Sie Ihre Partnerin

Zu den unverzichtbaren Fähigkeiten eines Mannes gehört die Kenntnis der Frau«, heißt es in der *Rede vom höchsten Tao unter dem Himmel.* »Nur die Fähigen sind der Aufgabe gewachsen, Harmonie mit einer Frau herzustellen.« Im Mittelpunkt des sexuellen Kung-Fu steht die Einheit von Mann und Frau, denn die alten Taoisten waren überzeugt, dass durch dieses wichtigste Band unendlicher Genuss und unbezahlbare Gesundheit erreicht werden können. Dieses Ziel bewegte die Taoisten dazu, den Liebesakt zu einer hohen Kunst der Intimität und der Ekstase weiterzuentwickeln.

Ein harmonisches Liebesleben wurde als unverzichtbar für das Eheglück betrachtet, und jung Vermählten gab man eine Bettlektüre mit, die durch Zeichnungen demonstrierte, wie dieses gesegnete Leben erreicht werden konnte. Wir würden nie daran denken, das Kochen ohne Anleitung oder ohne Kochbuch zu erlernen, aber in der Liebe, die gewiss nicht weniger komplex ist, sind Männer und Frauen der modernen Zivilisation gezwungen, auf ein paar hoffnungslos romantisierende Bilder aus Kino oder Fernsehen zurückzugreifen, wenn sie Hinweise auf die geheimnisvolle Welt des Sex suchen.

Der Hollywood-Sex ist kein guter Sex; bloß schneller Sex. Die leidenschaftliche, hastige Umarmung in den meisten Filmen, in denen die Frau augenblicklich feucht wird und durch ein paar Minuten koitaler Verrenkung umgehend Befriedigung erlangt, wäre zum Lachen, würde sie nicht derart viele Zuschauer dazu bewegen, dieses unrealistische Modell des Liebesakts nachzuahmen. Die Aufgabe des Regisseurs, das Tempo der Handlung aufrechtzuerhalten, und die öffentliche Ablehnung der Zurschaustellung eines im sexuellen Genuss schwelgenden Körpers machen es unmöglich, die feinen Nuancen des Liebesakts im Film festzuhalten. Candace Bergen nannte dem Magazin *Esquire* ihre Formel für den Kino-Orgasmus: »Zehn Sekunden heftig atmen, wirf den Kopf hin und her, simuliere einen leichten Asthmaanfall, und stirb ein wenig.« So viel als Vorspiel.

Pornofilme, in denen die »Handlung« lediglich Zelluloidklebstoff zwischen den Sexszenen darstellt, sollten die Möglichkeit bieten, sich ein größeres sexuelles Repertoire anzueignen. Doch das unablässige hysterische Gerammel in den meisten Pornofilmen ist eher auf die Masturbationsbewegungen einer männlichen Hand als auf das subtile und tiefe Wechselspiel eines echten Liebesakts ausgerichtet.

Es ist nicht verwunderlich, dass die westlichen Männer, gewöhnt an Kinofilme, Fernsehen und Pornographie, so schnell ejakulieren. Fast 80 Prozent der von Kinsey untersuchten Männer kamen weniger als zwei Minuten, nachdem sie in ihre Partnerin eingedrungen waren, zum Samenerguss. Diese Art von Schnellfeuerkoitus ist für Männer wie Frauen unergiebig. Hartman und Fithian spekulieren, dass ein solcher Liebesakt nicht lange genug dauert, um die mit der Berührung und der sexuellen Erregung einhergehende Ausschüttung natürlicher chemischer Substanzen ins Blut zu ermöglichen, wodurch das normalerweise mit dem Liebesakt verbundene allgemeine Gefühl des Wohlbefindens unterbunden wird. Die Taoisten würden sagen, dass Mann und Frau bei einem derart hastigen Liebesakt nicht in der Lage sind, sexuelle Energie auszutauschen und Harmonie miteinander herzustellen, sondern dass sie einander sogar Energie entziehen können. Manchmal sind Quickies natürlich genau das Richtige, insbesondere dann, wenn Sie und Ihre Partnerin im ekstatischen Liebesakt derart geübt sind, dass Sie vollkommen harmonisch sind und einander schnell befriedigen können.

Fast ein Vierteljahrhundert, nachdem Kinsey - am Vorabend der sexuellen Revolution und der Emanzipation der Frau - seine Ergebnisse veröffentlichte, fand Morton Hunt in einer Nachfolgestudie heraus, dass die Männer mittlerweile zehn statt zwei Minuten aushielten. Obwohl dies an taoistischen Maßstäben gemessen immer noch kurz ist, bedeutet es doch eine Verbesserung um 400 Prozent. Obwohl die Männer generell als unsensible Liebhaber geschildert wurden, die im Bett nur von ihrem Eigeninteresse geleitet seien, hatte ihr Wunsch, im Bett ausdauernder zu werden, seinen Ursprung eindeutig in ihrem Bestreben, ihre Partnerinnen zu befriedigen. Denn diese begannen zu entdecken, dass sie Orgasmen und sogar mehrfache Orgasmen haben konnten. In Interviews mit viertausend Männern fand Anthony Pietropinto heraus, dass ein verblüffend hoher Anteil von 80 Prozent der Befragten ihre eigene sexuelle Befriedigung danach beurteilten, ob es ihnen gelungen war, ihrer Partnerin einen oder mehrere Orgasmen zu verschaffen.[1] Sind Sie einmal multiorgastisch, so werden Sie immer imstande sein, Ihre Partnerin zu befriedigen, gleichgültig wie lange sie bis zum Orgasmus braucht.

Um zu lernen, Ihre Partnerin zu befriedigen, müssen Sie jedoch zunächst einmal Ihr Ego aus dem Weg räumen. Es ist nicht so, dass Sie der Frau einen Orgasmus »schenken«. Sie sollten nicht versuchen, der beste Liebhaber zu sein, den sie je hatte. Allzu viele Männer sind in sexuellem Leistungsdenken gefangen. Wenn es Ihnen gelingt, Leistung durch Genuss zu ersetzen – durch Ihren eigenen und den Ihrer Partnerin –, werden Sie in der Lage sein, sogar die unersättlichste Geliebte zu befriedigen. Denken Sie daran: Die besten Liebhaber sind jene Männer, die sich vollkommen entspannen können und sich dessen bewusst sind, was in ihrem eigenen und im Körper ihrer Partnerin vorgeht. In Kapitel 2 begannen Sie zu lernen, wie Sie verstehen können, was in Ihrem Körper geschieht. In diesem Kapitel werden Sie lernen zu erkennen, was im Körper Ihrer Partnerin geschieht.

Es gibt noch etwas, das wir uns vor Augen halten sollten. Es ist sehr viel leichter, sexuelles Kung-Fu mit einer regelmäßigen Partnerin zu praktizieren, zu der feste emotionale Bande bestehen. In ihrer Studie über multiorgastische Männer fanden Dunn und Trost heraus, dass Männer mit einer vertrauten Partnerin, mit der sie emotional verbunden waren und entspannten Sex haben konnten, sehr viel leichter multiorgastisch wurden. Sämtliche befragten Männer gaben an, ihr Ziel bestünde nicht in multiplen Orgasmen, sondern in einem genussvollen und befriedigenden Liebesleben. Der multiple Orgasmus ist nur einer von vielen Schätzen, die Sie auf dem Weg zu einem intimeren und immer ekstatischeren Sex entdecken werden.

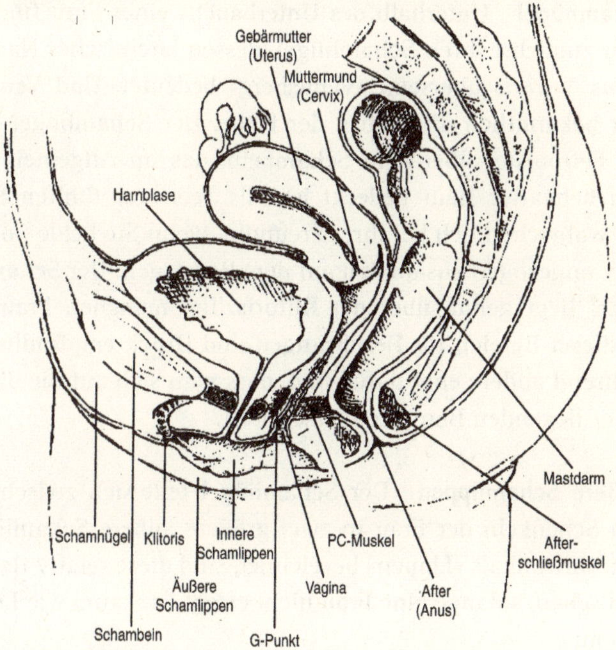

Abb. 18: Die Geschlechtsanatomie der Frau

Der weibliche Körper

Die weibliche Sexualität war in der abendländischen Geschichte stets von zahlreichen Geheimnissen und viel Geheimnistuerei umgeben. Die zum Großteil im Körper liegenden Sexualorgane der Frau (im Gegensatz zu den im Wesentlichen außen befindlichen Genitalien des Mannes) standen im Lauf der Geschichte im Mittelpunkt unzähliger Abhandlungen und lösten noch stets große Verwirrung aus. Jeder Mann (und jede Frau) sollte die grundlegenden Fakten über den weiblichen Körper kennen (siehe Abbildung 18).

Schamhügel Unterhalb des Unterbauchs einer Frau findet man zunächst ihren Schamhügel, dessen lateinischer Name *Mons Veneris* übersetzt »Venusberg« bedeutet. Und Venus war bekanntlich die Göttin der Liebe. Der Schamhügel ist ein Fettpolster über dem Schambein, das im Allgemeinen von behaarter Haut bedeckt ist. Als Teenager fühlten Sie ihn wahrscheinlich bei Ihrer Freundin, wenn Sie beide noch brav angezogen zusammen auf dem Bett lagen. Der Schamhügel liegt genau über der Klitoris. Bei manchen Frauen ist dieser Bereich für Berührungen und Druck empfindlich, während andere eher dafür sind, dass man sich auf die darunter liegenden Bereiche konzentriert.

Äußere Schamlippen Der Schamhügel teilt sich zwischen den Schenkeln der Frau in zwei größere äußere Schamlippen. Obwohl als »Lippen« bezeichnet, sind diese relativ flach und sehen, solange eine Frau nicht erregt ist, kaum wie Lippen aus.

Innere Schamlippen Anders als die äußeren Schamlippen sind diese unbehaarten Lippen anderen Schleimhäuten wie den Lippen des Mundes verwandt. Solange sie nicht erregt sind, variiert ihre Farbe von Rosa über Kastanienbraun bis zu Purpur. In sexueller Erregung findet in den Schamlippen ein Blutstau statt, sie werden dunkel und schwellen an. Gelegentlich können sie auf das Zwei- bis Dreifache ihrer normalen Größe anschwellen und ein leuchtendes Rot annehmen. Diese Veränderungen sind auch ein Zeichen für einen nahenden Orgasmus.

Klitoris Folgen Sie den inneren Schamlippen bis zu dem Punkt unmittelbar unterhalb des Schamhügels, an dem sie zusammenlaufen. An dieser Stelle bilden sie eine Haube, welche die empfindliche Glans der Klitoris schützt. Diese ähnelt in Bezug auf das Übermaß an sensiblen Nervenenden der Glans (Eichel) des männlichen Penis. Normalerweise ist die Glans unter der Haube verborgen, aber man kann sie sehen, wenn man die Haube leicht zurückzieht. Die Glans ist so empfindlich, dass viele Frauen eine direkte Stimulation an dieser Stelle als schmerzhaft empfinden. Diese Frauen bevorzugen oft eine Stimulation des Klitorisschafts, der sich in Richtung des Schamhügels erstreckt und als beweglicher Strang unter der Haut ertastet werden kann. Bei vielen Frauen ist die Klitoris nach dem Orgasmus einige Minuten lang zu sensibel, um direkt berührt zu werden. Diese Überempfindlichkeit ähnelt der Erfahrung, die viele Männer nach dem Samenerguss machen. Die Klitoris besteht wie der Penis aus erektilem Gewebe, und die Glans füllt sich bei Erregung mit Blut. Oft wird die Klitoris mit der Eichel des Penis verglichen, und tatsächlich entwickeln sich beide aus dem gleichen Embryonalgewebe. Allerdings ist die Klitoris einzigartig, weil sie das einzige menschliche Organ ist, das ausschließlich dem sexuellen Vergnügen dient. So viel zu der verbreiteten Vorstellung, Frauen hätten weniger sexuelles Verlangen als Männer. Sie sind diejenigen, die über einen Körperteil verfügen, der ausschließlich der Erregung und Befriedigung dient.

Harnröhre Unterhalb der Klitoris befindet sich die Öffnung der Harnröhre, die zur Blase führt. Anders als beim Mann, dessen Harnröhre relativ lang ist (sie erstreckt sich über seinen Penis), ist die weibliche Leitung zur Blase eher kurz, was ein wesentlicher Grund dafür ist, dass Frauen häufiger an Infektionen des Harntrakts und der Blase erkranken als Männer. Die Stoßbewegungen beim Liebesakt können Bakterien durch die weibliche Harnröhre hinaufbefördern. Hat Ihre Partnerin häufig Infektionen, so bewegen Sie sie dazu, nach dem Liebesakt zu urinieren. Dadurch können Bakterien ausgespült werden.

Vagina Unterhalb der Klitoris und der Mündung der Harnröhre befindet sich der Eingang zur Vagina. Die Scheidenwände liegen aneinander an, womit sie eher einen potenziellen als einen tatsächlichen Raum schaffen. Diese Wände weisen zahlreiche Falten auf, was die Fähigkeit der Vagina erklärt, sich fast jeder Penisgröße anzupassen – ganz zu schweigen von einem Baby, das diesen Kanal bei der Geburt passieren muss. Diese Fähigkeit, sich zu erweitern und sich andererseits durch Kontraktion dicht um einen Finger zu schmiegen, ist der Grund dafür, dass die Größe des Penis normalerweise für den sexuellen Genuss unerheblich ist.

Im Ruhezustand ist die Rückwand der Vagina etwa acht Zentimeter, die Vorderwand etwa sechseinhalb Zentimeter lang. Wird eine Frau erregt, so wird ihre Vagina weiter und länger. Zwei Drittel der Vagina öffnen sich im Inneren zu einem Ballon, wodurch die Möglichkeit zur Stimulation des hinteren Teils der Vagina häufig eingeschränkt wird, während sich das äußere Drittel durch die Schwellung sogar verengt; dies ist einer der Gründe dafür, dass eine Frau sogar einen kleinen Penis eng umfangen kann. Wie wir im vorigen Kapitel erwähnt haben, kann Ihre Partnerin ihre Vagina umso enger um Ihren Penis zusammenziehen, je stärker ihr PC-Muskel ist. Damit werden Sie beide stärker stimuliert. Wenn Ihre Partnerin Vergnügen an tiefen Penetrationen hat und es Ihnen schwerfällt, den hinteren Teil ihrer Vagina zu stimulieren (insbesondere wenn dieser sich einmal ausgedehnt hat), werden Sie erfreut sein zu hören, dass es Stellungen gibt, welche die Vagina verkürzen und ein tiefes Eindringen erleichtern (siehe dazu den Abschnitt »Stellungen« im nächsten Kapitel).

Viele Frauen berichten, dass sie beim Scheideneingang am empfindlichsten sind. Andere beschreiben sensible Punkte an anderen Stellen überall in der Vagina, einschließlich der Rückwände und sogar des Muttermunds (vgl. dazu den folgenden Abschnitt »Der G-Punkt und andere sensible Punkte«). Es gibt keine allgemeingültigen Richtlinien für die sexuelle Stimulation; da hilft auch die intensivste Lektüre von Masters und Johnson nicht. Erforschen Sie diese Stellen daher gemeinsam mit Ihrer Partnerin, die Ihnen schon sagt, was ihr am meisten Spaß macht.

Der G-Punkt und andere sensible Punkte Vielleicht haben Sie schon von einem Ort in der Vagina gehört, der eine Frau verrückt machen kann, wenn er berührt wird. Dieser Ort wird häufig als G-Punkt bezeichnet, benannt nach dem Arzt Ernest Gräfenberg, der ihn im Jahr 1950 erstmals beschrieb. Obwohl die Idee des G-Punkts nicht neu ist, ist er immer noch umstritten, da ihn manche Frauen finden, während er für andere unauffindbar bleibt. Heute wird allgemein die Theorie vertreten, dass der G-Punkt eine Ansammlung von

Drüsen, Blutgefäßen und Nervenenden ist, welche die Harnröhre der Frau umgeben.

Aber wo genau liegt er? Die meisten Frauen, die berichten, den G-Punkt gefunden zu haben, lokalisieren ihn vier bis fünf Zentimeter vom Scheideneingang entfernt an der oberen Vorderwand, also direkt hinter dem Schambein. (Manche Frauen finden ihren G-Punkt allerdings weiter hinten.) Wenn Sie sich die Vagina Ihrer Partnerin ansehen und sich eine Uhr vorstellen, bei der die Klitoris zwölf Uhr markiert, so befindet sich der G-Punkt üblicherweise irgendwo zwischen elf und ein Uhr.

Ist eine Frau nicht erregt, so ist der G-Punkt schwerer zu finden, aber möglicherweise sind Sie in der Lage, eine Stelle zu ertasten, an der die Haut etwas uneben oder gefurcht ist. Wenn dieser Punkt stimuliert wird, kann er auf die Größe eines Pfennigs anschwellen und aus der Scheidenwand herausragen. Alan und Donna Brauer meinen, der beste Zeitpunkt, um den G-Punkt zu finden, sei unmittelbar nach dem Orgasmus der Frau, da er dann bereits etwas vergrößert und sensibel sei. Sie empfehlen, ihn etwa im Sekundentakt zu streicheln und dabei mit leichterem und stärkerem Druck zu experimentieren. Ein weiterer geeigneter Zeitpunkt zur Stimulation des G-Punkts bietet sich in der Phase, in der sich Ihre Partnerin gerade dem Orgasmus nähert. In beiden Fällen wird Ihre Partnerin diese Berührungen besonders genießen, wenn sie bereits sehr erregt ist. Versuchen Sie, ihre Klitoris zu lecken, während Sie ihren G-Punkt mit dem Fingern berühren, und warten Sie ab, was passiert!

Sie sollten wissen, dass manche Frauen die Berührung ihres G-Punkts anfangs als unangenehm empfinden oder

Harndrang verspüren. Daher besprechen Sie Ihre Erkundungspläne zuerst mit Ihrer Partnerin und erklären ihr, dass eine solche Reaktion normal ist. Alan und Donna Brauer schlagen auch vor, weniger starken Druck mit dem Finger auszuüben. Es kann eine ganze Minute dauern, das unangenehme Gefühl oder den scheinbaren Harndrang durch angenehme Empfindungen zu ersetzen. Wenn es ihr unangenehm oder ihr Harndrang zu stark ist, um die Berührungen zu genießen, können Sie ihr vorschlagen, den G-Punkt zunächst selbst zu suchen. Am leichtesten findet sie ihn im Sitzen oder in der Hocke. (Wenn sie sich Sorgen macht, Harn lassen zu müssen, so bewegen Sie sie dazu, das vor dem Liebesakt zu tun, da sie dann sicher sein kann, dass ihre Blase leer ist.)

Beim Liebesakt in der üblichen »Missionarsstellung« (also liegend mit einander zugewandten Gesichtern) wird der G-Punkt oft überhaupt nicht berührt. Mit dem Penis können Sie ihn am leichtesten stimulieren, wenn Ihre Partnerin auf dem Bauch liegt und Sie von hinten eindringen, oder wenn Ihre Partnerin auf Ihnen sitzt oder liegt, so dass sie sich in die Position bringen kann, in der sie am meisten Lust empfindet. Am besten stimuliert man den G-Punkt durch flache Stöße. Anfangs ist jedoch im Allgemeinen der Einsatz der Finger die direkteste und wirkungsvollste Methode zur Stimulation dieses Punkts.

Manche Frauen berichten, dass sich ihre sensibelsten Punkte in den Positionen vier Uhr und acht Uhr befinden, etwa auf halbem Weg an der Scheidenwand. An diesen Stellen bündeln sich Nervenstränge, was eine Erklärung für ihre Druckempfindlichkeit sein könnte. Vielleicht haben

Sie durch Stöße in verschiedene Richtungen bereits herausgefunden, dass Ihre Partnerin ihre ganz eigenen sensiblen Punkte besitzt.

Denken Sie jedoch daran, dass nicht alle Frauen einen G-Punkt oder irgendeinen bestimmten »Lustpunkt« haben. Üben Sie keinen Druck auf sie aus oder geben ihr etwa das Gefühl, nicht richtig zu funktionieren. Die Suche nach dem G-Punkt dient ihrem Vergnügen sie ist kein Versuch, einen Knopf zu finden, mit dem ihre Ekstase »ausgelöst« werden kann. Machen Sie die Stimulation dieses Punktes zu einem Gang im Menü sexueller Genüsse, das Sie Ihrer Partnerin servieren.

Ejakulation *Eine weibliche Ejakulation?* Eine Reihe von Sexualforschern hat die Fähigkeit des G-Punkts beschrieben, bei starker Erregung eine klare Flüssigkeit zu »ejakulieren«. Das hat manche Wissenschaftler zu der Ansicht geführt, der weibliche G-Punkt entspreche der Prostata des Mannes. (Wie wir eben sagten, entwickeln sich die männlichen und weiblichen Sexualorgane aus dem gleichen Embryonalgewebe.) Viele Frauen, die ejakulieren, glauben zu urinieren und verspüren anfangs Harndrang, wenn ihr G-Punkt berührt wird. Die Flüssigkeit ist jedoch kein Urin, und der Harndrang lässt mit wachsender Erregung normalerweise schnell nach.

Möglicherweise verspüren Sie beim Liebesakt an einem gewissen Punkt ein »Sprühen« gegen Ihren Penis. Gelegentlich ist dieses Sprühen sogar sichtbar. Eine kleine Gruppe von Frauen ejakuliert beim Orgasmus etwa einen Teelöffel Flüssigkeit aus ihrer Harnröhre. (Frauen, die ejakulieren, sollten ebenfalls versuchen, ihre sexuelle Energie nach oben zu ziehen, da auch sie bei der Ejakulation eine gewisse Menge Energie verlieren – wenn auch weniger als ein Mann.) Lonnie Barbach ist zu dem Ergebnis gekommen, dass »jüngste chemische Analysen der (weiblichen) Ejakulationsflüssigkeit den Schluss nahelegen, dass diese kein Urin ist und auch nicht der vaginalen Gleitflüssigkeit ähnelt, sondern mit ihrem hohen Anteil an Glukose und saurer Phosphatase eher mit der männlichen Ejakulationsflüssigkeit verglichen werden kann. Allem Anschein nach stammt die Flüssigkeit aus einem System von Drüsen und Gängen, die als paraurethrale [neben der Harnröhre liegende] Drüsen bezeichnet werden. Diese umgeben die weibliche Harnröhre und entwickeln sich aus dem gleichen Embryonalgewebe, welches die männliche Prostata bildet.«[2] Ob es nun erklärbar ist oder nicht, dieses weibliche Ejakulat kann einen ziemlich überraschen, wenn man es nicht kennt. Ein Mann erklärte, geradezu einen Schlag ins Gesicht erhalten zu haben, als er seine Freundin zum ersten mal oral befriedigte. Eine derart explosive Kraft ist vermutlich selten, und Schwimmbrillen für den Oralsex dürften etwas lästig sein.

After Für manche Frauen ist der After eine erogene Zone, für andere ist er ein Sperrgebiet. Fragen Sie, wie Ihre Partnerin dazu steht. Wenn Sie beide an Analverkehr oder an analen Sexspielen (Berührung und Eindringen mit den Fingern) interessiert sind, sollten Sie damit langsam und behutsam beginnen und dafür sorgen, dass genügend Gleitflüssigkeit vorhanden ist. Zieht sich der After Ihrer Partnerin bei der Stimulation zusammen, reduzieren Sie die Stimulation. Ist der After entspannt, so können Sie die Stimulation verstärken.

Brüste Verglichen mit der übrigen Sexualanatomie der Frau sind die Brüste relativ einfach. Die im dunklen Kreis des Warzenhofs (Areola) liegenden Brustwarzen verhärten sich, wenn sie erregt werden. Bei all ihrer erotischen Bedeutung sind die Brüste Schweißdrüsen sehr ähnlich, und ihre vorrangige Aufgabe besteht, wie jede stillende Mutter bestätigen wird, in der Lieferung von warmer Milch für Babys. Man könnte interessante Überlegungen darüber anstellen, warum in unserer mit der Flasche aufgezogenen, der Natur entfremdeten westlichen Kultur große Brüste zu einem derart wichtigen Brennpunkt der sexuellen Begierde geworden sind. Was auch immer der Grund für diese Entwicklung ist: Die Flut von Darstellungen hat viele Männer (und Frauen) zu der irrigen Überzeugung geführt, die Größe sei ein Ausdruck des sexuellen Appetits: Je größer die Brüste, desto stärker ist die sexuelle Begierde einer Frau. Tatsächlich bestimmen die sexuelle Empfindlichkeit, Erfahrung und Selbsteinschätzung einer Frau die Reaktionsfähigkeit ihrer Brüste wie auch ihrer gesamten Sexualität. Die Größe hat damit nichts zu tun.

Ausgehend von der Vorstellung, zur Auslösung der Erregung müsse man bestimmte »Knöpfe drücken«, steuern Männer oft direkt auf die Brustwarzen ihrer Partnerin zu. Zwar finden manche Frauen Vergnügen an einer direkten Bruststimulation, aber viele ziehen anfangs eine sanftere, indirektere Berührung vor. Als Faustregel gilt, dass man um die Brüste der Partnerin kreisen sollte, um ihre Empfänglichkeit und Begierde zu wecken, bevor man tatsächlich die Brustwarzen selbst berührt. Manche Frauen empfinden allerdings sehr wenig, wenn ihre Brüste oder Brustwarzen berührt werden. Seien Sie in einem solchen Fall nicht enttäuscht. Indem Sie Ihre Finger aneinander reiben und dadurch erwärmen, bevor Sie ihre Brustwarzen berühren, erhöhen Sie die Menge an *Chi* oder Energie, was eine Stimulierung der Brust erleichtert. Wenn Sie die Brustwarzen leicht berühren, spüren Sie möglicherweise einen Stromfluss zwischen Ihren Fingern und der Brustwarze Ihrer Partnerin. Es kann sehr wirkungsvoll sein, die Brustwarzen mit der Zunge zu lecken, denn in der Zunge steckt sehr viel *Chi*. Manchmal müssen die Nervenleitungen zu den Brustwarzen (so wie bei vielen Männern) erst aktiviert werden. Das erreichen Sie durch eine sanfte, schrittweise zunehmende Stimulation, für die Sie sich Zeit lassen. Viele Frauen bevorzugen die langsame Entdeckung.

Fruchtbarkeit Die weiblichen Fruchtbarkeits- und Menstruationszyklen sind für die meisten Männer ausgesprochen verwirrend, was zu großer Furcht und Scheu vor dem Thema geführt hat. Dies ist nicht der Ort für eine Biologiestunde, aber es gibt einige biologische Fakten über den weiblichen Körper, die jeder Mann kennen sollte. Wussten Sie beispielsweise, dass die Eizelle zwar nur zwölf bis vierundzwanzig Stunden lebensfähig ist, Ihre Partnerin jedoch auch fünf Tage nach dem Geschlechtsverkehr noch schwanger werden kann?

Wie ist das möglich? Bevor der Eierstock der Frau ein Ei abgibt, sondern die Drüsen im Gebärmutterhals »fruchtbaren« Schleim ab. Dieser Schleim hilft dem Samen, das Ei zu erreichen, und innerhalb von zehn Minuten nach der Ejakulation haben die ersten Spermien bereits die Eileiter erreicht und streben »überhastet« dem Ei zu. Andere Spermien hingegen bleiben in der Schleimhaut des Gebärmutterhalses zurück, wo sie ernährt werden, um dann innerhalb der folgenden drei bis fünf Tage abgegeben zu werden. Wenn Sie also Sonntagnacht mit einer Frau schlafen, deren Gebärmutter fruchtbaren Cervixschleim absondert, obwohl sie erst am Dienstag ihren Eisprung hat, können Sie noch am Mittwoch Vater werden.

Viele Frauen beklagen sich darüber, dass ihre Partner sich nicht aktiv an der Planung und Durchführung der Empfängnisverhütung beteiligen. Mit zunehmender Verwendung von Kondomen ändert sich die Situation, aber die Fortschritte reichen nicht aus. Es ist gut, den Unterschied zwischen fruchtbarem und nicht fruchtbarem Cervixschleim zu kennen, denn Kondome können reißen, und absolut sichere Methoden zur Empfängnisverhütung sind eine Illusion. Fruchtbarer Cervixschleim ist glasklar und zieht Fäden. Wenn Sie ein wenig davon zwischen Daumen und Zeigefinger nehmen, lässt er sich auseinanderziehen, wobei er die Finger mit einem klaren Schleimfaden verbindet. Ist der Schleim nicht fruchtbar, so ist er weiß, klebrig und nur in geringeren Mengen vorhanden. Vor allem aber ist er nicht dehnbar.

Wird eine Frau nicht schwanger, so werden das Blut und die Zellen, die für die Ernährung des befruchteten Eis vorgesehen waren, abgestoßen. Damit beginnt die Menstruation. Die Dauer des Menstruationszyklus ist von Frau zu Frau verschieden. Nur bei wenigen Frauen dauert der Zyklus exakt achtundzwanzig Tage. Reguläre Zyklen dauern zwischen drei und sieben Wochen, und manche Frauen menstruieren nur zwei- bis dreimal im Jahr. Obwohl die Menstruation bei jeder Frau anders abläuft, beginnt die Blutung üblicherweise mit einem leichten Ausfluss von rosa getöntem Schleim oder Blutstropfen, die zu einem starken Strom roten Blutes anwachsen. Dann lässt dieser nach und geht in bräunliche Tropfen über, bevor die Blutung völlig aufhört. Manche Frauen bluten viel, andere wenig, aber bei den meisten endet die Blutung innerhalb einer Woche.

Während der Menstruation leiden viele Frauen unter Brustschmerzen, Pickeln, einem Gefühl des Aufgeblasenseins, Kopfschmerzen, Rückenschmerzen, Durchfall oder Erkältungen. (Frauen mit chronischem Herpes können in dieser Zeit einen Ausbruch der Infektion erleiden.) Wie Sie sich vorstellen können, haben viele Frauen angesichts all dieser Unannehmlichkeiten – ganz zu schweigen von dem Stigma, das der Menstruation immer noch anhaftet – in dieser Zeit kein sehr ausgeprägtes Bedürfnis nach Sex. Andere wieder sind in der Menstruation besonders erregt, und tatsächlich erleben manche Frauen diesen Teil des Zyklus als jene Zeit, in der sie das stärkste Verlangen fühlen. Bei einigen Frauen kann Geschlechtsverkehr während der Menstruation sogar krampflösend wirken. Je besser Sie den Zyklus Ihrer Partnerin verstehen und je verständnisvoller Sie darauf reagieren können, desto eher können Sie im rhythmischen Fluss des Lebens und im rhythmischen Fluss des Liebesakts Harmonie mit ihr erreichen.

Der weibliche Orgasmus

Der weibliche Orgasmus ist seit Jahrhunderten, wenn nicht seit Jahrtausenden, ein mit großer Neugier beobachtetes und umstrittenes Phänomen. Erst seit etwa hundert Jahren erkennt die Schulmedizin seine Existenz weitgehend an. Aber selbst in unserem Jahrhundert, in dem endgültig bestätigt wurde, dass Frauen Orgasmen haben, war die Diskussion über den weiblichen Höhepunkt häufig von Unkenntnis und Verwirrung geprägt. Im Wesentlichen kreiste die Debatte um die Unterschiede zwischen klitoralem und vaginalem Orgasmus und darum, welcher von beiden »höherstehend« sei.[3] Wir wissen heute, dass manche Frauen leichter durch Stimulation der Klitoris zum Orgasmus kommen, während dies anderen eher durch Stimulation der Vagina gelingt. So einfach ist das. Der eine Orgasmus ist ebenso gut wie der andere.

Klitoraler und vaginaler Orgasmus Eine moderne Theorie besagt, dass es zwei Nerven gibt, die für zwei verschiedene Orgasmen verantwortlich sind. Der *Nervus pudendus* führt unter anderem zur Klitoris, und der *Nervus pelvinus* führt zu Vagina und Uterus – bei vaginalen Orgasmen kommt es häufig auch zu Kontraktionen der Gebärmutter (siehe Abbildung 30 auf Seite 223). Der Pudendus ist jener der beiden Nerven, der über mehr Nervenenden verfügt; das ist möglicherweise der Grund dafür, dass mehr Frauen klitorale Orgasmen haben. Die Tatsache, dass die beiden Nerven einander im Rückenmark überlappen, könnte auch eine Erklärung dafür sein, dass manche Frauen »gemischte« Orgasmen haben, die sowohl in der Klitoris als auch tief in der Vagina stattfinden. Ob Frauen vaginale Orgasmen haben, scheint von zwei Faktoren abzuhängen: von der Stärke ihres PC-Muskels und von der Empfindlichkeit ihres G-Punkts oder anderer erogener Punkte im Inneren der Vagina.

Frauen, die beide Arten von Orgasmen haben, bemerken oft einen Unterschied. Shere Hite zitiert in ihrem berühmten Bericht über die weibliche Sexualität eine Frau, die ihre Erfahrung beschreibt: »Bei der Masturbation habe ich einen klitoralen Orgasmus, der meiner Vorstellung vom männlichen Orgasmus nahekommt – es baut sich ein beherrschendes Gefühl im Bereich meiner Klitoris auf, und ich habe eine Art von ›Muskelspasmus‹. Ein vaginaler Orgasmus ist eine Empfindung, die sich auf den gesamten Körper ausbreitet. Er ist nicht so genau einzugrenzen – die Empfindungen gehen in breiten Wellen durch den Körper.« Wie in Kapitel 2 beschrieben, kann auch beim Mann von zwei verschiedenen Orgasmen gesprochen werden: einem genitalen (oder Penis-) Orgasmus und einem Becken- (oder Prostata-)Orgasmus. Der taoistischen Sexuallehre zufolge gibt es sogar zahlreiche verschiedene Arten von Orgasmen, die in verschiedenen Bereichen des Körpers oder auch, ob Sie es glauben oder nicht, verschiedenen Organen – etwa im Herzen oder in der Leber – stattfinden können. Wenn Sie imstande sind, Ihre sexuelle Energie durch Ihr Gehirn zirkulieren zu lassen, können Sie einen »Gehirnorgasmus« erleben. Denken Sie daran, dass ein Orgasmus nichts weiter als eine Kontraktion und Expansion (oder ein »Pulsieren«) ist, und dieses Pulsieren kann überall in Ihrem Körper stattfinden.

Die Berührung der Klitoris beim Liebesakt Etwa 70 Prozent der von Shere Hite befragten Frauen brauchten ein gewisses Maß an Klitorisstimulation, um zum Orgasmus kommen zu können. Wie bereits erwähnt, entspricht die Klitoris der Eichel Ihres Penis. Bei der Mehrheit der Männer ist die Eichel der empfindlichste Teil der Sexualanatomie; dasselbe gilt bei den meisten Frauen für die Klitoris. Eine Frau kommt ohne Stimulation ihrer Klitoris ebenso schwer zum Orgasmus wie ein Mann ohne Stimulation seiner Glans. Es ist möglich, aber es dauert viel länger.

Daher überrascht es nicht, dass viele Frauen in der Missionarsstellung nicht zum Orgasmus kommen können, denn der sensibelste Teil ihrer Sexualanatomie – die Klitoris – wird in dieser Stellung nur indirekt stimuliert. Manchmal reibt das Schambein des Mannes an der Klitoris oder an der Klitorishaube, aber diese Berührungen sind keineswegs ein Ersatz für die direkte Stimulation durch Ihren Penis, Ihre Finger oder Ihren Mund. Es ist nicht verwunderlich, dass Kinsey, Hunt und Hite allesamt herausfanden, dass die Hälfte aller amerikanischen Frauen beim Geschlechtsverkehr selten oder nie einen Orgasmus hatten.

Viele Frauen kommen beim Liebesakt sehr viel leichter zum Orgasmus, wenn sie oder ihre Partner dabei auch ihre Klitoris stimulieren. Beim Geschlechtsverkehr kommen Männer normalerweise sehr viel schneller zum Orgasmus (in zwei bis drei Minuten, während es bei der Frau zwanzig Minuten sind), aber bei der Masturbation erreichen Frauen den Orgasmus genauso schnell wie Männer – vermutlich deshalb, weil sie dabei ihre Klitoris direkt stimulieren und genau wissen, was ihnen gefällt. Ein multiorgastischer Mann erzählt, wie er beim Liebesakt die Klitoris seiner Partnerin massiert: »Wenn ich hinter ihr knie oder sie auf mir sitzt, habe ich die Hände frei, um mit ihrer Klitoris zu spielen. Das macht sie total verrückt. Sie beginnt derart laut zu stöhnen, dass wir einmal unterbrechen und die Fenster schließen mussten.«

Manche Männer und Frauen denken vielleicht, es sei unnatürlich oder übertrieben mechanisch, während des Liebesakts die Hände zur Stimulation der Klitoris einzusetzen. Ein multiorgastischer Mann erinnert sich: »Lange Zeit glaubte ich, es sei ein Zeichen von Schwäche, wenn ein Mann seine Finger benutzt. Aber ich habe herausgefunden, dass es eine Frau manchmal wirklich genießt oder dass sie sogar lieber mit den Fingern oder der Zunge befriedigt wird, weil das ein völlig anderes Gefühl ist.« Mit Sicherheit kann diese Art der Stimulation nicht als unnatürlich oder als Zeichen männlicher Schwäche betrachtet werden, wenn fast drei Viertel aller Frauen ihrer bedürfen, um sexuelle Befriedigung zu erlangen.

Männer, die nicht daran gewöhnt sind, beim Liebesakt ihre Hände einzusetzen, brauchen sicher ein wenig Zeit, um ihre Fingerstriche mit ihren Stößen zu koordinieren. Doch mit zunehmender Übung wird dies leichter, insbesondere wenn Sie den Stoßrhythmus verlangsamen und Ihrer Partnerin (und sich selbst) die Möglichkeit geben, jeden Fingerstrich und jeden Stoß zu genießen. Achten Sie darauf, sich nicht zu sehr auf die Klitoris Ihrer Partnerin zu konzentrieren und dadurch das übrige Liebesspiel aus den Augen zu verlieren. Und seien Sie sich dessen bewusst, was Ihre Hand tut, da Ihre Partnerin ansonsten das Gefühl bekommt, dass es tatsächlich mechanisch wird. Wenn Sie gleichzeitig gehen und Kaugummi kauen können, sollten Sie auch imstande sein, gleichzeitig die Finger einzusetzen und zu stoßen.

Wenn Ihre Partnerin bereit ist, sich selbst zu berühren, umso besser. Eine Frau, die aktiv wurde, um sich zum Orgasmus zu bringen, musste sich von ihrem Freund den Vorwurf anhören, er habe das Gefühl, sie benutze ihn zur »Masturbation«. Diese Reaktion mag verständlich sein, wenn ein Mann meint, es sei seine Pflicht (und sein Recht), seiner Partnerin einen Orgasmus zu »schenken«. Diese Einstellung ist zweifellos ein Grund dafür, dass Frauen den Orgasmus vortäuschen, um ihrem Partner zu gefallen oder um ihm zu zeigen, dass es ihnen gefallen hat. Da der Orgasmus, wie wir in Kapitel 2 erläutert haben, in erster Linie im Gehirn stattfindet, können Sie Ihrer Partnerin keinen Orgasmus »schenken«. Sie muss ihn selbst in ihrem Gehirn (und in ihrem Körper) erleben.

Mehr und mehr Frauen entdecken ihre Fähigkeit zum Orgasmus oder zu mehrfachen Orgasmen. Viele Männer verspüren daher zunehmenden Druck, dieses wachsende Bedürfnis nach Orgasmen zu befriedigen. Der Wunsch eines Mannes, seine Partnerin zu befriedigen, ist lobenswert und unerlässlich, aber der oft mit diesem Bestreben einhergehende Leistungsdruck kann dazu führen, dass die bereits allzu verbreitete Versagensangst unter den Männern weiter zunimmt. Sie können realistischer an die Aufgabe herangehen und den Druck erheblich verringern, wenn Sie erkennen, dass Sie lediglich Ihren Teil dazu beitragen, dass Ihre Partnerin die Möglichkeit erhält, ihr eigenes orgastisches Potenzial auszuschöpfen.

Orgastischer Fingerabdruck Klitoraler, vaginaler und gemischter Orgasmus sind lediglich drei Kategorien, anhand deren die Sexualforscher die genitalen Orgasmen der Frau beschreiben. Wie wir in Kapitel 2 erwähnt haben, unterscheiden die Wissenschaftler auch zwischen kurzen, *getrennten* Orgasmen und längeren, *zusammenhängenden* Orgasmen

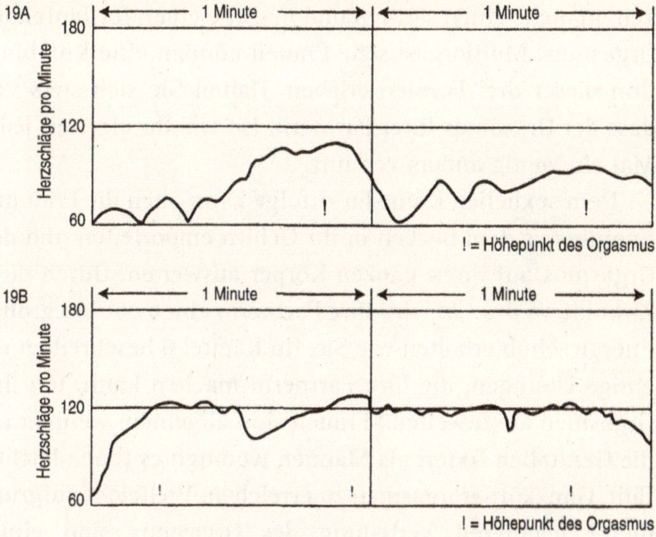

Abb. 19: Getrennte (A) und zusammenhängende (B) multiple Orgasmen bei der Frau *(Quelle: Hartman und Fithian)*

(siehe Abbildung 19). Manche Frauen haben getrennte, andere zusammenhängende Orgasmen, und wieder andere erleben eine Kombination beider Varianten. Hartman, Fithian und ihr Koautor Berry Campbell vertreten die Auffassung, das Orgasmusmuster einer Frau sei so individuell, dass man es als »orgastischen Fingerabdruck« bezeichnen könne. Lonnie Barbach verweist darauf, dass sich nicht nur die Physiologie, sondern auch die persönlichen und kulturellen Erwartungen darauf auswirken, wie Ihre Partnerin (und Sie selbst) den Orgasmus erleben. Das ist wahrscheinlich einer der Gründe dafür, dass die Menschen zu einem orgastischen »Standardmuster« neigen. Manche Frauen haben einen starken, manche einen sanften und manche einen fortlaufenden Orgasmus. Multiorgastische Frauen können eine Kombination dieser drei Formen erleben. Halten Sie sich stets vor, dass der Orgasmus Ihrer Partnerin (so wie Ihr eigener) jedes Mal ein wenig anders verläuft.

Dem sexuellen Kung-Fu zufolge kann auch die Frau ihre Energie aus dem Becken in ihr Gehirn emporleiten und den Orgasmus auf ihren ganzen Körper ausweiten. Durch diese Zirkulation des *Chi* wird Ihre Partnerin einen ebenso großen Energieschub erhalten wie Sie. (In Kapitel 6 beschreiben wir einige Übungen, die Ihre Partnerin machen kann, um ihre Orgasmen auszuweiten.) Frauen sind allgemein weniger auf die Genitalien fixiert als Männer, wodurch es ihnen leichter fällt, Ganzkörperorgasmen zu erreichen. Vielleicht aufgrund dieser leichteren Verteilung des Orgasmus sind einige Frauen »genital-präorgastisch« (das heißt, sie haben nie einen genitalen Orgasmus gehabt). In Kapitel 6 erläutern wir Techniken, mit deren Hilfe präorgastische Frauen orgastisch werden können; des Weiteren beschreiben wir dort Techniken für orgastische Frauen, die multiorgastisch werden wollen.

Es wird Ihnen sehr viel leichter fallen, zu einem multiorgastischen Mann zu werden, wenn Ihre Partnerin Vergnügen an langen Liebesakten hat. Es leiden mehr Paare unter der Unfähigkeit des Mannes, lange genug durchzuhalten, als darunter, dass die Frau vor dem Mann müde wird. Doch auch dieser Fall kann eintreten, wenn Sie multiorgastisch werden, Ihre Partnerin hingegen nicht. Obwohl Sie keinesfalls Druck auf sie ausüben, sondern ihren Wunsch nach mehr oder weniger sexuellem Vergnügen akzeptieren sollten, können Sie versuchen, Ihre Partnerin zu ermutigen, mit Hilfe des für sie geschriebenen Kapitels ihr Potenzial zu ergründen. In Kapitel 9 machen wir auch Vorschläge für Paare, bei denen der sexuelle Appetit sehr unausgewogen ist. Die meisten Frauen werden allerdings gerne bereit sein, ihren Partner in seinem Bemühen zu unterstützen, multiorgastisch zu werden; und am besten kann Ihre Partnerin Sie unterstützen, indem sie ihre eigene Lust ergründet und ihre Befriedigung kultiviert.

Die weibliche Erregung

Zumeist brauchen Frauen länger als Männer, bis sie erregt sind, aber ist eine Frau erst einmal erregt, so übertrifft ihr Verlangen im Allgemeinen das ihres Partners. (Als jemand, der sexuelles Kung-Fu praktiziert, werden Sie eine Ausnahme von dieser Regel sein.) Dem Taoismus zufolge ist der Mann wie Feuer und die Frau wie Wasser. Feuer bricht leicht aus, kann jedoch leicht mit Wasser gelöscht werden. Um Ihre Geliebte zu befriedigen, müssen Sie ihr Verlangen bis zum Siedepunkt erhitzen; Voraussetzung dafür ist allerdings, dass ihr eigenes Feuer lange genug brennt. Der Schlüssel zur Befriedigung Ihrer Partnerin liegt im Verständnis der Stadien ihrer Erregung und darin, dass Sie lernen, wie Sie Ihre Erregung mit der Ihrer Partnerin synchronisieren können.

WIE ERKENNE ICH, WANN DAS VERLANGEN EINER FRAU DEN SIEDEPUNKT ERREICHT? Die taoistischen Ärzte zeichneten die bei Frauen beobachteten Erregungsstadien auf. Viele ihrer Beobachtungen wurden mittlerweile von der westlichen Forschung bestätigt, insbesondere von Kinsey in einem Kapitel seines Buchs *Das sexuelle Verhalten der Frau.*

Die Kapitelüberschrift lautet »Physiologie der sexuellen Reaktion und des Orgasmus«. Wir führen diese Stadien hier nicht an, um Frauen in Verlegenheit zu bringen, sondern um die Männer dabei zu unterstützen, die Wünsche ihrer Partnerinnen besser zu befriedigen. Beim Lesen der Ausführungen über diese allgemeinen Erregungsstadien sollten Sie sich Kinseys Folgerung vor Augen halten, dass die Sexualität jedes Menschen einzigartig ist: »Nichts ist charakteristischer für die sexuelle Reaktion als die Tatsache, dass es nicht zwei Menschen gibt, bei denen sie gleich abläuft.«

Ausgehend von dieser Erkenntnis könnten wir keine bessere Führerin in Sachen weiblicher Erregung finden als Su Nü, eine der Beraterinnen, denen sich der Gelbe Kaiser anvertraute. Eines Tages fragte der Gelbe Kaiser Su Nü: »Wie kann ich erkennen, wann eine Frau Vergnügen empfindet?« Su Nü antwortete, es gebe Fünf Zeichen, Fünf Begierden und Zehn Bewegungen, die auf wachsende Erregung bei einer Frau hindeuteten. Die Fünf Zeichen und die Fünf Begierden beschreiben, was bei wachsender Erregung mit dem Körper einer Frau geschieht, während die Zehn Bewegungen zeigen, was die Frau als nächstes vom Mann erwartet.

Bevor wir diese Geheimnisse der weiblichen Erregung lüften, sollte erwähnt werden, dass wir in freizügigeren und offeneren Zeiten leben als Su Nü. Sie brauchen sich nicht darauf zu beschränken, die vom Körper Ihrer Partnerin ausgesandten Zeichen zu deuten. Sie können sie auch fragen, was sie möchte, oder sie sagt es Ihnen einfach von sich aus. Doch im Liebesgetümmel raubt es einem zuweilen die Sprache, ganz zu schweigen von einer klaren Aussage über bestimmte

Vorlieben. Die Leidenschaft überwältigt die Sprache, und in dieser Situation wäre es hilfreich, wenn Sie gelernt hätten, die Zeichen für das wachsende Vergnügen einer Frau zu deuten. Vor oder nach dem Liebesakt können Sie mit Ihrer Partnerin darüber diskutieren, ob Su Nü ihre individuellen Wünsche richtig gedeutet hätte. Es versteht sich von selbst, dass eine sexuelle Begegnung Einverständnis voraussetzt, und die Tatsache, dass Sie bemerken, dass der Körper der Frau, mit der Sie verabredet sind, Erregung zeigt, bedeutet gar nichts, solange ihr Wille dem Fleisch nicht folgt. »Nein« heißt nein, gleichgültig, ob ihr Körper vielleicht ja sagt.

Die taoistischen Texte waren zum Teil äußerst direkt, zum Teil von einer vagen Selbstverständlichkeit. Einige der Erregungsphasen erscheinen klar und sogar offensichtlich, während andere zu subtil scheinen, um beobachtet werden zu können. Die Zeichen, Begierden und Bewegungen überschneiden einander und sind schwer voneinander zu trennen. Also werden wir versuchen, sie vereinfacht darzustellen. Denken Sie daran, dass es sich hier um allgemeine Richtungsangaben, nicht um exakte Straßenkarten handelt. Erwarten Sie nicht, in jedem Liebesakt jedes Stadium zu erkennen, und warten Sie nicht, bis ein Punkt abgehakt ist, bevor Sie zum nächsten übergehen. Das Liebesspiel ist flüssig und spontan, und diese Hinweise dienen einfach dazu, Ihnen den richtigen Weg zu weisen.

Die Zeichen des Verlangens So wie die Beherrschung des Samenergusses beginnt auch die Entdeckung der Leidenschaft mit der Beobachtung der Atmung. Das erste Zeichen für das Verlangen Ihrer Partnerin ist ein veränderter

Atemrhythmus. Die Atmung wird schneller und flacher. Su Nü sagt: Wenn ihre Nasenflügel zittern, wenn sich ihr Mund öffnet und wenn sie den Mann mit beiden Armen umarmt, so will sie, dass ihre Genitalien einander berühren. Wenn ihr Körper bebt, will sie, dass er ihre Genitalien sanft mit den Händen berührt. Wenn sie blass wird, will sie, dass er mit seinem Penis um ihren Schamhügel spielt. Und wenn sie ihre Beine ausstreckt, will sie, dass er seine Eichel an ihrer Klitoris und an ihrer Scheidenöffnung reibt. Su Nü fährt fort: Werden ihre Brustwarzen hart und drückt sie ihren Bauch heraus, so sollte er langsam ein Stück in sie eindringen. Ist ihre Kehle trocken und beginnt sie langsam zu schlucken, so sollte er beginnen, tiefer in sie einzudringen. Beginnt sie, ihr Gesäß zu bewegen, so empfindet sie großes Vergnügen. Ist ihre Vagina ausreichend feucht oder versucht sie, die Beine um ihn zu schlingen, so soll er tiefer in sie eindringen. Wenn sie ihre Schenkel zusammenpresst, wird sie vom Vergnügen überwältigt. Wälzt sie sich hin und her, so will sie, dass er tief von einer Seite zur anderen stößt. Wenn sie so stark schwitzt, dass sie die Leintücher durchnässt, oder wenn sie ihren Körper durchstreckt und die Augen schließt, dann ist sie bereit für den Orgasmus. Wenn sie ihren Körper gegen seinen krümmt, hat ihr Vergnügen den Höhepunkt erreicht. Wenn sie sich ausstreckt und entspannt, erfüllt der Genuss ihren ganzen Körper. Wenn Flüssigkeiten an ihren Schenkeln und ihrem Gesäß hinabfließen, ist sie vollkommen befriedigt. Jetzt sollte der Mann den Penis langsam zurückziehen.

Jetzt kennen Sie die Zeichen wachsenden Verlangens. Nun müssen wir darüber sprechen, wie Sie die Lust Ihrer Partnerin *befriedigen*.

Kapitel 5

Wie Sie ein multiorgastisches Paar werden

Es ist eine Sache, den Samenerguss zu beherrschen, während man sich selbst befriedigt. Eine andere Sache ist es, sich im Liebesgetümmel zu beherrschen. Die in Kapitel 3 erlernte Kontrolle über Ihre Atmung, Ihre Konzentration, Ihren PC-Muskel und vor allem Ihre sexuelle Energie wird Ihnen unschätzbare Dienste dabei leisten, gemeinsam mit Ihrer Partnerin multiorgastisch zu werden. Doch Sie müssen auch die »Duo-Kultivierung« erlernen.

Die Befriedigung Ihrer Partnerin

Anders als der Mann erlebt die Frau nach dem Höhepunkt keinen abrupten Absturz der Erregung. Zwar haben Frauen durchaus Orgasmen, welche sie als so vollkommen befriedigend (und als absoluten Höhepunkt) empfinden, dass sie mit dem Liebesakt nicht fortfahren müssen. Und wie wir an anderer Stelle besprochen haben, ejakulieren manche Frauen sogar. Aber da sich eine Frau keine Sorgen machen muss, eine Erektion einzubüßen oder ihren Samen zu verschütten, kann sie sich im Allgemeinen dem Vergnügen sehr viel gelöster hingeben als ein Mann. Dennoch versinkt die Frau nicht ohne jegliche Anstrengung im Entzücken. Will sie einen Orgasmus, multiple Orgasmen und ausgedehnte Orgasmen erreichen, so muss eine Frau ebenso wie der Mann über genügend Wissen und entsprechende Fähigkeiten verfügen und sich um ihren Genuss bemühen. Wir wollen Ihnen nun erklären, wie Sie Ihrer Partnerin dabei helfen können, sich diese Fähigkeiten anzueignen.

Im sexuellen Kung-Fu werden alle Aspekte der Berührung als Teil der Einheit von Mann und Frau betrachtet. Die Berührung von Händen und Lippen ist ebenso Teil der Harmonisierung beider Partner wie der Koitus. Wie bei der Selbstbefriedigung haben Sie wahrscheinlich Ihre eigene Methode zur Befriedigung Ihrer Partnerin, und obwohl alle Frauen grundsätzlich die gleichen erogenen Zonen haben, ist jede Frau natürlich zu verschiedenen Zeiten an verschiedenen Stellen empfindlich. Lassen Sie sich also bei der Anwendung der taoistischen Techniken stets von den Vorlieben Ihrer Partnerin leiten.

»Das Wesentliche am Vorspiel ist die Langsamkeit«, heißt es in der *Rede vom höchsten Tao unter dem Himmel.* »Geht man langsam und geduldig vor, so wird der Genuss der Frau außerordentlich groß sein. Sie wird Sie verehren wie einen Bruder und lieben wie ihre Eltern. Wer dieses Tao beherrscht, verdient es, als Mann von himmlischer Vornehmheit bezeichnet zu werden.« Da freudige Erwartung und eine wachsende Intensität unverzichtbar sind, um die Begierde Ihrer Partnerin zu steigern, fangen Sie mit zärtlichen Küssen an. Beginnen Sie nicht bei ihren Genitalien, sondern bei ihren Armen und Beinen. Streicheln, massieren und küssen Sie ihre Hände und Handgelenke sowie ihre Füße und Knöchel. Gehen Sie von den Armen und Füßen zum Bauch über. Indem Sie die Punkte entlang ihrer Meridiane (Energiekanäle) stimulieren, erhöhen Sie ihre sexuelle Erregung: Es gibt viele Punkte entlang oder nahe bei ihrer Wirbelsäule (beim hinteren Kanal), etwa das Kreuz, den Nacken und die Ohren. Auch die Unterseite der Arme und die Innenseite der Schenkel sind bei den meisten Frauen sehr empfindlich. Mit *streicheln* meinen wir, dass Ihre Berührungen im Allgemeinen federleicht sein sollten, obwohl sie natürlich auch stärker werden können, wenn Sie größere Muskeln wie jene im Gesäß stimulieren.

Ihre Brüste Wie schon an früherer Stelle erwähnt, sollten Sie in einer immer enger werdenden Spirale um die Brüste Ihrer Partnerin kreisen und sich dabei langsam den Brustwarzen nähern. Die meisten Männer steuern zu direkt auf die Brustwarzen zu (wer weiß, vielleicht ein Überbleibsel des instinktiven Drangs zur Milchquelle). Indem Sie langsam um die Brustwarzen kreisen, ziehen Sie die sexuelle Energie Ihrer Partnerin dorthin. Denken Sie auch daran, vorher Daumen und Zeigefinger aneinanderzureiben, um mehr *Chi* zu erzeugen. Berühren Sie schließlich sanft die Brustwarzen und versuchen Sie, sie zwischen Daumen und Zeigefinger zu massieren. (Sie können beide Brüste berühren oder sich jeweils auf eine konzentrieren.) Manche Frauen mögen stärkeren Druck und eher handfeste Liebkosungen. Lassen Sie sich also von den Reaktionen Ihrer Partnerin leiten. Wie wir bereits erwähnt haben, ist Ihre Zunge mit sehr viel *Chi* geladen und eignet sich daher besonders gut dazu, Ihre Partnerin zu erregen, indem Sie an den Brustwarzen lecken und lutschen. Wenn die Brustwarzen anschwellen und sich verhärten, bedeutet das, dass Sie es richtig machen.

Die Genitalien der Frau Bei der Annäherung an die Genitalien Ihrer Partnerin stimulieren Sie am besten zunächst die Innenseiten ihrer Oberschenkel, ihren Schamhügel und dann ihre Schamlippen, bevor Sie sich der Klitoris nähern. Stellen Sie sich vor, Sie berühren Ihre Partnerin in einem konzentrischen Kreis wachsender Lust und zunehmender Intensität. Wenn Sie schließlich die Klitoris erreichen, werden sexuelle Energie und Erregung Ihrer Partnerin ein hohes Niveau erreicht haben.

Jede Frau hat bei der Stimulation ihrer Klitoris andere Vorlieben, und Sie müssen ein Experte für den besonderen Genuss Ihrer Partnerin werden. Noch wichtiger als die Frage, *wo* Sie sie berühren, ist die Frage, *wie* Sie sie berühren. Streichen oder kreisen Sie gleichmäßig mit dem Finger – nicht zu schnell, nicht zu langsam. Vermeiden Sie große und grobe Bewegungen: Die Empfindlichkeit der Klitoris ist auf sehr viel engerem Raum konzentriert als beim Penis, und Sie werden mit gezielten, feinfühligen Bewegungen mehr Erfolg haben als mit jener Art von kraftvoller Stimulation, die den meisten Männern gefällt.

Nun zu der Frage, wo Sie die Klitoris berühren: Am besten beginnen Sie mit den weniger empfindlichen Teilen dieses sehr sensiblen Geschlechtsorgans. Versuchen Sie, über die Wurzel und die Seiten der Klitoris zu streichen. Streichen Sie anschließend über die Haube, und rollen Sie die Klitoris zwischen Daumen und Zeigefinger – aber sanft! Achten Sie darauf, zuerst die Haube zu berühren, bevor Sie sich der extrem empfindlichen Glans zuwenden. Variieren Sie die Streichbewegungen und die Stärke des Drucks. Wenn es Ihrer Partnerin gefällt, wird sie Ihnen ihre Genitalien zur weiteren Stimulation leicht entgegenstrecken. Stöhnen, Seufzen, Keuchen, Muskelzuckungen, gekrümmte Zehen und Schweiß sind ebenso vielsagende Zeichen wie ein Lächeln und andere Gesichtsausdrücke. Sind Ihre Berührungen zu stark oder unangenehm, so wird die Frau ihr Becken leicht zurückziehen. Gehen Sie zu einer leichteren Berührung über, oder versuchen Sie eine andere Technik.

Zungen-Kung-Fu Die Finger sind zwar wirkungsvoll, aber nicht ideal, da sie nicht annähernd so sensibel sind wie die Klitoris Ihrer Partnerin. Harte Fingerknochen und scharfe Nägel können Schmerzen verursachen. (Sorgen Sie stets dafür, dass Ihre Nägel kurz geschnitten und rund gefeilt sind.) Sehr viel besser für die Aufgabe geeignet ist Ihre Zunge.

Es gibt zahlreiche Witze über den Oralsex und die mit ihm einhergehenden Gerüche und Geschmäcke. Es gibt Männer, die beim Gedanken an Oralsex das Gesicht verziehen, während andere im Gedanken an schöne Erinnerungen lächeln. Ein multiorgastischer Mann beschreibt seine Bekehrung zu einem Anhänger des Oralsex: »Früher mochte ich es überhaupt nicht, meine Zunge einzusetzen, weil ich das Gefühl hatte, nichts davon zu haben. Es war irgendwie selbstsüchtig – ich wollte nur nehmen. Und jetzt hat meine Partnerin diese unglaublichen Orgasmen aufgrund dessen, was ich mit meiner Zunge mache, und es ist toll, dabei zuzusehen. Es beginnt sogar in meinem eigenen Körper zu kribbeln. Es ist richtig, was im Tao steht: Wenn ihr aufeinander abgestimmt seid, bekommst du, indem du gibst. Das ist etwas, was viele Männer nicht erkennen. Ich habe es auch lange Zeit nicht erkannt.« Wie Sie auch persönlich über

Oralsex denken: Sie sollten wissen, dass er wahrscheinlich die schnellste Methode ist, um die Vaginalsäfte einer Frau zum Fließen zu bringen und den Liebesakt vorzubereiten. Wie wir an früherer Stelle besprochen haben, ist er auch die leichteste und für manche Frauen die einzige Methode, zum Orgasmus zu gelangen.

Wenn Sie kein Anhänger des Cunnilingus sind, brauchen Sie sich anfangs nicht kopfüber hineinzustürzen. Wenn Sie Ihre Zunge zur Stimulation der Klitoris einsetzen, sind Ihre Nase und Ihr Gesicht dem Schamhügel und dem Unterbauch Ihrer Partnerin am nächsten. Wenn es der Geruch ist, den Sie ablehnen, können Sie gemeinsam mit ihr baden oder Duftöle verwenden. (Wir sollten erwähnen, dass viele Männer vom Geruch der Vagina ihrer Partnerin erregt werden – oder mit der Zeit lernen, von ihm erregt zu werden.) Am besten ist es selbstverständlich, sich anfangs nicht auf die Klitoris zu konzentrieren oder sich zumindest nicht ausschließlich mit dieser zu beschäftigen: Setzen Sie Ihre Zunge ein, um die inneren Schamlippen, den sensiblen Punkt an der Basis der Vagina sowie den Damm zu berühren.

Sie sollten auch vermeiden, sich übermäßig auf die Genitalien zu konzentrieren und dadurch den übrigen Körper Ihrer Partnerin zu vernachlässigen. Manche Frauen verspüren beim Oralsex Distanz. Dieses Gefühl können Sie Ihrer Partnerin nehmen, indem Sie mit den Händen weiterhin ihre Beine und Brüste, ihren Bauch, ihre Hände und ihr Gesicht liebkosen. Bei vielen Frauen wächst der Genuss erheblich, wenn während des Oralsex die Brustwarzen stimuliert werden. Andere Frauen empfinden dies als Ablenkung von der Klitorisstimulation. Was die klitoralen Techniken anbelangt, so bietet sich wahrscheinlich eine Kombination von Zungenschlägen und Saugbewegungen mit dem Mund an. Indem Sie abwechselnd Ihre Zunge einsetzen und sanft an der Klitoris lutschen, bereiten Sie Ihrer Partnerin große Lust. Auch hier sollten Sie wieder darauf achten, keinen zu großen Druck auszuüben. Im Allgemeinen sind leichte, gleichmäßige und rhythmische Druckbewegungen besonders geeignet.

Viele Männer hegen die falsche Vorstellung, es gehöre zum Oralsex, die Zunge in die Vagina zu stecken. Generell trifft das nicht zu, da die Zunge im Allgemeinen zu kurz und zu weich ist, um die Vagina einer Frau erfolgreich zu stimulieren, obwohl die Taoisten sehr wohl eine Technik zur Stimulation des G-Punkts empfehlen, bei der man die Zunge in der Vagina krümmt und zurückzieht. Diese Technik ist einen Versuch wert – insbesondere, wenn Sie eine kräftige Zunge haben! (Sie können Ihre Zunge stärken, indem Sie sie ein oder zwei Minuten lang so schnell Sie können wie eine Schlange herausstrecken und wieder einziehen. Üben Sie dies, sooft Sie können.)

Das Eindringen Wirkungsvoller als die Zunge sind die Finger, wenn es gilt, das Innere der Vagina zu stimulieren. Sie können mit einem Finger (oder, wenn Ihre Partnerin bereits erregt ist, auch mit zwei Fingern) in sie eindringen. Lassen Sie den Finger in der Vagina kreisen, um herauszufinden, wo sie am empfindlichsten ist. Vergessen Sie nicht, etwa drei bis fünf Zentimeter hinter der Klitoris nach dem G-Punkt zu suchen. Sie können auch das Eindringen des Penis simulieren, indem Sie Ihre Finger hinein- und hinausgleiten lassen (anfangs sollte diese Bewegung langsam sein).

An diesem Punkt dürfte die Begierde Ihrer Partnerin fast den Siedepunkt erreicht haben. Nun kann sie es kaum noch erwarten, dass Sie in sie eindringen. Aber Sie sollten sich noch zurückhalten. Nehmen Sie Ihren Penis in die Hand, als wollten Sie ihn in die Vagina einführen. Doch bevor Sie eindringen, reiben Sie den Penis an der Klitoris. Das wird dazu beitragen, ihre Leidenschaft schnell zum Kochen zu bringen. Sodann dringen Sie Stück für Stück in sie ein, zuerst etwa drei Zentimeter, dann wieder drei. Nun ziehen Sie sich ein wenig zurück, so dass Ihr Penis gerade noch im Eingang der Vagina steckt. Dieses langsame, hinausgezögerte Eindringen erleichtert Ihnen die Beherrschung Ihrer eigenen Begierde und gibt Ihnen die Möglichkeit, einen Stoßrhythmus zu finden, der Sie beide viele Male zum Höhepunkt der Lust führen wird.

Ist Ihre Partnerin multiorgastisch, so können Sie ihr helfen, zum Orgasmus zu kommen, bevor Sie in sie eindringen, oder damit warten, bis Sie Ihren Penis eingeführt haben. Wenn sie bereits einmal zum Orgasmus gekommen ist, wird sie mehr Geduld mit Ihnen aufbringen, wenn Sie kurz innehalten müssen, um den »Point of no return« nicht zu überschreiten. Auch werden es Ihnen die Orgasmen Ihrer Partnerin während des Liebesakts erleichtern, Ihre Ejakulation zurückzuhalten. Nach Auffassung der Taoisten löscht das Wasser (die Vaginalflüssigkeit) das Feuer. Wenn Sie lernen, Ihren Drang zum Samenerguss besser zu beherrschen, wird dies kein Anlass zur Sorge mehr sein, da Sie imstande sein werden, Ihren Atem und Ihren Geist wirkungsvoller zur Beherrschung dieses Drangs einzusetzen, und dadurch den Rhythmus des Liebesakts weniger oft unterbrechen müssen.

Laden Sie Ihre Partnerin erotisch auf Kleben Sie bei der Befriedigung Ihrer Partnerin nicht stur an den Regeln. Die in diesem Abschnitt beschriebene Abfolge der Schritte zur Befriedigung einer Frau ist nicht die einzig mögliche. Sie orientiert sich am grundsätzlichen Erregungsmuster der Frau, aber nicht alle Frauen reagieren zu allen Zeiten so wie hier beschrieben. Bei einem »Quickie« kann es angebracht sein, direkt mit Oralsex zu beginnen. Mischen Sie die Techniken, und passen Sie sie der Situation an. Passen Sie sich den Wünschen Ihrer Partnerin und der Stimmung des Augenblicks an. Techniken können dazu beitragen, Ihre Partnerin zu befriedigen, aber Sie sollten den Rat beherzigen, den Herant Katchadourian in seinen *Fundamentals of Human Sexuality* gibt: »Eine uninspirierte Suche nach körperlichen ›Hebeln‹ und ›Knöpfen‹ führt zu mechanischem Sex; die Energie, welche die erotischen Stromkreise lädt, ist die Emotion.« Eine gute Kenntnis des Körpers Ihrer Partnerin ist unverzichtbar, aber es gibt keinen Ersatz für echte Zuwendung.

Stoßtechniken

Pornofilme zeigen uns zumeist Männer, die wild drauflosrammeln, bis sie ejakulieren. Da überrascht es nicht, dass die meisten Männer glauben, genau das werde von ihnen erwartet. In Wirklichkeit ist dieser Stoßrhythmus ein sicheres Rezept für einen schnellen Samenerguss und für geringen Genuss beider Partner. Die Taoisten erkannten, dass die richtige Stoßtechnik unverzichtbar für den Genuss am Liebesakt, für die Beherrschung der Ejakulation und für die sexuelle Gesundheit ist. Wichtiger als irgendeine bestimmte

Technik ist jedoch, dass man sich Zeit nimmt, die Partnerin zu erregen. Ein zu frühes Eindringen (bevor sie ausreichend feucht ist) sollte um jeden Preis vermieden werden. Selbst wenn sie ungeduldig darauf wartet, dass Sie eindringen, werden Ihre Ruhe und Verzögerung ihre Erwartung nur noch erhöhen und Ihnen helfen, Ihre Ejakulation zu kontrollieren.

Finden Sie Ihren eigenen Rhythmus Die Taoisten entwickelten zahlreiche verschiedene Stoßmuster, bei denen es zumeist darum ging, zwischen flachen und tiefen Stößen zu variieren (siehe Abbildung 20). Bei all diesen Methoden wurde vom Mann verlangt, vor jedem tiefen Stoß mehrmals nur ein kleines Stück einzudringen. Die in den meisten Fällen empfohlene Technik schrieb *neun flache und einen tiefen Stoß* vor. Wenn Sie gelernt haben, Ihre Ejakulation zu beherrschen, können Sie das Verhältnis auf sechs oder sieben flache gegenüber einem tiefen Stoß reduzieren.

Indem Sie zwischen flachen und tiefen Stößen wechseln, können Sie nicht nur länger durchhalten, sondern auch Ihre Partnerin zusätzlich erregen. Der tiefe Stoß drückt die gesamte Luft aus der Vagina und erzeugt dadurch ein Vakuum, das durch die seichten Stöße verstärkt wird. Vermeiden Sie, den Penis ganz aus der Scheide zu ziehen, da dies das Vakuum zerstören würde; ziehen Sie sich stattdessen so weit zurück, dass Sie etwa zwei bis drei Zentimeter in ihr bleiben. Ein multiorgastischer Mann sagt über seine neue Erfahrung: »Als ich das erste Mal etwas über diese taoistische Stoßtechnik las, glaubte ich überhaupt nicht, dass sie funktioniert. Aber mit dieser Technik kannst du die Frauen

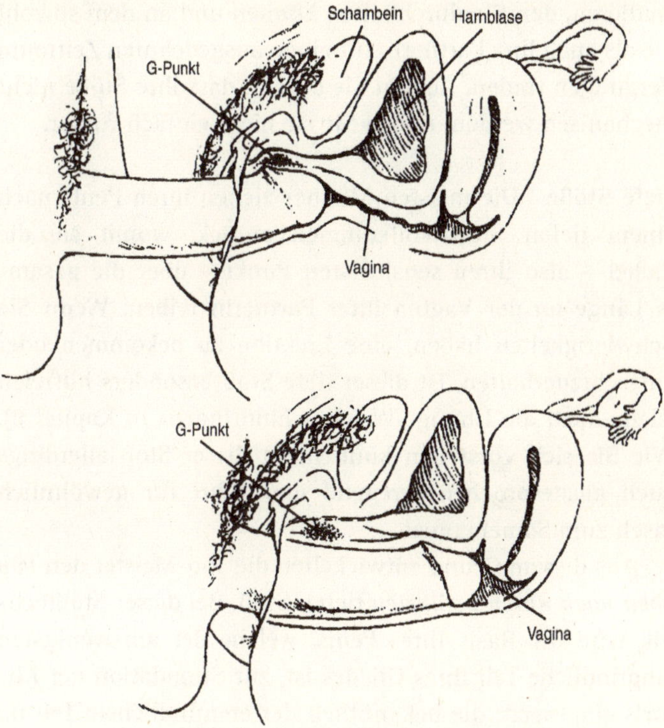

Abb. 20: Flache und tiefe Stöße

verrückt machen: Sie *lieben* diese Abwechslung zwischen flachen und tiefen Stößen. Sie kommen sehr viel schneller zum Orgasmus und können zwei oder drei haben, bevor ich zum ersten Mal zum Höhepunkt komme. Früher konnte ich es nicht lange genug aushalten, um eine Frau so weit zu bringen.«

Wichtiger als irgendeine bestimmte Anzahl von flachen und tiefen Stößen ist, dass Sie einen Grundrhythmus einstudieren, den Sie durchhalten können und an dem sowohl Sie als auch Ihre Partnerin für einen ausgedehnten Zeitraum Vergnügen finden. Achten Sie darauf, dass Ihre Stöße nicht mechanisch werden, reißen Sie sie nicht einfach runter.

Tiefe Stöße Die meisten Männer ziehen ihren Penis nach einem tiefen Stoß vollkommen zurück, womit sie die Eichel – also ihren sensibelsten Punkt – über die gesamte Länge an der Vagina ihrer Partnerin reiben. Wenn Sie Schwierigkeiten haben, eine Erektion zu bekommen oder aufrechtzuerhalten, ist dieser tiefe Stoß besonders hilfreich (siehe auch die Übung »Weiches Eindringen« in Kapitel 8). Wie Sie sich vorstellen können, ist dieser Stoß allerdings auch ausgesprochen erregend und führt für gewöhnlich rasch zum Samenerguss.

Aus diesem Grund entwickelten die Tao-Meister den *von oben nach unten geführten* tiefen Stoß. Bei dieser Stoßtechnik wird die Basis Ihres Penis, welche der am wenigsten empfindliche Teil Ihres Gliedes ist, zur Stimulation der Klitoris eingesetzt, die bekanntlich der empfindlichste Teil im Genitaltrakt der Frau ist (siehe Abbildung 21). Diese Technik erleichtert das Hinauszögern der Ejakulation erheblich. Anstatt den Penis zurückzuziehen, können Sie tief in Ihrer Partnerin bleiben und wiederholt auf und ab stoßen. Das ist besonders wichtig, wenn die Frau gerade kurz vor dem Orgasmus steht und Sie tief in sich spüren will, Sie jedoch gleichzeitig kurz davor sind zu kommen.

Denken Sie daran, dass die Distanz der Klitoris von der Vagina von Frau zu Frau verschieden ist. Dies könnte einer der Gründe dafür sein, dass manche Frauen beim Koitus

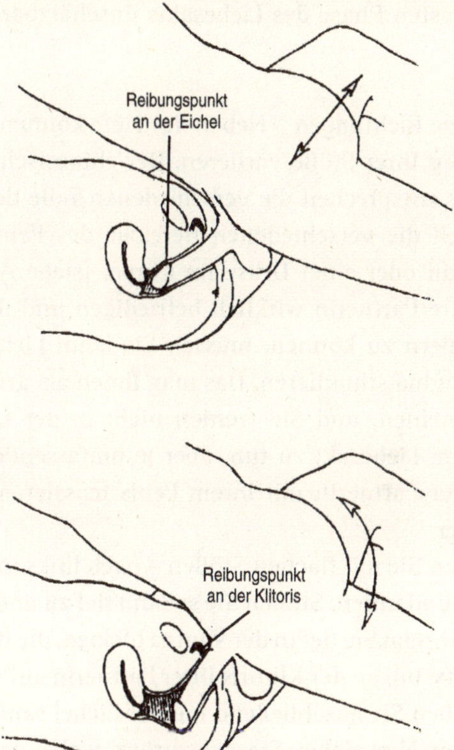

Abb. 21: Verschiedene Stoßrichtungen:
hinein und heraus oder auf und ab

leichter zum Orgasmus kommen als andere. Bei manchen Frauen können Sie die Klitoris stimulieren, indem Sie einfach den von oben nach unten geführten tiefen Stoß durchführen, bei anderen werden Sie mit den Fingern nachhelfen müssen. Aber in jedem Fall wird Ihnen diese Stoßtechnik in der intensivsten Phase des Liebesakts unschätzbare Dienste erweisen.

Verschiedene Richtungen Neben der Tiefe können Sie auch die Richtung Ihrer Stöße variieren. Der chinesischen Medizin zufolge entsprechen die verschiedenen Teile der Vagina so wie auch die verschiedenen Bereiche des Penis jeweils einem Organ oder einer Drüse im Körper (siehe Abbildung 22). Um Ihre Partnerin wirklich befriedigen und ihre Energie vergrößern zu können, müssen Sie beim Liebesakt die gesamte Vagina stimulieren. Das mag Ihnen als großer Aufwand erscheinen, und Sie werden nicht in der Lage sein, es bei jedem Liebesakt zu tun, aber je umfassender Sie die Vagina Ihrer Partnerin mit Ihrem Penis massieren können, desto besser.

Beginnen Sie mit flachen Stößen – nach links und rechts, nach oben und unten. Stoßen Sie sodann tief zu und verwenden Sie, während Sie tief in der Vagina bleiben, die Basis Ihres Penisschafts, um an der Klitoris Ihrer Partnerin auf und ab zu reiben. Reiben Sie anschließend mit der Eichel sanft an ihrer Gebärmutter. Nun ziehen Sie sich zurück, wobei der Penis so angewinkelt sein sollte, dass er starken Stimulationsdruck auf die Scheidenwände ausübt. (Haben Sie einmal gelernt, zwischen flachen und tiefen Stößen abzuwechseln, so können Sie es auch mit Stößen mittlerer Tiefe versuchen.) Denken Sie daran: Bei jeder Frau liegen die sensibelsten Punkte anders, wodurch Stöße in verschiedene Richtungen die Chance erhöhen, Ihre Partnerin zu befriedigen.

Neben Tiefe und Richtung können Sie auch die Stoßgeschwindigkeit variieren. Im siebzehnten Jahrhundert

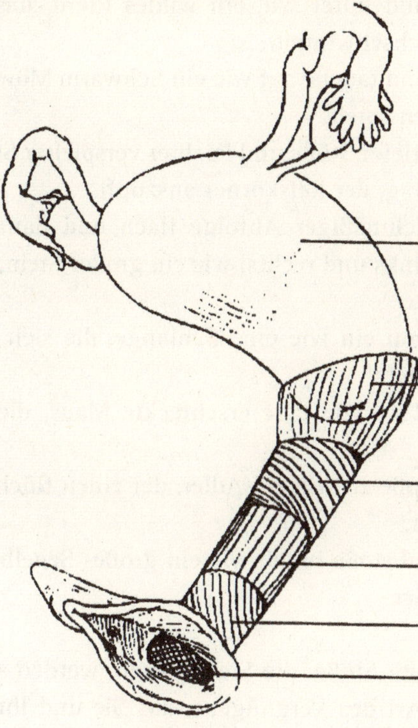

Abb. 22: Reflexzonen der Vagina

verfasste der Arzt Li Tung-hsüan Tzu eine Poesie der neun verschiedenen Stöße, die Ihrer Partnerin eine Vielfalt von Stoßtiefen, -richtungen und -geschwindigkeiten bieten:

1. Stoße nach rechts und links wie ein tapferer General, der die Reihen des Feindes durchbricht. (Die Vorstellung vom Kampf der Geschlechter war auch der taoistischen Sexuallehre nicht völlig fremd.)

2. Tauche auf und unter wie ein wildes Pferd, das einen Bergfluss durchschwimmt.
3. Stoße hinab und tauche auf wie ein Schwarm Möwen, der auf den Wellen spielt.
4. Bediene dich tiefer Stöße und leichter verspielter Streiche, wie ein Sperling, der Reiskörner auszupft.
5. Stoße in gleichmäßiger Abfolge flach und dann tiefer hinab (nach links und rechts) wie ein großer Stein, der im Meer versinkt.
6. Dringe langsam ein wie eine Schlange, die sich in ihre Höhle schlängelt.
7. Stoße schnell zu wie eine erschreckte Maus, die in ihr Loch flieht.
8. Kreise und stoße zu wie ein Adler, der einen flüchtenden Hasen schlägt.
9. Steige auf und stoße hinab wie ein großes Segelboot auf stürmischer See.

Die verschiedenen Stöße, die Sie erlernen, werden schließlich – je nach Art des Vergnügens, das Sie und Ihre Partnerin anstreben – zu einem eigenen Beckenrhythmus verschmelzen.

Die hohe Kunst des »Schraubens«

Die meisten Männer stimulieren mit ihren Stößen nur einen kleinen Bereich der Vagina ihrer Partnerin. Aus diesem Grund beruht die hohe Kunst des sexuellen Kung-Fu eher auf einem »Schrauben« als auf einem »Stoßen«. Das Wort *schrauben* beschreibt durchaus genau die spiralförmige Bewegung, die das Tao dem Mann vorschlägt, um der Partne-

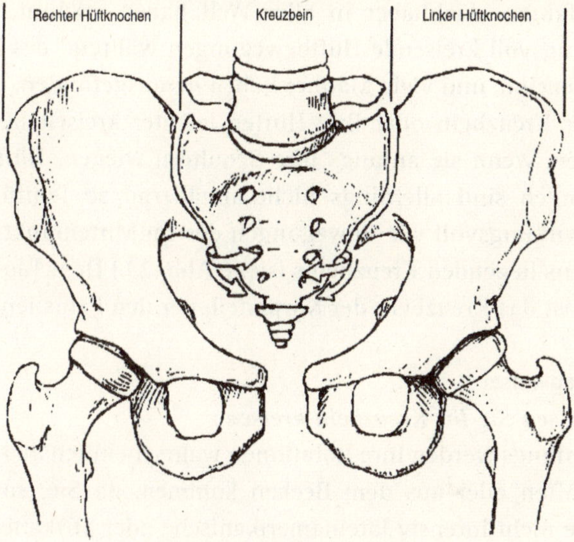

Abb. 23: Kreuzbeinkreisen

rin (und sich selbst) höchsten Genuss zu verschaffen. Anstatt den Penis hineinzustoßen und zurückzuziehen, sollten Sie Ihre Hüften oder im Idealfall Ihr Kreuzbein in Halbkreisen »schrauben«, das heißt, zunächst in eine und dann in die Gegenrichtung kreisen lassen. Ein multiorgastischer Mann erläutert seine Technik: »Ich gehe mit einer kreisenden Bewegung hinein und komme mit einer kreisenden Bewegung heraus. Ich spiele erst mit der einen und dann mit der anderen Seite. Ich dringe erst flach und dann tiefer ein, spiele erst mit der einen und dann mit der anderen Seite. Und dann vollziehe ich viele weitere Kreise. Und ich habe herausgefunden, dass viele Frauen diese Bewegungen lieben, besonders wenn sie ihre späteren Orgasmen erreichen.«

Erfahrene Liebhaber in aller Welt haben erkannt, wie wirkungsvoll kreisende Hüftbewegungen während des Liebesakts sind, und viele Männer haben herausgefunden, dass sie ihr Kreuzbein oder ihre Hüften leichter kreisen lassen können, wenn sie anfangs ihre Schultern wiegen. Hüftbewegungen sind allerdings nicht annähernd so feinfühlig und wirkungsvoll wie Bewegungen des im Mittelpunkt des Beckens liegenden Kreuzbeins (siehe Abb. 23.) Dem Tao zufolge ist das Kreuzbein der Körperteil, der den Penis lenkt.

☛ **Wegweiser**

Lassen Sie Ihr Kreuzbein kreisen

Anfangs werden Ihre Rotationen wahrscheinlich aus den Hüften oder aus dem Becken kommen, da Sie, sofern Sie nicht intensiv lateinamerikanische oder afrikanische Tänze praktizieren, kaum daran gewöhnt sein dürften, Ihr Kreuzbein kreisen zu lassen. Lassen Sie sich Zeit. Schließlich wird es Ihnen gelingen, Ihren Penis mit subtilen Bewegungen Ihres Kreuzbeins spiralförmig »hineinzuschrauben«. Um Ihr Kreuzbein zu isolieren, legen Sie eine Hand auf Ihr Schambein und die andere auf das Kreuzbein. Versuchen Sie nun, spiralförmig zu kreisen, erst links- und dann rechtsherum. Versuchen Sie als nächstes, den Penis nach oben zu richten, indem Sie das Steißbein (das Ende des Kreuzbeins) nach vorne drücken (wobei Sie den Rücken leicht krümmen). Sodann versuchen Sie, den Penis nach unten zu neigen, indem Sie das Steißbein nach hinten drücken (wobei Sie das Rückgrat leicht wölben). Wenn Sie Ihr Kreuzbein frei bewegen können, beherrschen Sie das Schrauben.

Im Tao heißt es, dass sich ein Nagel (der gerade eindringt) leicht aus einem Brett löst, während eine Schraube für lange Zeit darin verankert ist. Elvis Presley setzte das Beckenkreisen (oder eigentlich: Kreuzbeinkreisen) in seinen ungeheuer wirkungsvollen und populären Bühnenauftritten ein. Sie werden ähnlichen Applaus im Schlafzimmer erhalten, wenn Sie diese Technik einmal beherrschen.

Es gibt sogar noch Raum für den altbekannten harten Stoß, der die Bettfedern quietschen lässt – wenn Ihre Partnerin Vergnügen an sehr tiefer Penetration hat und wenn Sie sich sehr gut kontrollieren können. Ein multiorgastischer Mann erklärt: »Nach einer Weile, wenn sie bereits entspannt ist, mag meine Freundin ganz gern harte Stöße. Wenn man zu früh damit beginnt, kann es ein wenig schmerzhaft sein. Also gehe ich im Lauf der Nacht, wenn ihre Leidenschaft wächst, zu härteren Stößen über. Wenn es mir zu viel wird, muss ich tief durchatmen und, sofern es absolut notwendig wird, den Penis herausziehen, um Zunge und Finger einzusetzen.« Einer der Vorteile des Kondoms – wir werden ihn im Abschnitt »Bevor Sie loslegen: Einige Worte über Safersex« später in diesem Kapitel noch eingehend behandeln – besteht darin, dass es Ihren Penis unsensibler macht und Ihnen damit die Möglichkeit gibt, sich länger zu beherrschen, insbesondere dann, wenn Ihre Partnerin möchte, dass Sie fest und tief stoßen. Sie müssen jedoch darauf achten, Ihre Leiste unter Kontrolle zu halten und Ihre Erregungskurve zu beobachten.

Je mehr Sie üben, desto größer wird Ihre Kontrolle, und desto seltener werden Sie sich zurückziehen müssen. Ein multiorgastischer Mann erklärt, was er tut, wenn er den

»Point of no return« erreicht: »Wenn ich Verkehr habe und fühle, dass ich bald komme, versuche ich, richtiggehend in meinen Körper hineinzuhorchen und meiner Partnerin mitzuteilen, an welchem Punkt ich bin und wie weit der Orgasmus noch entfernt ist. Und wenn ich dann wirklich kurz vor dem Höhepunkt stehe, höre ich auf und praktiziere die tiefe und regelmäßige Atmung, wodurch sich mein Körper wieder entspannt.«

Es ist immer besser, mit langsamen Stößen oder Spiralbewegungen zu beginnen. (Die taoistische Praxis steht in krassem Gegensatz zu der eiligen, kurzen und selbstsüchtigen Form von Sexualität, die in einer amerikanischen Redewendung ihre treffende Beschreibung findet: »Wham, bam, thank you, ma'am.«) Wie alle physischen und geistigen Praktiken erfordert auch der Liebesakt sowohl Methode als auch Innovation. Ihr Interesse sollte beidem gelten: einer allgemeinen Methode des genussvollen Stoßens und Schraubens und einer Vielzahl spontaner Abwandlungen von Tiefe, Geschwindigkeit und Richtung.

Der »große Zug« für zwei

Wir haben die Technik des »großen Zugs« bereits in Kapitel 3 vorgestellt. Nun wollen wir Ihnen erläutern, wie Sie diese Technik gemeinsam mit Ihrer Partnerin anwenden können. Beim »großen Zug« während des Liebesakts werden Sie beide versuchen, Ihre Orgasmen in Ihrem Inneren zu vervielfachen und auszuweiten. In der Übung zur »Verschmelzung der Seelen«, die wir später in diesem Kapitel beschreiben werden, werden Sie zusätzlich lernen, sexuelle Energie mit Ihrer Partnerin auszutauschen, aber fürs Erste wollen wir einfach nur lernen, wie man die sexuelle Energie im eigenen Körper zirkulieren lassen kann.

Wir haben dieses Verfahren in seine aufeinander folgenden Phasen aufgegliedert, so dass Sie es leichter erlernen können. Wenn Sie es jedoch gemeinsam mit Ihrer Partnerin anwenden, sollten die einzelnen Phasen zu einer flüssigen und harmonischen Erfahrung verschmelzen.

Angesichts all der genussvollen Empfindungen und der wachsenden Lust, die Sie und Ihre Partnerin erleben, scheint es anfangs schwierig, den Samenerguss zurückzuhalten. Sie sollten daher stets daran denken, dass Sie Ihren Körper nicht von heute auf morgen in dieser Praxis schulen können. Jedes Mal, wenn Sie das Verfahren erfolgreich anwenden, wird Ihnen die Aufgabe leichter fallen.

Zwischen dem Zeitpunkt, da Sie Erregung zu spüren beginnen, und dem Zeitpunkt, da der Orgasmus unmittelbar bevorsteht, liegt die Phase für das Emporziehen der Energie. Wenn Sie zu lange damit warten, gelingt es Ihnen möglicherweise nicht mehr, das Ausströmen der Energie zu verhindern. Wenn Sie gelernt haben, den Orgasmus vom Samenerguss zu trennen, können Sie während der Genitalkontraktionen in der Kontraktionsphase die Energie emporziehen und den Orgasmus auf Ihren ganzen Körper ausweiten.

Wenn Sie Schwierigkeiten haben, die Energie in Ihren Kopf emporzuziehen, sollten Sie sie zuerst ins Steißbein ziehen und von dort ins Kreuzbein fließen lassen, von wo aus Sie sie in den Nabel ziehen können. Sobald sich die Energie dort gesammelt hat, können Sie versuchen, sie den restlichen Weg in den Kopf emporzuheben.

Sprechen Sie mit Ihrer Partnerin Die Praktiken des sexuellen Kung-Fu wirken anfangs vielleicht etwas unbeholfen und stören den Liebesakt. Aber sie werden bald zu einem natürlichen Bestandteil eines weniger rasenden, dafür jedoch sehr viel bedeutsameren und genussvolleren Liebesspiels. Doch bis dahin brauchen Sie die Unterstützung und Geduld Ihrer Partnerin. Erklären Sie ihr, was Sie tun. Ein multiorgastischer Mann erinnert sich: »Meine Freundin reagierte sehr offen und positiv. Ihre Reaktion wurde sicher dadurch beeinflusst, dass unser Sex rasch schöner wurde. Selbstverständlich übte ich auch oft alleine, so dass ich unser Liebesspiel immer seltener unterbrechen musste, um den Samenerguss zurückzuhalten. Um das Verständnis meiner Partnerin zu gewinnen, musste ich ihr natürlich erklären, was ich da machte.«

☞ **Übung 12**

Der »große Zug« während des Liebesakts

BLICKEN SIE SICH AN Wenn Sie beide sehr erregt sind, halten Sie inne, und umarmen Sie sich. Sehen Sie einander tief in die Augen. Blicken Sie tief ins Innere Ihrer Partnerin, und drücken Sie mit Ihrem Blick die Tiefe Ihrer Liebe aus. Indem Sie die Augen geöffnet halten, erleichtern Sie auch den Aufstieg der Energie. Übertragen Sie über Ihren Blick und Ihre Lippen, über Ihre Handflächen und über die Oberfläche Ihrer Haut Energie aufeinander.

STOSSEN UND SCHRAUBEN SIE Ist Ihre Partnerin sehr erregt, so reiben Sie mit der Eichel Ihres Penis an ihren inneren Schamlippen und vor allem an ihrer Klitoris. Dass sie bereit ist, erkennen Sie daran, dass ihre Schamlippen und ihre Klitoris geschwollen sind und dass die Scheide sehr feucht wird. Dringen Sie langsam in sie ein. Am besten beginnen Sie mit neun flachen und einem tiefen Stoß. (Denken Sie daran, dass dies eine generelle Richtschnur und keine Regel ist.)

KONTRAHIEREN SIE Spannen Sie, noch während Sie in Ihrer Partnerin sind, die Eichel und den Penisschaft sowie den PC-Muskel ein wenig an. Setzen Sie Ihren Geist und Ihre Beckenmuskeln ein, um diese »runden« Muskeln zusammenzupressen. Wenn nötig, verwenden Sie Ihre Finger, um die Basis Ihres Penis zu pressen.

HALTEN SIE INNE Wenn Sie spüren, dass Sie dem Orgasmus nahe sind, ziehen Sie sich zurück, so dass nur noch etwa zwei bis vier Zentimeter Ihres Penis (also im Wesentlichen die Eichel) in der Scheide Ihrer Partnerin stecken. Lassen Sie Ihre Partnerin wissen, dass Sie kurz vor dem Kommen sind und sie kurz unterbrechen muss. (Ganz herausziehen sollten Sie Ihr Glied nur, wenn es absolut notwendig ist.)

ZIEHEN SIE Pressen Sie Ihren After zusammen, und setzen Sie Ihren Geist ein, um die Energie aus der Penisspitze durch Damm und Steißbein entlang der Wirbelsäule in den Kopf emporzuziehen (vgl. dazu die Beschreibung von »kaltem Zug« und »großem Zug« in Kapitel 3). Auf diese Art wird sich die orgastische Energie aus Ihren Genitalien verteilen und den Drang zur Ejakulation verringern, während sich Ihr Orgasmus von einem Genitalorgasmus zu einem Ganzkörperorgasmus ausweitet.

ENTSPANNEN SIE SICH Durch die Entspannung können sich die Blutgefäße in Ihrem Penis ausdehnen, und Sie können mehr sexuelle Energie mit Ihrer Partnerin austauschen. Ihre Erektion lässt möglicherweise etwas nach, wodurch das mit Hormonen beladene Blut zurückfließen und den übrigen Körper stärken kann. Darüber hinaus kann neues Blut in den Penis fließen, wenn er erneut steif wird. Halten Sie einander weiterhin umschlungen, küssen Sie einander, und tauschen Sie Energie aus. Wenn Sie beide bereit sind, können Sie fortfahren, zu stoßen und zu schrauben und den »großen Zug« so lange zu wiederholen, bis Sie beide vollkommen befriedigt sind.

Sie können Ihre Partnerin anregen, Kapitel 6 zu lesen, aber wenn dafür die Zeit zu kurz oder die Leidenschaft zu groß ist, können Sie ihr mittendrin erklären, was Sie tun. Ein multiorgastischer Mann erläutert: »Wenn wir im Bett sind, sage ich: ›Gleich musst du mir vielleicht helfen, wenn's zu heiß wird; dann werde ich kurz unterbrechen.‹ Ich erkläre der Frau, warum ich mich so verhalten werde und welcher Gedanke dahintersteht. Ich habe die Erfahrung gemacht, dass die Frauen das respektieren, dass sie gerne etwas über diese Praktiken hören und sie aufregend finden.«

Sie müssen mit Ihrer Partnerin sprechen, um ihr die Möglichkeit zu geben, Sie zu unterstützen. Ein multiorgastischer

Mann erzählt: »Wenn ich merke, dass ich jetzt wirklich bald losschießen werde, muss ich häufiger das Tempo drosseln, tief durchatmen und die Übung machen. Dann erkläre ich den Frauen, was ich tue und warum ich es tue, warum es wichtig für mich und für uns beide ist. Bevor ich erkläre, was ich tue, sagen viele Frauen, wenn ich kurz vor dem Höhepunkt bin: ›Es ist in Ordnung, komm ruhig, komm. Ich mag es, wenn du kommst.‹ Dann sage ich: ›Du bist klasse, aber ich will jetzt nicht kommen. Denn ich will nicht gleich danach einschlafen. Ich will Spaß haben. Ich will meine Energie aufsparen.‹ Und dann verstehen sie schon, warum ich mich ab und zu zurückziehen muss, um ein paar tiefe Atemzüge zu machen.«

Stellungen

Die Taoisten waren sehr erfinderisch, was neue und interessante Liebesstellungen anbelangte. Aber für die Taoisten dienten diese Stellungen nicht nur der Abwechslung. Vielmehr hatte jede von ihnen eine energiespendende und heilende Funktion. Tao-Anhänger wissen darum, dass die in der Sexualität ausgedrückte Liebe die wirkungsvollste Medizin ist, und ein taoistischer Arzt kann bei einer bestimmten Krankheit mehrere Wochen intensiven Geschlechtsverkehr in einer bestimmten Position verschreiben. Wenn Sie die verschiedenen Stellungen mit Ihrer Partnerin ausprobieren und zur Selbstheilung anwenden wollen, so finden Sie eine Beschreibung in Mantak und Maneewan Chias Buch *Tao Yoga der heilenden Liebe*. Wir wollen hier nur die grundlegendsten und wichtigsten Stellungen beschreiben und einige allgemeine Ratschläge dazu geben. Diese Stel-

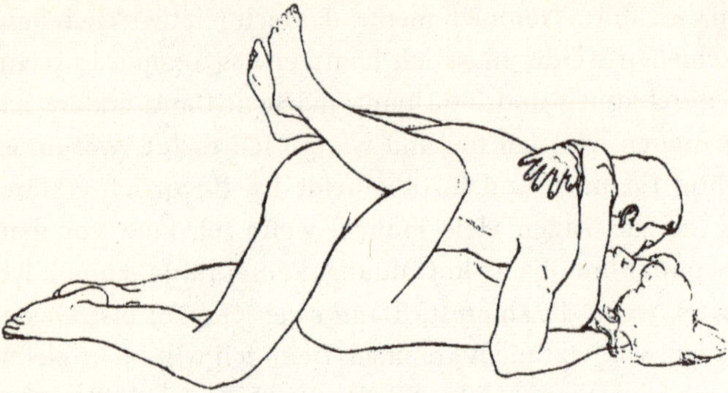

Abb. 24: »Missionarsstellung«

lungen sind von außerordentlich großem Nutzen, wenn es gilt, verschieden große Körper und Geschlechtsteile aufeinander abzustimmen und verschiedene sexuelle Reizzonen zu stimulieren. Wenn das gegenseitige Verständnis für den sexuellen Genuss bei Ihnen und Ihrer Partnerin ein hohes Niveau erreicht hat, werden Sie in der Lage sein, Stellungen auszusuchen, die sowohl Ihren Vorlieben als auch denen Ihrer Partnerin entgegenkommen.

☛ Wegweiser

Grundlegende Hinweise

Bevor wir uns mit bestimmten Stellungen beschäftigen, wollen wir Ihnen zwei allgemeine Hinweise geben, die es Ihnen erleichtern werden, die der Stimmung des Augenblicks angemessene Stellung auszuwählen.

1. Zur Entspannung und zur Herstellung von Harmonie mit Ihrer Partnerin sollte jeder Körperteil sein Gegenstück berühren: Mund an Mund, Hände an Hände, Genitalien

an Genitalien. Um einander zu stimulieren, sollten Sie ungleiche Körperteile aneinanderlegen: Lippen und Ohr, Mund und Genitalien, Genitalien und After.

2. Die Person, die sich bewegt (normalerweise jene, die oben liegt oder sitzt), spendet der anderen mehr Energie. Die untere Person kann sich ebenfalls bewegen, um die Bewegung der obenliegenden Person zu ergänzen. Auf diese Art kann das *Chi* schneller verteilt, in Umlauf gebracht und ausgetauscht werden. In der westlichen Welt herrscht die Vorstellung, die Person, die obenauf liege, habe eine beherrschende Position inne. Wie sehr unterscheidet sich davon die taoistische Auffassung, die Person, die sich obenauf befinde, diene eigentlich der anderen, indem sie ihr die meiste heilende Energie zukommen lasse. Nicht Macht, sondern Leidenschaft und Gesundheit sind die Dinge, denen die Aufmerksamkeit des taoistischen Weisen gilt.[1] Orientieren Sie sich in Ihrem Liebesleben an diesen Leitlinien, damit Sie und Ihre Partnerin harmonieren und sich aneinander erfreuen, damit Sie heilen und geheilt werden.

Der Mann oben Schon bevor die Missionare in China eintrafen, waren die Taoisten mit der Stellung vertraut, in welcher der Mann auf der Frau liegt und sich mit seinen Händen oder Ellbogen abstützt. Einer der wichtigsten Vorzüge dieser Stellung besteht darin, dass Sie und Ihre Partnerin einander in die Augen blicken und leidenschaftliche Küsse austauschen können. Die Position Gesicht an Gesicht ist emotional sehr befriedigend und bringt alle fünf Sinnesorgane der Partner (Augen, Zunge, Ohr, Nase und Haut) in direkten Kontakt miteinander. Diese Organe, insbesondere die Zunge und die Augen, sind wesentliche Träger der Lebenskraft (vergleichen Sie dazu auch »Sexualisierung des Geistes« weiter hinten in diesem Kapitel).

In dieser Stellung kann Ihre Partnerin mit der Hand an Ihrem Rückgrat entlanggleiten, um Ihnen dabei zu helfen, Ihre Energie in den Kopf emporzuziehen. Auch sind in dieser Stellung viele Ihrer Körperteile – Beine, Bauch, Brustkorb usw. – in Kontakt miteinander, und Ihr auf dem Schambein und den Brüsten Ihrer Partnerin lastendes Gewicht kann zu ihrer schnellen Erregung beitragen. In dieser Position können Sie auch Ihre Stoß- und Schraubtechniken anwenden, um Ihre Partnerin zu befriedigen und gleichzeitig Ihre eigene Erregung zu beherrschen.

Die wesentlichen Nachteile dieser Stellung liegen darin, dass Sie dabei Ihre Hände normalerweise brauchen, um sich abzustützen, und so der G-Punkt Ihrer Partnerin fast völlig umgangen wird – es sei denn, Sie kippen Ihr Kreuzbein und bringen Ihren Penis in den richtigen Winkel. Dieses Problem können Sie bewältigen, indem Sie Ihre Partnerin dazu bewegen, ein Kissen unter ihr Gesäß zu legen, wodurch ihr Becken nach hinten gekippt wird. Denselben Effekt erzielen Sie, indem Ihre Partnerin ihre Beine über Ihre Arme oder Schultern legt und Ihnen damit ein tieferes Eindringen ermöglicht. Je höher die Beine nach oben gedrückt werden, desto tiefer wird die Penetration. Das ist insbesondere dann von Nutzen, wenn Ihre Partnerin eine relativ große Vagina und Sie einen relativ kleinen Penis haben.

Denken Sie daran, dass nach der Lehre des Taoismus der

Mann wie Feuer und die Frau wie Wasser ist. Da eine Frau länger bis zum Siedepunkt braucht, ist es vielfach von Vorteil, wenn der Mann oben beginnt. Wenn die Lust der Frau den Siedepunkt erreicht und das Feuer des Mannes zu löschen droht (was bedeutet, dass er ejakuliert), sind Sie gut beraten, in die Stellung »Frau oben« zu wechseln, in der sich der Mann leichter konzentrieren kann. In dieser Stellung muss die Frau allerdings bereit sein innezuhalten, wenn sich der Mann auf den Punkt zubewegt, an dem es kein Zurück mehr gibt.

Die Frau oben In dieser Stellung liegt der Mann auf dem Rücken, und die Frau sitzt auf ihm. Die meisten Männer machen die Erfahrung, dass sie in dieser Position am leichtesten lernen können, ihren Samenerguss unter Kontrolle zu halten und multiorgastisch zu werden. Der Grund dafür ist, dass man in dieser Stellung seine Beckenmuskeln entspannen und seine ganze Aufmerksamkeit auf die Erregungskurve lenken kann. Auch die Schwerkraft erleichtert die Ejakulationskontrolle, und der Mann kann sich darauf konzentrieren, die Energie durch seine Wirbelsäule in den Kopf zu ziehen.

Auch kann Ihre Partnerin in dieser Stellung Ihren Penis zu den sensibelsten Stellen in ihrer Vagina einschließlich des G-Punkts lenken. Das ist einer der Gründe dafür, dass viele Frauen in dieser Position am leichtesten (multi)orgastisch werden. Ihre Partnerin kann die Eichel im sensibelsten Außenbereich ihrer Scheide halten, wenn sie oben sitzt, obwohl der Penis tiefer in den engeren Innenbereich vordringen will – womit natürlich auch der Samenerguss schneller

Abb. 25: Stellung »Frau oben«

herbeigeführt würde. In dieser Position kann Ihre Partnerin ihr Kreuzbein in Spiralen kreisen lassen, so dass Ihr Penis in jeder beliebigen Tiefe und in jeder Richtung an ihren Scheidenwänden reibt.

Sie können auch Ihre Finger besser zur Stimulation der Klitoris und zur Beschleunigung ihres Orgasmus einsetzen. Ein weiterer Vorteil ist, dass Sie an ihren Brüsten lutschen oder spielen können. Den alten Tao-Meistern zufolge trinken Sie die sexuelle Energie Ihrer Partnerin aus ihren Lippen, Scheide und Brüsten.

Diese Stellung ist auch besonders vorteilhaft, wenn der Mann erheblich größer als die Frau ist oder zu schnellem Samenerguss neigt oder wenn die Frau hochschwanger ist (auf diese Art wird ihr Bauch nicht gequetscht). Ältere Männer und Frauen mit Herzproblemen ziehen diese Stellung ebenfalls vor, da sie keinen großen Kraftaufwand erfordert.

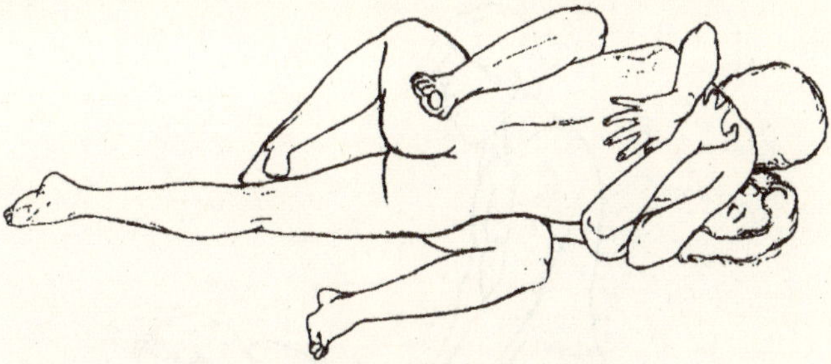

Abb. 26: Stellung »Seite an Seite«

Seite an Seite Diese Stellung verlangt von beiden Partnern einen relativ geringen Krafteinsatz, weshalb sie sich für die fortgeschrittenen Phasen des Liebesspiels eignet. Es bedarf einiger Übung, um diese Stellung einzunehmen, und einiger Koordination, um sie aufrechtzuerhalten. Daher eignet sie sich vor allem für Paare, die sehr vertraut miteinander sind. Am einfachsten beginnen Sie vielleicht damit, dass Sie sich auf Ihre Partnerin legen und dann nach rechts oder links in die Position »Seite an Seite« rollen. Nicht nur, dass diese Stellung keine große Mühe erfordert: Sie hat auch den Vorteil, dass Sie einander Auge in Auge gegenüberliegen und am ganzen Körper Kontakt haben. Beides erlaubt Ihnen einen größeren Energieaustausch. Allerdings kann die Stellung unangenehm oder unbeholfen sein, wenn Ihre Körperbewegungen nicht gut mit denen Ihrer Partnerin synchronisiert sind. Dazu kommt, dass der Penis nicht sehr tief eindringen kann.

Mann von hinten Auf diese Art tun es die Tiere, bei denen es im Wesentlichen um die Befruchtung geht. Und sie tun es

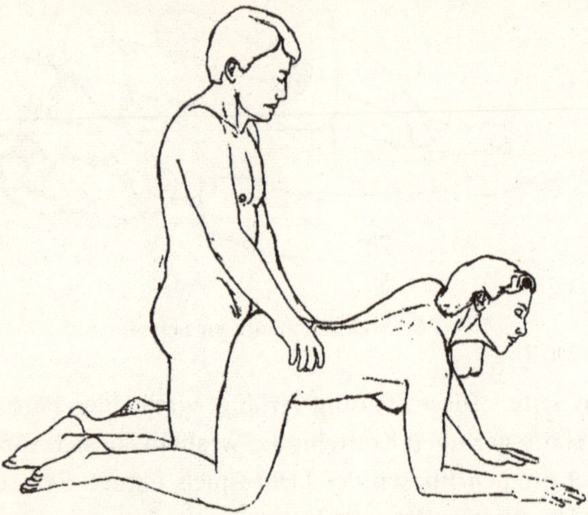

Abb. 27: Stellung »Mann von hinten«

mit gutem Grund so. In dieser Stellung fühlt sich die Scheide Ihrer Partnerin besonders eng an, was die Ejakulationskontrolle erschwert. Daher ist zu dieser Position am ehesten zu raten, wenn Sie weniger erregt sind oder die Ejakulation bereits sehr gut unter Kontrolle haben. Dass Ihre Partnerin in dieser Stellung besonders eng wirkt, liegt daran, dass Sie tief eindringen können. Aus diesem Grund bevorzugen Frauen, die Gefallen an einer besonders tiefen Penetration finden, diese Stellung. Ihre Partnerin kann die Tiefe der Stöße beeinflussen, indem sie den Winkel ihrer Haltung ändert: Je weiter sie sich nach vorne beugt, desto tiefer können Sie eindringen. Diese Position eignet sich besonders für Männer mit kleinerem Penis oder Frauen mit größerer Vagina. Auch ermöglicht sie eine direkte Stimulation des G-Punkts, während die Klitoris eher indirekt stimuliert wird – ein Manko, das Sie jedoch mit Ihren Fingern beheben können.

Sexualisierung des Geistes

Es ist kein Geheimnis, dass die meisten Menschen die Erfahrung von Transzendenz eher im Schlafzimmer als in der Kirche, in der Synagoge, in der Moschee oder im Tempel machen. Der Liebesakt gibt uns die Möglichkeit, die Grenzen unserer physischen Existenz zu überschreiten, mit einem anderen Menschen zu verschmelzen und – in einigen seltenen Augenblicken – mit dem Universum eins zu werden.

Dem Tao zufolge sind Himmel und Erde ständig sexuell vereint, wodurch sie einander ausgleichen und Harmonie erreichen. Wenn wir Liebe machen, können wir die Energie des Universums erschließen. Stefan Siegrist, der Healing Tao unterrichtet, sagt: »Mit Hilfe der taoistischen Sexuallehre kann man die verlorene Harmonie (das spirituelle ›Einssein‹) mit der Natur und dem Universum, über die in Philosophie und Religion so oft gesprochen wird, wiederherstellen.« Anders als einige andere Religionen hält der Taoismus Sexualität und Spiritualität für untrennbar. Die Spiritualität ist Teil der körperlichen Existenz, und der Geist durchdringt die gesamte physische Welt einschließlich unseres Körpers.

Dem Tao zufolge besitzt jeder von uns drei einander überschneidende Arten von Energie. In diesem Buch arbeiten wir in erster Linie mit der am stärksten körperbezogenen Energie: das ist unser *Ching-chi*, unsere sexuelle Energie. Aber wenn wir diese sexuelle Energie kultivieren, wird sie in *Chi* oder bioelektrische Energie umgewandelt (wie in Kapitel 2 beschrieben), die sich dann im ganzen Körper ausbreitet. Diese Energie wiederum lässt sich in *Shen* oder geistige Energie umwandeln. Alle drei Energieformen stehen in Beziehung zueinander und sind mit dem Körper verbunden. In diesem Abschnitt werden Sie lernen, sexuelle Energie mit Ihrer Partnerin auszutauschen und umzuwandeln. Diese Technik wird Ihnen helfen, Ihren Orgasmus von einer rein körperlichen Erfahrung zu einer geistigen zu erweitern und Ihre Seelen wirklich miteinander zu verschmelzen.

☞ Übung 13

Verschmelzung der Seelen
(Austausch sexueller Energie)

ERWEITERN Die in diesem Kapitel beschriebenen Techniken zum Erregen, Stoßen und Schrauben werden Ihre sexuelle Energie und die Ihrer Partnerin so erweitern, dass sie zirkulieren kann. Je feuchter eine Frau ist, desto mehr *Yin*-Energie besitzt sie. Wie wir zuvor erwähnt haben, können Sie ihr *Yin* durch Oralsex oder aus den Brüsten Ihrer Partnerin direkt trinken. Das ist wichtig, wenn Sie und im Idealfall auch Ihre Partnerin die Energie nach oben gezogen haben und durch Ihre Körper (durch Ihre kleinen Energiekreisläufe) zirkulieren lassen.

UMARMEN Umarmen Sie Ihre Partnerin, wobei Sie Gesicht zu Gesicht liegen. Ist die Frau wesentlich leichter oder schwächer, so liegt sie oben. Ansonsten ist es unerheblich, welcher der Partner oben liegt. Nehmen Sie sich Zeit, einander tief in die Augen zu blicken. Tauschen Sie durch Ihre Blicke Liebe und Energie aus.

ATMUNG Für den Austausch des *Chi* bedarf es einer Koordination der Atmung. Legen Sie jetzt, nachdem Sie das Stoßen oder Schrauben beendet haben und Ihre Partnerin eng umschlungen halten, Ihre Nase ans Ohr Ihrer Partnerin und Ihr Ohr an die Nase Ihrer Partnerin. So können Sie die Atmung Ihrer Partnerin besser hören und umgekehrt. Gehen Sie nun dazu über, Ihre Atmung zu synchronisieren: Sie können beide gleichzeitig ein- und ausatmen, oder Sie können immer dann einatmen, wenn Ihre Partnerin ausatmet. Konzentrieren Sie Ihre Gedanken aufeinander, und verfolgen Sie bewusst, wie sich Ihre Brustkörbe in rhythmischem Gleichklang heben und senken.

ZIRKULATION Um Harmonie herzustellen, müssen Sie und Ihre Partnerin zunächst in der Lage sein, die Energie durch den eigenen kleinen Energiekreislauf zirkulieren zu lassen. Dies ist der erste Schritt, um den hinteren Kanal, der entlang Ihrer Wirbelsäule aufwärts verläuft und eher *Yang* ist, mit dem vorderen Kanal, der entlang der vorderen Mittellinie Ihres Körpers abwärts verläuft und eher *Yin* ist, auszubalancieren. Denken Sie daran, die Energie emporzuziehen, indem Sie Ihren After anspannen und/oder Ihren Geist einsetzen, und sie schließlich durch Ihre Zunge an der Vorderseite Ihres Körpers hinabfließen zu lassen.

ENERGIEAUSTAUSCH

1. Nachdem Sie eine Zeitlang im Gleichklang geatmet haben, ziehen Sie beide Ihre Energie aus den Genitalien zum Scheitelpunkt des Kopfes empor.

2. Stellen Sie sich, während Sie beide einatmen, vor, wie Sie die kühle *Yin*-Energie Ihrer Partnerin aus ihrer Vagina in Ihren Penis ziehen. (Sie zieht heiße *Yang*-Energie aus dem Penis in ihre Vagina.)
3. Fahren Sie beide fort, diese Energie über den Damm und das Steißbein durch die Wirbelsäule in den Kopf emporzuziehen.
4. Atmen Sie aus, und lassen Sie die Energie vom Scheitelpunkt des Kopfes zwischen den Augenbrauen über das Gesicht und durch die Zunge abwärtsfließen – wenn Ihre Zunge die Zunge Ihrer Partnerin berührt, können Sie auf diese Art durch Ihre Münder Energie austauschen. Von hier aus sollte die Energie durch das übrige Stück des vorderen Kanals zum Nabel geleitet werden. (Sie können auch vom Herzen Energie durch Ihre Brust in die Brüste Ihrer Partnerin und von dort durch ihren vorderen Kanal fließen lassen. Dasselbe kann Ihre Partnerin für Sie tun.)
5. Tauschen Sie weitere neun- bis achtzehnmal (oder so oft Sie wollen) bei synchroner Atmung Energie aus.

Yin und Yang Die meisten Leute, die schon einmal etwas über den Taoismus gehört haben, kennen die Worte *Yin* und *Yang* und deren einander ergänzende zyklische Positionen im Symbol des Tao. Die meisten Leute wissen, dass *Yin* die *weibliche* Energie im Universum und *Yang* das *männliche* Gegenstück dazu bezeichnet. Diese beiden vorrangigen Erscheinungsformen der Energie sind das Elektron und das Proton, welche die Grundlage jedes schöpferischen Prozesses sind und Ihnen und Ihrer Partnerin die Möglichkeit eröffnen, Ihre sexuellen Energien in Harmonie zu bringen und in eine höhere Energieform umzuwandeln. Im *I Ching* heißt es: »Der Austausch zwischen einem *Yin* und einem *Yang* heißt Tao, und der daraus entstehende stetige Zeugungsvorgang heißt Wandel.«[2]

Abb. 28:
Das Symbol des Tao

Su Nü sagte: »*Yang* kann nur unter Mitwirkung von *Yin* funktionieren, *Yin* kann nur in der Gegenwart von *Yang* wachsen.« Wir alle haben männliche und weibliche Energie in uns, und *Yin* und *Yang* sind dynamische Kräfte, die sich sogar ineinander umwandeln können. Viele Menschen in der westlichen Welt vertreten mittlerweile die Auffassung, die Attribute *männlich* und *weiblich* seien lediglich sozial konstruierte Geschlechtsbezeichnungen. Dem Tao zufolge ist es jedoch so, dass es zwar große individuelle Unterschiede gibt, Männer aber im Allgemeinen mehr (männliche) *Yang*-Energie und Frauen generell mehr (weibliche) *Yin*-Energie besitzen. Das Tao erkennt seit jeher an, dass der Mann zu einem Teil weiblich und die Frau zu einem Teil männlich ist, weshalb eine strikte Zweiteilung falsch ist. Dieser Gedanke findet seinen Niederschlag im Symbol des Tao, in dem ein kleiner Kreis das Männliche im Weiblichen und ein zweiter kleiner Kreis das Weibliche im Männlichen symbolisiert. Jeder Teil trägt etwas vom anderen in sich.

Obwohl wir eine strikte Zweiteilung vermeiden sollten, müssen wir uns darüber klar sein, dass Männer und Frauen verschiedene Bedürfnisse haben, besonders im Schlafzim-

Abb. 29: Energieaustausch

mer. Verweigern wir diese Einsicht, so werden wir unter den Konsequenzen leiden. Beispielsweise ist das *Yang* schneller angefacht und schneller gelöscht; das *Yin* anzufachen dauert länger, aber dafür ist es nicht so schnell zu löschen. Im Liebesakt tauschen Sie Energie aus, um ein Gleichgewicht herzustellen. Im Idealfall sind sich beide Partner des Ablaufs dieses Energieaustauschs bewusst. Im nächsten Kapitel werden wir erklären, was Ihre Partnerin über die Kanalisierung ihrer eigenen Energie wissen muss. In einer innigen Partnerschaft ist es möglich, diesen Energieaustausch auch dann zu erleben, wenn Ihre Partnerin die taoistische Sexuallehre nicht kennt. Doch die Übung 13 können Sie kaum machen, wenn Ihre Partnerin sich nicht aktiv beteiligt. Je mehr Sie mit ihr teilen können, desto einfacher und wirkungsvoller wird der Austausch sein.

Wenn es Ihnen schwerfällt, die Energie Ihrer Partnerin nach oben zu ziehen, sollten Sie Penis, Damm und Afterschließmuskel anspannen. Indem Sie diese Muskeln mehrmals leicht kontrahieren, können Sie die Energie leichter nach oben bewegen. (Sie können die Energie Ihrer Partnerin auch mit kurzen Atemzügen wie in der Übung zum »kalten Zug« rhythmisch emporsaugen.) Sobald Sie Ihre sexuelle Energie gut unter Kontrolle haben und sich keine Sorgen über den Samenerguss mehr machen müssen, können Sie Ihre heiße *Yang*-Energie durch den Penis in Ihre Partnerin schicken. Diese ihrerseits mag sich vorstellen, ihre kühle *Yin*-Energie aus ihrer Scheide in Ihren Penis zu schicken.

Sie können die *Yin*-Energie Ihrer Partnerin nicht aufnehmen, ohne ihr im Gegenzug Ihre eigene *Yang*-Energie zukommen zu lassen. Indem Sie Ihrer Partnerin die Möglichkeit geben, Ihre überschüssige *Yang*-Energie aufzunehmen, können Sie auch eher vermeiden, zu viel Energie in Ihren Genitalien aufzubauen – und zu ejakulieren. Wenn Sie ejakulieren, wird der Energieaustausch schwierig, da Sie durch den Samenerguss den größten Teil Ihrer Energie einbüßen. Denken Sie daran: Es geht darum, einen *Austausch* herbeizuführen.

Wahrscheinlich wird es Ihnen bei Ihrem ersten Energieaustausch nicht gelingen, sämtliche Schleusen entlang Ihrer Wirbelsäule zu öffnen. Das erfordert einige Übung und kann mehrere Monate dauern – doch am Ende werden Sie spüren, wie zwischen Ihren Mündern und Ihren Genitalien der warme Strom fließt. »Manchmal, wenn wir beide zum Orgasmus kommen«, schwärmt ein multiorgastischer Mann, »küssen wir uns leidenschaftlich und fühlen, wie die Energie geradewegs durch uns beide hindurchläuft. Sie strömt durch unsere Zungen meinen Körper hinab, durch meinen Körper in ihre Scheide, und an ihrer Wirbelsäule wieder hinauf in unsere Zungen. Es ist unglaublich.«

Anfangs kann dieser Energiestrom derart überwältigend wirken, dass es Ihnen schwerfällt, zwischen Ihrer eigenen Energie und der Ihrer Partnerin zu unterscheiden. Schließlich werden Sie doch in der Lage sein, Ihre heiße *Yang*-Energie von der kühlen *Yin*-Energie Ihrer Partnerin zu trennen. Wenn Ihre Partnerin nicht weiß, wie sie ihre Energie kreisen lassen kann, können Sie ihr helfen, indem Sie die Energie von Ihrem Penis in ihre Vagina, entlang ihrer Wirbelsäule hinauf in ihren Kopf bis zu ihrer Zunge leiten, wo Sie sie übernehmen können, um sie wieder zu ihrer Scheide zu leiten.

☛ **Wegweiser**

Spontane Energieströme

Seien Sie nicht überrascht, wenn die Bewegung der Energie anfangs spontan erfolgt und nicht vorhersehbar ist. Vielleicht machen Sie die Erfahrung, dass die Energie entlang der Mittellinie Ihrer Körper zwischen Ihnen und Ihrer Partnerin aufsteigt. Manche Paare machen die Beobachtung, dass die Energie in ihre Köpfe emporschießt, um dann in Schauern über ihre Körper zu laufen. Andere wieder berichten, sich von einem Kokon von Energie umgeben zu fühlen. Wenn Sie derartige Erlebnisse haben, machen Sie sich keine Sorgen. Entspannen Sie sich, und genießen Sie den subtilen Energiestrom durch und um Ihre Körper herum.

Kultivieren Sie Ihre Energie Nach zahlreichen Versuchen wird es Ihnen gelingen, immer höhere Energiezentren (im Chinesischen als *Tan-tien* oder *Reservoire* bezeichnet) zu öffnen. Der taoistischen Lehre zufolge befinden sich diese Reservoire auf Höhe des Nabels, des Herzens sowie im Kopf (siehe Abbildung 3). Michael Winn erklärt dazu: »Eigentlich stellt der Körper ein zusammenhängendes großes *Tan-tien* oder Energiefeld dar. Aber es ist am leichtesten, die einzelnen Zentren der Reihe nach zu öffnen. Sie müssen zuerst die unteren Energiezentren öffnen, um die Basis für die Erschließung der höher gelegenen zu schaffen.«

In der westlichen Welt verwechselt so mancher in Yoga Geübte diese Reservoire mit den *Chakras* der Hindus, die ein allgemein bekanntes Synonym für Energiezentren im Körper geworden sind. Die sieben bzw. zwölf *Chakras* sind generell lokaler begrenzt und stärker als die *Tan-tien* voneinander getrennt. Die *Tan-tien* sind Teil des den gesamten Körper umspannenden kleinen Energiekreislaufs. Zwar gibt es zahlreiche Berührungspunkte zwischen der hinduistischen Tantra-Philosophie und dem Taoismus, vor allem in der Forderung nach Aufbewahrung und Umwandlung der im Sperma gebündelten Kraft, sie unterscheiden sich aber in der konkreten Methodik.

Eins werden Durch die wechselseitige Öffnung der kleinen Energiekreisläufe von zwei Liebenden kommt es zur wahren Verschmelzung der sexuellen und spirituellen Energie. Nachdem die Liebenden ihre sexuelle Energie durch ein vervollkommnetes Liebesspiel und durch Meditation verfeinert haben, können sie längere Orgasmen und im Lauf der Zeit eine Veränderung ihres Bewusstseinszustands erreichen. Dem Tao zufolge kommt es zu dieser orgastischen Verschmelzung der Liebenden, wenn sich *Yin* und *Yang* in vollkommener Harmonie befinden. Je besser Sie in der Lage sind, sich zu entspannen und sich vollkommen Ihrer Partnerin hinzugeben, desto eher wird es Ihnen gelingen, dieses außergewöhnliche Gefühl der Verbundenheit zu verspüren. Ein multiorgastischer Mann beschreibt diese Ausgeglichenheit: »Der Sex mit meiner Freundin ist nicht mehr der mechanische Kampf zweier Körper, die einem kurzfristigen Vergnügen nachjagen, sondern ein echter Austausch und eine wahre Verschmelzung – als würden unsere zwei Körper zu einem werden.«

Diese Form der Harmonisierung setzt ungeheure Kraft frei. Wenn Sie sich öffnen können, um die liebende Energie Ihrer Partnerin zu empfangen, und umgekehrt Ihre Partnerin dazu bewegen können, sich zu öffnen und Ihre Energie zu empfangen, werden Sie in den Genuss einer unvergleichlichen Verschmelzung und Intimität kommen. Ihre beiden Energieformen, *Yin* und *Yang*, sind Teil derselben universellen Energie; sie tragen lediglich verschiedene Ladungen. Durch die Verschmelzung werden Sie und Ihre Partnerin wirklich eins. Wenn dieser Strom sexueller Energie eine große Intensität und das richtige Gleichgewicht erreicht, scheinen sich Ihre Körper in der ekstatischen Vibration der zirkulierenden und pulsierenden Energien aufzulösen. Dies ist der wirkliche Orgasmus von Körper *und* Seele. Sofern die anderen Kommunikationskanäle in Ihrer Beziehung offen sind und der allgemeine Austausch zwischen Ihnen funktioniert, wird dieser Energieaustausch Ihre Liebe füreinander vertiefen; und die Liebe zwischen Ihnen wird auch die Menschen in Ihrer Umgebung bereichern.

Bei einer harmonischen sexuellen Vereinigung sprechen wir auch davon, dass wir *Liebe machen,* und genau das tun Sie. Die sexuelle Energie erweitert und vertieft unsere Emotionen. Das ist der Grund dafür, dass das sexuelle Vergnügen als höchster Genuss gilt und das Gefühl des Verliebtseins so intensiv und allumfassend ist. Auf der anderen Seite ist es auch der Grund dafür, dass der Streit zwischen Liebenden so besonders intensiv ist. Daher ist es ungeheuer wichtig, dass Sie und Ihre Partnerin sich bemühen, Ihre emotionalen Konflikte beizulegen, bevor Sie versuchen, die sexuelle Energie zirkulieren zu lassen. Man könnte sagen, die sexuelle Energie ist wie das Feuer: Die Frage ist, wie man sie einsetzt. Wenn während des Liebesakts negative Emotionen zutage treten, müssen Sie innehalten und sie in positive Emotionen umwandeln. Lächeln Sie, und rufen Sie sich die positiven Eigenschaften Ihrer Partnerin vor Augen.

Das Lächeln vermittelt liebende Energie, welche wärmen und heilen kann. Denken Sie zurück an eine Situation, in der Sie unsicher oder vielleicht krank waren und jemand Sie auf einmal zustimmend oder tröstend anlächelte. Fühlten Sie sich nicht plötzlich besser? Norman Cousins schreibt in *Anatomy of an Illness,* dass er eine seltene Bindegewebserkrankung selbst heilte, indem er sich alte Filme der Marx Brothers ansah. Lächeln und Lachen können negative in positive Energie umwandeln und Körper und Geist heilen. Wenn Sie eher pessimistisch denken, sollten Sie das Innere Lächeln und die Sechs heilenden Klänge praktizieren, die in Mantak Chias Buch *Tao Yoga des Heilens* beschrieben sind.

Wann man das Liebesspiel beenden sollte

Wie in Kapitel 3 erwähnt, beenden die meisten Paare das Liebesspiel mit dem Samenerguss des Mannes. Vielleicht wird noch ein wenig geschmust, und in neuen, leidenschaftlichen Beziehungen wird nach einer Erholungsphase (die Sie nach einem Samenerguss bis zu einer weiteren Erektion brauchen) ein weiterer Anlauf genommen. Aber bei den meisten Paaren ist die Liebesnacht (oder der Nachmittag) zu Ende, wenn der Mann ejakuliert. Wie Sie sich vorstellen können, gibt es diesen Schlussstrich beim multiorgastischen Sex ohne Ejakulation nicht. Sie und Ihre Partnerin können Liebe machen, solange Sie wollen.

Obwohl es sich bei der taoistischen Sexualität nicht um einen Ausdauerwettbewerb handelt, können Sie, wenn die Zeit es erlaubt, eine oder zwei Stunden in einer leidenschaftlichen und harmonischen Umarmung verbringen. *(Vergessen Sie nicht, dass Ihre Erektion etwa alle zwanzig Minuten nachlassen sollte, damit das Blut zirkulieren kann.)* In den klassischen taoistischen Texten heißt es, es bedürfe eintausend liebender Stöße, um eine Frau vollkommen zu befriedigen. Das hört sich so an, als müssten Sie sich ganz schön abrackern. Aber wie Jolan Chang in seinem *Tao der Liebe* so richtig sagt: Wenn man bei einer halben Stunde Joggen schon zweitausend Schritte macht, warum sollte man dann nicht tausend Stöße für einen ausgedehnten Liebesakt aufwenden können? Natürlich haben die meisten von uns einfach nicht die Zeit, um sich jede Nacht derart lange dem Sex zu widmen. Aber um die höheren Ebenen der orgastischen und energiespendenden Liebe zu erreichen, muss man schon mal ab und zu das Telefon klingeln lassen. Was Sie vorhaben, ist ja interessanter, als an der Strippe zu hängen.

Wenn das Verlangen Ihrer Partnerin generell größer ist als Ihres, hilft Ihnen das sexuelle Kung-Fu, Ihr Liebesleben zu retten. Es wird Ihre sexuelle Energie beträchtlich erhöhen und Sie in die Lage versetzen, Ihre Partnerin mit Leichtigkeit zu befriedigen. Aber während tausend liebende Stöße für die meisten Frauen das Paradies sein werden, sind sie für andere, die über einen geringeren sexuellen Appetit verfügen, ziemliches Kreuzfeuer. Wenn das Verlangen Ihrer Partnerin geringer ist als das Ihrige, sollte sie das folgende Kapitel lesen und vielleicht versuchen, ihre Lust und ihr Vergnügen zu vergrößern. Gibt es womöglich tiefere psychische Gründe dafür, dass einer von Ihnen seine Sexualität nicht voll entfalten kann, so sollten Sie Hilfe bei einem qualifizierten Therapeuten suchen. Die Fähigkeit beider Partner, multiple Orgasmen zu erleben, ist ein wirkungsvolles Aphrodisiakum, aber echte, dauerhafte Befriedigung können Sie nur aus einer Beziehung schöpfen, die auf sexueller und emotionaler Harmonie beruht.

Der Abschluss des Liebesspiels ist genauso wichtig wie das Vorspiel. Wie wir in Kapitel 1 erklärt haben, fällt es den meisten Männern aufgrund des Energieverlusts, den sie durch die Ejakulation erleiden, nach dem Liebesakt schwer, ihren Partnerinnen Aufmerksamkeit und Zuwendung zuteil werden zu lassen. Da ein solcher Absturz in der weiblichen Sexualität fehlt, wollen die meisten Frauen das Liebesspiel langsam mit Zärtlichkeiten und liebevollen Worten ausklingen lassen. Wenn Sie das sexuelle Kung-Fu beherrschen, werden Sie nicht länger in den Abgrund der Erschöpfung stürzen, sondern in der Lage sein, das Liebesspiel harmonisch ausklingen zu lassen.

Ein multiorgastischer Mann beschreibt den Gewinn: »Früher verstand oder wollte ich die Zärtlichkeiten und das Liebesgeflüster, nach dem sich meine Freundin sehnte, einfach nicht. Wenn ich gekommen war, hatte ich keine Lust mehr, meine Partnerin zu streicheln, zu liebkosen oder auch nur zu küssen. Jetzt aber habe ich während und sogar *nach* dem Liebesakt ein tiefes Bedürfnis, ihren Körper zu liebkosen und zärtlich zu ihr zu sein. Oft fühlt sich ihre Haut so an, als laufe kribbelnde elektrische Energie darüber, und sie ist weich wie Seide.«

Wenn Ihre Partnerin multiorgastisch ist (oder wird), werden Sie entdecken, dass Sie solange Sie wollen im Gleichklang der Leidenschaft und des Vergnügens gemeinsam auf den Wogen des Orgasmus reiten können. Wenn Ihre Partnerin nicht multiorgastisch ist oder vielleicht gar keinen Orgasmus kannte, werden ihr tausend liebende Stöße die beste Chance eröffnen, diesen Genuss kennenzulernen. Vor allem aber eröffnet Ihnen die taoistische Sexuallehre die Möglichkeit, eine tiefe Intimität zu erleben, die schwer mit Worten zu beschreiben und unmöglich nach Orgasmen zu zählen ist.

Mit etwas düsterem Witz lästerte einmal Eddie Murphy über die allgemeine Angst vor dem Sex, die unsere Gesellschaft in diesen Tagen beherrscht: »Aids, das ist nicht mehr wie in der guten alten Zeit, als Geschlechtskrankheiten eine einfache Sache waren. In der guten alten Zeit fingst du dir einen Tripper ein, dein Schwanz tat weh, du bekamst eine Spritze – und die Sache war erledigt. Dann kam Herpes. Das Scheißzeug schleppst du ewig mit dir rum – wie einen Buckel. Jetzt gibt's Aids, das bringt die Hurenböcke einfach um. Was kommt als nächstes? Ich nehme an, bald wird uns der Schwanz explodieren, wenn wir ihn nur reinstecken.«

Es wird schwierig, sich auf größeres Vergnügen, größere Intimität und geistiges Wachstum in der Sexualität zu konzentrieren, wenn man sich Sorgen um das eigene Leben und um das seiner Partnerin machen muss. Aus diesem Grund ist es nicht verkehrt, über Safersex zu sprechen. Bestimmt sind Sie erleichtert zu hören, dass Sie, wenn Sie sexuelles Kung-Fu praktizieren und nicht ejakulieren, Ihr Immunsystem erheblich stärken. Und Sie verringern das Risiko, eine sexuell übertragbare Krankheit durch Ihre Körperflüssigkeiten zu übertragen.

Die Krankheit Aids – das Syndrom einer erworbenen Immunschwäche (Acquired Immune Deficiency Syndrome) – entsteht durch eine Infektion mit dem HIV-Virus (Human Immunodeficiency Virus). Aids ist zwar nicht die einzige durch Geschlechtsverkehr übertragbare Krankheit, über die Sie sich Gedanken machen müssen, aber sie ist sicher die gefährlichste. Gegenwärtig gilt Aids als unheilbar, obwohl nicht klar ist, ob alle mit dem HIV-Virus infizierten Menschen schließlich auch an Aids erkranken. Menschen, bei denen Aids tödlich verläuft, sterben, weil ihr Immunsystem so überlastet ist, dass es sich nicht mehr gegen die häufig mit Aids einhergehenden Folgeerkrankungen wehren kann.

Das HIV-Virus wird durch Körperflüssigkeiten übertragen, insbesondere durch Blut und Sperma. Bisher gibt es keine Beweise dafür, dass HIV auch über den Speichel übertragen werden kann. Zu den sicheren oder wenig gefährlichen Sexualpraktiken gehören Umarmungen, Massagen, trockene Küsse (ohne Austausch von Speichel) und gegenseitige Masturbation. Vermutlich ungefährlich sind Zungenküsse, Fellatio (ohne Ejakulation), Cunnilingus sowie vaginaler und analer Geschlechtsverkehr mit Kondom.

Die beiden vorrangigen Risikogruppen sind homosexuelle oder bisexuelle Männer und Drogenabhängige, die Spritzen verwenden. Aber auch heterosexuelle Männer und Frauen sind gefährdet.[3] Diese Tatsache hat dazu geführt, dass eine Atmosphäre von Panik entstanden ist. Diese war zwar insofern von Nutzen, als sie die Medizin mobilisierte und die Bedeutung der Sexualerziehung ins öffentliche Bewusstsein rückte, aber sie hat den meisten Menschen Angst vor der Sexualität eingeflößt.

Heute gehören Fragen nach einem Aids-Test oder über die sexuelle Vergangenheit eines Sexualpartners ebenso zu einer Verabredung wie Fragen nach seiner Tätigkeit oder seiner Familie. Viele Paare lassen sich gemeinsam auf Aids testen. Obwohl es noch nicht gerade als romantische Verabredung gilt, ist der gemeinsame Test eine Methode, wie die Partner ihre Liebe füreinander und ihre Sorge um die Gesundheit des anderen ausdrücken können.

Zu Vorsichtsmaßnahmen beim Geschlechtsverkehr sollte jedes Paar greifen, in dem einer der Partner mit dem HIV-Virus in Kontakt gekommen sein könnte. Paare, die miteinander intim werden wollen, sollten sich zuvor einem Aids-Test unterziehen, in den folgenden sechs Monaten Safersex praktizieren und den Test dann wiederholen. (Nach einer Infektion kann es bis zu sechs Monate dauern, bevor bei der infizierten Person HIV-Antikörper nachweisbar sind.) Wenn beide Tests negativ ausfallen, ist die Wahrscheinlichkeit einer Erkrankung sehr, sehr gering – solange das Paar monogam bleibt.

In den sechs Monaten bis zum zweiten Testtermin kann sich ein Paar ungefährlicher Sexualpraktiken wie dem Verkehr mit Kondom und gegenseitiger Masturbation bedienen. Darüber hinaus können beide Partner die Techniken zur Solo-Kultivierung anwenden, um ihr individuelles sexuelles und spirituelles Potenzial zu erweitern. Der Einsatz der Hände zur gegenseitigen Befriedigung schützt sie nicht nur während der sechsmonatigen Wartezeit, sondern gibt auch beiden Partnern die Möglichkeit, die feinen Nuancen ihrer individuellen Erregung und Lust kennenzulernen, um multiorgastisch zu werden. Eine Unterbrechung der gewohnten Praktiken erlaubt es den Partnern auch, neue sinnliche und sexuelle Genüsse zu erforschen. Nach dem Tao findet die Harmonisierung mit dem Partner überhaupt auf energetischer Ebene statt und setzt den Geschlechtsverkehr nicht als Bedingung voraus. Zärtlichkeiten und schon gemeinsame Meditation können sehr intime und befriedigende Erfahrungen sein.

Safer Safersex Indem ein Mann nicht ejakuliert, überträgt er weniger Körperflüssigkeit (und gegebenenfalls weniger Bakterien und Viren) auf die Frau. Auch nimmt er dadurch weniger Flüssigkeit von der Frau auf. Wenn Sie den Vergleich gestatten: Ihr Penis ähnelt ein wenig einem Turkey baster (der Spritze, mit der die Bratensauce auf den Truthahn kommt). Wenn Sie ejakulieren, wird der Samen herausgepresst, wodurch ein Vakuum entsteht, welches dann die Flüssigkeit aus Ihrer Partnerin absaugt. Wenn dieses Vakuum nicht entsteht, ist die Wahrscheinlichkeit geringer, dass Bakterien oder Viren übertragen werden.

Auch beim Sex ohne Samenerguss können Körperflüssigkeiten übertragen werden (die Verhinderung der Ejakulation allein ist noch keine zuverlässige Methode der Empfängnisverhütung). Dennoch ist Sex ohne Samenerguss sicherer – das gilt insbesondere dann, wenn das Kondom reißt –, und er erhöht die Wirksamkeit jeglicher Empfängnisverhütung.

☛ **Wegweiser**

Die Kunst, ein Kondom zu benutzen

Das Kondom: Die gute Nachricht ist, dass die oft beklagte Beeinträchtigung des Empfindens die Beherrschung des Samenergusses erleichtern kann. Die schlechte Nachricht ist, *dass* es das Empfinden beeinträchtigt. Manche Männer haben sogar Schwierigkeiten, eine Erektion aufrechtzuerhalten, wenn sie ein Kondom tragen. Wenn das auf Sie zutrifft, sollten Sie und Ihre Partnerin, während Sie das Kondom überstreifen, fortfahren, Ihre Genitalien zu massieren. Indem Sie eine kleine Menge Gleitmittel auf Ihren Penis schmieren, bevor Sie das Kondom überstreifen, können Sie Ihre Sensibilität erhöhen, ohne dass das Kondom abrutscht. Im Folgenden einige weitere Ratschläge, die Sie beim Gebrauch von Kondomen beherzigen sollten:

1. Streifen Sie das Kondom stets über, bevor Sie mit dem Vaginal- oder Analverkehr beginnen. Und verwenden Sie nach Möglichkeit ein spermizidbeschichtetes Kondom, das Nonoxylol-9 enthält. Diese Substanz tötet eine Vielzahl von durch Geschlechtsverkehr übertragbaren Krankheitserregern einschließlich des HIV-Virus ab. (Wenn Nonoxylol-9 eine hellrote Entzündung an Penis oder Scheide verursacht, wechseln Sie zu einer Marke ohne dieses Germizid – aber seien Sie dann besonders vorsichtig.)
2. Streifen Sie immer ein Kondom über, bevor Ihre Partnerin Sie oral zu befriedigen beginnt. In diesem Fall wird Ihre Partnerin es lieber sehen (und schmecken), wenn Sie ein »trockenes« Kondom oder eines mit Geschmack verwenden.
3. Lassen Sie an der Spitze von Kondomen ohne Reservoir einen Zentimeter Raum. Die meisten Kondome haben diese »Pufferzone«. Achten Sie darauf, dass das Kondom den gesamten Penis bedeckt, und glätten Sie es, um möglicherweise vorhandene Luftblasen hinauszudrücken. Wenn Sie nicht beschnitten sind, müssen Sie Ihre Vorhaut zurückziehen, bevor Sie das Kondom überstreifen. Beginnt das Kondom abzurutschen, können Sie es mit den Fingern festhalten.
4. Bestreichen Sie das Kondom mit ausreichend Gleitmittel. (Ein Mangel an Gleitmittel ist einer der Haupt-

gründe dafür, dass Kondome reißen.) Verwenden Sie nur Gleitmittel auf Wasserbasis. Gleitmittel auf Erdölbasis, etwa Vaseline, können das Latex angreifen.

5. Ziehen Sie Ihr Glied nach dem Geschlechtsverkehr noch in erigiertem Zustand aus der Scheide, und halten Sie das Ende des Kondoms fest, um sicherzustellen, dass es nicht abrutscht.
6. Wenn ein Kondom abrutscht oder reißt, so liegt das im Allgemeinen daran, dass es nicht richtig übergezogen wurde, dass der Sex zu ungestüm ist oder dass das Kondom beim Herausziehen des Penis nicht festgehalten wird. Wenn Sie nicht ejakuliert haben oder wenn sich der Riss nahe am unteren Ende befindet, besteht wahrscheinlich kein Anlass zur Sorge. Ersetzen Sie einfach das gerissene Kondom und ziehen Sie ein neues über. Reißt das Kondom, nachdem Sie ejakuliert haben, so ist zu empfehlen, dass Ihre Partnerin uriniert und einen Spermizidschaum oder ein Gel in ihre Scheide spritzt, um Sperma, Viren und Bakterien abzutöten. Sie sollte das Spermizid mindestens eine Stunde lang in der Scheide behalten. Wenn Sie sich Sorgen bezüglich einer Schwangerschaft machen, kann Ihre Partnerin die »Pille danach« nehmen, die sie von ihrem Arzt erhält.

Schöpfungskraft und Zerstörungsmacht Die Tatsache, dass sich Aids und andere Geschlechtskrankheiten derart leicht verbreiten, ist ein klinischer Beleg für die Richtigkeit einer wesentlichen taoistischen Erkenntnis über die Natur der sexuellen Intimität: Der Liebesakt ist ein Energieaustausch, der sich nachhaltig auf die Gesundheit und das Wohlbefinden beider Partner auswirken kann. Die abendländische Betonung von Individualität und Unabhängigkeit hat uns dazu verleitet, diese wechselseitige Abhängigkeit und Durchdringung zu vergessen. Die sexuelle Revolution hat die Bedeutung dieses Austauschs zu Unrecht in den Hintergrund gedrängt. Durch Geschlechtsverkehr übertragene Krankheiten wie Herpes und Aids erinnern uns stets daran, dass unsere sexuelle Lebensgeschichte nicht weniger von Bedeutung ist als andere Erfahrungen auch.

Die westliche Medizin erkennt zwar an, dass beim Geschlechtsverkehr Bakterien und Viren übertragen werden können, aber bezüglich der Möglichkeit eines biochemischen und energetischen Austauschs während des Liebesakts bleibt sie skeptisch. Die Taoisten vertreten die Auffassung, dass Sie und Ihre Partnerin bei jedem Liebesakt durch Ihre sexuellen Sekrete Hormone, Enzyme, Vitamine und andere Substanzen austauschen. Das klingt durchaus einleuchtend. Darüber hinaus glauben die Taoisten, dass Sie durch die Vereinigung Ihrer Körper noch sehr viel mehr austauschen – und zwar nicht nur auf der körperlichen, sondern auch auf der emotionalen und geistigen Ebene. Es wird noch einige Zeit dauern, bis die westliche Wissenschaft die verschiedenen Komponenten dieses Austauschs isolieren und messen kann (denn das wird sie machen) – wenn Sie sexuelles Kung-Fu praktizieren, werden Sie die Auswirkungen dieses Austauschs am eigenen Leib spüren.

Angesichts der Aids-Epidemie gehört Vorsicht zu den wichtigsten Geboten, aber die Angst im Schlafzimmer ist die falsche Reaktion. Die Sexualität war stets eine mächtige

Kraft; der Liebesakt birgt seit jeher das Potenzial wunderbarer Schöpfung, aber auch tragischer Zerstörung in sich. Der Sex kann uns heilen, und er kann uns schaden. Nicht Angst, sondern Respekt und vielleicht Ehrfurcht ist die angemessene Einstellung gegenüber der Sexualität, die, wie das Tao seit jeher weiß, die Quelle von Leben und Tod ist.

Kapitel 6

mit Maneewan Chia
und Dr. Rachel Carlton Arava

Befriedigung garantiert

Für Frauen

Dieses Kapitel ist für Partnerinnen von Männern geschrieben, die sexuelles Kung-Fu praktizieren. *(Kung-Fu* bedeutet wörtlich »Übung«, und sexuelles Kung-Fu heißt einfach »sexuelle Übung«). In diesem Kapitel erklären wir Ihnen kurz, was die taoistische Sexuallehre ist und wie sie Ihnen und Ihrem Partner zu einem genussvolleren, gesünderen und intimeren Liebesleben verhelfen kann. Dieses Kapitel ist als eigenständige Abhandlung konzipiert, die Sie unabhängig vom übrigen Buch lesen können. Dennoch ist es von Nutzen, wenn Sie möglichst viele der übrigen Kapitel lesen, insbesondere die für Paare geschriebenen Kapitel 4, 5 und 9.

Multiple Orgasmen für Männer?

Die Tatsache, dass Männer multiple Orgasmen haben können, ist für die meisten von uns – Frauen wie Männer – immer noch so überraschend, dass wir kaum davon zu überzeugen sind. Wie wir in der Einführung erwähnt haben, wurde erst im Lauf der letzten vierzig Jahre erkannt und anerkannt, dass Frauen multiple Orgasmen haben. Es ist unglaublich, wie viele Frauen in dieser Zeit multiorgastisch geworden sind – als sie erst einmal erkannt hatten, dass das möglich war. Seit den fünfziger Jahren, als Alfred Kinsey seine berühmten Studien über die menschliche Sexualität durchführte, hat sich die Zahl der Frauen, die multiple Orgasmen haben, von vierzehn auf über fünfzig Prozent erhöht.[1]

In den achtziger Jahren fanden die Sexualforscher William Hartman und Marilyn Fithian heraus, dass rund zwölf Prozent der von ihnen untersuchten Männer multiorgastisch waren. Wenn Ihr Partner zu erkennen beginnt, dass er ebenfalls das Potenzial dazu hat, und wenn Sie ihm helfen, einige einfache Techniken zu erlernen, wird auch er multiple Orgasmen erleben. Die Partnerin eines multiorgastischen Mannes erinnert sich: »Als mein Freund zum ersten Mal einen Orgasmus ohne Samenerguss hatte, konnte ich es nicht fassen. Er hatte offensichtlich ebenso großes Vergnügen wie sonst, und ich konnte fühlen, wie sein Penis pulsierte, aber zu meiner großen Überraschung war da kein Samen, und nach wenigen Augenblicken konnten wir schon wieder von vorn beginnen. Es verblüfft mich noch immer, dass er derart intensive Orgasmen haben kann, ohne zu ejakulieren. Aber mittlerweile bin ich überrascht, wenn er einen Samenerguss hat.« Eine andere Partnerin eines multiorgastischen Mannes beschreibt den Orgasmus ihres Partners: »Mein Partner unterbricht für einen Augenblick seine Bewegung, er stöhnt und zittert. Ich kann fühlen, wie sein Penis in mir heftig pocht. Für gewöhnlich wär‘s das gewesen, aber inzwischen weiß ich, dass es gleich wieder losgeht.«

Multiple Orgasmen sind nur der Anfang. In der westlichen Welt neigen wir dazu, den Orgasmus als alleiniges

Ziel der sexuellen Aktivität zu betrachten, und viele Frauen denken viel darüber nach, ob sie orgasmusfähig sind, wann sie orgasmusfähig sind und inwiefern sie orgasmusfähig sind. In der taoistischen Sexualität ist die Erfahrung eines oder mehrerer Orgasmen nicht das Ziel. Diese Höhepunkte des Vergnügens sind einfach ein Teil des ekstatischen Liebesakts. Haben Sie und Ihr Partner einmal gelernt, die sexuelle Energie durch Ihre Körper zirkulieren zu lassen, dann können Sie die orgastischen Wellen des Vergnügens so oft genießen, wie Sie wollen. Sie werden im Liebesspiel eine Intimität – eine physische, emotionale und spirituelle Bindung – von einer Tiefe erleben, die Sie selten zuvor, wenn überhaupt jemals erlebt haben.

Wozu das alles?

Jede Form der Selbstkultivierung, in der Sexualität wie in jedem anderen Bereich, erfordert einige Anstrengung, und dieses Buch dient dazu, Ihnen und Ihrem Partner auf einfache und verständliche Art zu zeigen, wie Sie Ihr gemeinsames Sexualleben und Ihre Beziehung zueinander vertiefen können.

Wenn Ihr Partner Ihnen dieses Kapitel (oder das ganze Buch) zu lesen gegeben hat, stehen Sie diesen neuartigen sexuellen Praktiken anfangs vielleicht etwas skeptisch gegenüber und fragen sich, warum Sie (und er) das brauchen. Das Tao der Sexualität ist alles andere als neu. Es hat eine dreitausend Jahre alte Tradition, die Kenntnisse darüber gesammelt und aufgezeichnet hat, wie Menschen am genussvollsten und gesündesten Sex praktizieren können. Noch die erfahrensten Liebhaber(innen) werden vermutlich von diesem reichen Erfahrungsschatz profitieren. Interessanterweise waren die meisten Sexualberater in der Geschichte des Ostens Frauen. Welch ein Unterschied zum Westen, wo sexuelle Ratschläge bis in die jüngste Vergangenheit – wenn überhaupt – fast ausschließlich von Männern erteilt wurden.

Wenn Ihre sexuelle Beziehung erfüllt und befriedigend ist, fragen Sie sich natürlich, warum Sie ein Buch darüber lesen sollten, »wie man richtig macht, was von ganz allein funktioniert«. Zwar haben alle Menschen ein instinktives sexuelles Verlangen, aber was wir mit diesem Verlangen tun und wie wir es ein Leben lang kultivieren können, ist alles andere als klar. In der westlichen Welt betrachten wir es als selbstverständlich, dass die Partner im Lauf der Jahre ihre Leidenschaft füreinander verlieren. Das Tao hingegen betrachtet dies nicht als Naturgesetz, und tatsächlich braucht diese Anziehung nie zu schwinden. (Wir behandeln diese Frage im letzten Kapitel »Ein Leben lang lieben« eingehender.)

Wenn Sie dieses Buch für Ihren Partner gekauft haben oder wenn Sie es lesen wollten, um mehr über die männliche Sexualität zu erfahren, liegt Ihr Interesse darin, Ihrem Partner zu helfen, multiorgastisch zu werden. Vielleicht haben Sie das Gefühl, zu viel Mühe darauf zu verwenden, Ihren Partner zu befriedigen, und gewiss denken das viele Frauen. In diesem Buch geht es nicht darum, wie Sie ihn befriedigen können. Die taoistische Sexuallehre lehrt Ihren Partner, wie er seine sexuellen Fähigkeiten vervollkommnen und *Sie* besser befriedigen kann. Dieses Buch trägt den Titel *Der multiorgastische Mann*, aber es könnte ebenso gut *Das multiorgastische Paar* heißen. Um es mit den Worten der Partnerin eines multiorgastischen Mannes zu sagen: »Als mein Mann begann, sexuelles Kung-Fu zu betreiben, erlebte auch ich sehr viel häufiger multiple Orgasmen. Das ist ein ganz besonderes Geschenk.«

Bleibender Genuss In unserer Gesellschaft sagt man den Frauen, sie müssten ihre Männer sexuell befriedigen. Ein Großteil der taoistischen Sexualtechniken wurde dagegen entwickelt, um dem Mann die Befriedigung der Frau zu erleichtern. Letzten Endes, so die Lehre des Tao, kann das Vergnügen des einen Partners jedoch nicht von dem des anderen getrennt werden. Das Bild der ehelichen Beziehung in unserer Gesellschaft ist von der stereotypen Vorstellung der frigiden Ehefrau und dem ständig begehrlichen Ehemann geprägt. Die Wahrheit ist jedoch, dass viele Frauen ganz im Gegenteil mehr Lust auf Sex haben als ihre Partner, besonders wenn diese nichts anderes im Sinn haben, als schnell zum Höhepunkt zu kommen.

Wie in Kapitel 1 beschrieben, ist das Bild der unbefriedigten Frau, deren Liebhaber ejakuliert, grunzt und über ihr zusammenbricht, in unserer Kultur zu einem Standardwitz geworden. Es verwundert nicht, dass viele Frauen das Interesse an einem hitzigen Sex verlieren, in dem es an echter körperlicher und emotionaler Bindung fehlt. Dies ist ebenfalls ein Stereotyp, und sämtliche Studien zeigen, dass sich die Männer in den letzten Jahren bemüht haben, ihre Partnerinnen besser zu befriedigen und im Bett länger durchzuhalten.[2]

Ihr Liebhaber gehört wahrscheinlich nicht zu den Männern, die sich nach einem schnellen Höhepunkt auf die Seite drehen, wenn er genug Interesse an seiner und Ihrer Sexualität aufbringt, um dieses Buch zu lesen. Aber die Tao-Meister wussten, dass es einem Mann schwerfällt, das Interesse an der Befriedigung der Partnerin aufrechtzuerhalten oder ihr weiterhin Zuwendung zuteil werden zu lassen, nachdem er einmal ejakuliert hat. Ein multiorgastischer Mann bestätigt: »Früher fehlte mir das Verständnis für ihr Bedürfnis, nach dem Sex Zärtlichkeiten auszutauschen und miteinander zu sprechen. Nun, da ich nicht mehr ejakuliere, liebe ich es, nach dem Liebesspiel mit ihr zusammenzuliegen und zärtlich zu sein – das ist ein fast meditatives Erlebnis.«

Jenseits des großen Knalls Die Taoisten entdeckten schon vor fast dreitausend Jahren, dass Orgasmus und Ejakulation nicht dasselbe sind und dass Männer Orgasmen (und sogar multiple Orgasmen) haben können, ohne zu ejakulieren. Das ist möglich, weil Orgasmus und Ejakulation tatsächlich zwei voneinander unabhängige Prozesse sind, wie auch die moderne medizinische Forschung bestätigt hat (siehe Kapitel 1 und 2). Die Partnerin eines multiorgastischen Mannes beschreibt, wie sich ihr Ehemann veränderte: »Mein Mann wurde immer schnell müde, nachdem er gekommen war. Und manchmal trank er Alkohol und wurde leicht ungeduldig oder gereizt. Heute aber ist er richtig energiegeladen und liebevoll.«

Die männliche Sexualität ist in der westlichen Welt fälschlicherweise immer noch auf das unvermeidlich enttäuschende Ziel der Ejakulation anstatt auf den orgastischen Prozess des Liebesspiels fixiert. *Der multiorgastische*

Mann lehrt Ihren Partner, wie er in seinem Körper Orgasmus und Ejakulation voneinander trennen kann, wodurch es ihm möglich wird, über die kurzzeitige Entspannung der Ejakulation hinauszugehen und gemeinsam mit Ihnen ein länger anhaltendes und tieferes sexuelles Vergnügen zu genießen. Indem die taoistische Sexuallehre den Mann lehrt, mehr auf seinen eigenen Körper zu achten, versetzt sie ihn in die Lage, auch auf den Körper seiner Partnerin besser einzugehen. Indem sich Männer und Frauen vom für die Frau oft unbefriedigenden Sexkonzept des »großen Knalls« lösen, können sie in der Sexualität im Gleichklang immer höhere Ebenen der Intimität und der Ekstase erreichen.

Heilende Sexualität Das sexuelle Vergnügen ist jedoch nur eine Komponente eines allgemeinen Wohlbefindens. Die taoistische Sexuallehre kann Ihnen und Ihrem Partner auch zu einer stabilen Gesundheit und sogar zu einem längeren Leben verhelfen. Das sexuelle Kung-Fu entstand als eine Richtung der chinesischen Medizin, und die alten Taoisten waren selbst Ärzte. Als Mediziner interessierten sie sich ebenso für die Gesundheit des Körpers wie für seine sexuelle Befriedigung. Die Sexualität betrachteten sie als die wirkungsvollste Medizin, die sowohl der Heilung als auch der Vorbeugung diene. Würde Sie im Fall einer Erkrankung ein taoistischer Arzt behandeln, so wäre es durchaus möglich, dass er Ihnen – neben einer Kräuterkur und Akupunktur – eine zweiwöchige Behandlung mit Sex in einer bestimmten Position verschriebe.

Es gibt noch weitere, offensichtliche Vorteile dieser Sexualpraktiken. Wenn Ihr Partner beim Geschlechtsverkehr auf den Samenerguss verzichtet, so unterstützt das die von Ihnen angewandte Methode der Empfängnisverhütung. Ebenso wichtig ist in unseren Tagen der mit dem Ejakulationsverzicht einhergehende bessere Schutz gegen Geschlechtskrankheiten. Jegliche Schutzmaßnahmen, die Sie gegen den Austausch von Körperflüssigkeiten ergreifen (etwa Kondome), gewinnen zusätzlich an Wirksamkeit, wenn Ihr Partner nicht ejakuliert.

Ein weiterer Vorteil des Geschlechtsverkehrs ohne Samenerguss ist, dass er weniger Umstände macht – keine feuchten Flecken mehr auf dem Bettbezug und ewige Diskussionen darüber, ob man darauf schlafen soll oder nicht. Viele Frauen sind auch dankbar dafür, wenn kein Samen des Partners mehr aus ihrer Scheide tropft. Eine Partnerin eines multiorgastischen Mannes gesteht: »Meine eigenen Flüssigkeiten in meiner Scheide bereiteten mir ein prickelndes Gefühl. Es gefiel mir, dass sein Sperma nicht mehr die ganze Nacht aus mir heraustropfte.«

Die mit den taoistischen Sexualpraktiken einhergehende, tiefe sexuelle Intimität ist kein Allheilmittel für die Beziehung und kein Ersatz für andere Kommunikationsformen, aber sie kann die Liebe zwischen den Partnern vertiefen. Ein offener und ehrlicher Dialog ist ein unverzichtbarer Bestandteil dieser Praktiken, die nicht funktionieren werden, wenn Sie sie lediglich über sich ergehen lassen. Wenn sich Ihr Partner bemüht, seine Ejakulation langsam unter Kontrolle zu bringen, wird es Momente geben, da er Sie auffordert, Ihre Bewegungen einzustellen oder ihm anderweitig zu helfen, aber für dieses kurzzeitige Opfer werden Sie mit vielen Augenblicken, Minuten und Stunden höchster Lust entschädigt werden. Allerdings sollte der Sex nie ein Opfer sein, das ein Partner für den anderen bringt, und wenn nötig kann Ihr Partner die in diesem Buch beschriebenen Techniken auch allein üben. Diese sogenannte »Solo-Kultivierung« der Taoisten ist ein wichtiger Teil dieser Sexualpraktiken. Die Solo-Kultivierung ist frei von jenem Stigma, das in der westlichen Welt der Masturbation anhaftet. Damit Ihr Partner ein multiorgastischer Mann werden kann und damit Sie beide ein multiorgastisches Paar werden können, bedarf es Ihrer Unterstützung.

Helfen Sie Ihrem Partner, multiorgastisch zu werden

WIRD UNSER LIEBESSPIEL NICHT MECHANISCH? Anfangs hegen viele Frauen diese Sorge. Wie Barbara Keesling in ihrem jüngst erschienenen Buch *Liebe machen die ganze Nacht hindurch* hervorhebt, fürchten viele Frauen, dass die Techniken, die ihr Partner erlernt, um multiorgastisch zu werden, »ihren Hengst zu einem Karussellpferdchen macht«. Aber Keesling betont, dass die taoistische Erfahrung einen Mann »nicht von seinem Körper entfernt, sondern zu seinem Körper zurückführt«. Als Sexualtherapeutin, die unzähligen Männern half, multiorgastisch zu werden, spricht sie aus großer beruflicher Erfahrung. Das sexuelle Kung-Fu zu erlernen erfordert einige Zeit und Mühe und kann anfangs ein wenig peinlich sein. Es ist, als lerne man ein Instrument spielen. Am besten nimmt man die Aufgabe in Angriff, indem man sich entspannt und die Übungen genießt. Ein multiorgastischer Mann beschreibt, wie die taoistischen Sexualpraktiken die häufig in der Sexualität vorhandene Spannung lösen können: »Es macht Spaß, darüber zu sprechen und darüber zu lachen. Das kann die ganze Spannung im Bett lösen. Da ich offen über meinen Körper spreche, sprechen auch die Frauen über ihren Körper. Einmal war ich mit einer Frau zusammen und erzählte ihr von meinen Praktiken, als sie plötzlich ihren Vibrator hervorholte und sagte: ›Ich hätte das hier niemals jemandem gezeigt, denn ich bin in sexuellen Dingen ziemlich befangen. Aber ich denke, da du über diese Dinge gesprochen hast, kann ich mit dir über alles sprechen.‹ Das war wirklich ein schöner Moment.« Die meisten Männer lernen den Sex durch die Masturbation und durch Pornographie kennen. Aus irgendeinem Grund – Schuldgefühle, Unerfahrenheit, Angst davor, erwischt zu werden – lernen die meisten Männer, schnell zu masturbieren. Und die Pornographie entfremdet einen Mann im Allgemeinen seinem Körper. Da überrascht es nicht, dass die meisten Männer keine sehr enge Beziehung zu ihrem Körper haben und sich des Verlaufs ihrer Erregung kaum bewusst sind. Die taoistische Sexuallehre zeigt dem Mann, sein sexuelles Genusspotenzial und seine Fähigkeiten zur Befriedigung seiner Partnerin auszuschöpfen. Anfangs wird sich Ihr Partner darauf konzentrieren müssen zu lernen, wie er seine Erregungskurve und seinen Drang zu ejakulieren beherrschen kann. Aber besitzt er diese Beherrschung einmal, wird er sehr viel besser imstande sein, sich im Liebesakt auf Sie zu konzentrieren und Ihre Bindung noch zu vertiefen.

MUSS EIN MANN NICHT KOMMEN, UM BEFRIEDIGT ZU SEIN? Manche Frauen glauben, ihrem Mann Lust zu schenken, bedeutet, ihm zum Samenerguss zu verhelfen. Diese

Einstellung ist nicht verwunderlich, da die meisten Männer am Ende des Liebesakts ejakulieren und viele Frauen von ihrem ersten Freund in der Hitze des jugendlichen Pettings zu hören bekommen, dass ihm die Genitalien weh tun, wenn er nicht kommen darf (oft als *blaue Eier* bezeichnet). Das mag für den Sturm und Drang in der Jugend gelten, aber wenn Ihr Partner sexuelles Kung-Fu praktiziert, muss er nicht mehr so dringend ejakulieren. Ein multiorgastischer Mann erklärt: »Manchmal während des Liebesakts, besonders wenn es lang dauerte und schön war, wollte meine Freundin, dass ich komme. Aber normalerweise ejakuliere ich nicht, und später erkannte sie, dass das gar nicht nötig war und dass ich sie und mich selbst viel besser befriedigen konnte, wenn ich keinen Samenerguss hatte.«

Nachdem der Liebesakt jahrelang auf den Samenerguss Ihres Partners ausgerichtet war, haben Sie vielleicht zwiespältige Gefühle angesichts der Tatsache, dass er nicht mehr jedes Mal ejakuliert. Manche Frauen haben anfangs das Gefühl, ihre Attraktivität oder ihre sexuellen Fähigkeiten eingebüßt zu haben. Obwohl das Gefühl verständlich ist, hat das Ausbleiben seiner Ejakulation überhaupt nichts mit einem Mangel an Attraktivität oder Fähigkeiten Ihrerseits zu tun, und Sie werden bald erkennen, dass Ihr wahrer Erfolg als Liebhaberin nicht vom Samenerguss Ihres Partners abhängt, sondern – von Ihrer beider Lust.

Wie Sie ihn heiß machen Bevor Sie beginnen, spezifische Techniken zu erlernen, um Ihren Partner zu unterstützen, sollten Sie mit einigen grundlegenden Fakten über die männliche Sexualität vertraut sein. Dieser Abschnitt ist als kurzer

Überblick gedacht. Eine umfassendere Diskussion des Themas finden Sie in Kapitel 2. Wir neigen dazu, die männliche Sexualität mit dem Penis gleichzusetzen – und was wäre an diesem exponiertesten aller Organe komplex oder geheimnisvoll? Aber der Penis ist lediglich der Ausgangspunkt.

Obwohl die meisten Männer lernen können, durch die in diesem Buch beschriebenen multiplen Orgasmen im ganzen Körper sexuellen Genuss zu empfinden, bleibt die Empfindlichkeit des Mannes zumindest anfangs meist auf sein Glied beschränkt. Alex Comfort schreibt in seinem Buch *New Joy of Sex:* »Männer kommen nur über die Genitalien in Fahrt.« Man kann darüber spotten, man kann sich darüber empören, man kann es entschuldigen, aber die Wahrheit ist, dass es bei den meisten Männern so aussieht. Die Genitalien sind von zentraler Bedeutung für die männliche Sexualität, aber die Genitalien bestehen nicht nur aus dem Penis.

Neben dem Penis und insbesondere der Eichel, in der sich die meisten Nervenendungen befinden, sind auch die Hoden (die allerdings sanfter behandelt werden müssen als der Penis) bei vielen Männern sehr empfindlich. Sie müssen sich darüber im Klaren sein, dass Ihr Partner vielleicht keine Erektion bekommt oder sogar seine Erektion verliert, wenn seine Hoden stimuliert werden. Das bedeutet nicht, dass er kein intensives Vergnügen empfindet, aber das Ausbleiben oder der Verlust der Erektion können dazu führen, dass er oder Sie sich Sorgen machen. Vermitteln Sie ihm, dass Sie wissen, dass die Hoden zu stimulieren ein ganz normaler Teil seiner Erregung ist.

Es sollte daran erinnert werden, dass bei einem auf dem Rücken liegenden Mann durch die Schwerkraft Blut aus dem

Penis abgezogen wird. Fällt es Ihrem Partner schwer, seine Erektion aufrechtzuerhalten, so sollte er am besten nicht auf dem Rücken liegen. Sie können ihm auch helfen, eine Erektion zu bekommen, indem Sie mit Daumen und Zeigefinger einen Ring um seinen Penisschaft bilden und diesen zudrücken, wodurch Sie verhindern, dass das Blut aus dem Penis abfließt, während Sie ihn mit der anderen Hand oder dem Mund stimulieren.

Der Damm, also der Bereich zwischen Hodensack und After, ist ebenfalls ausgesprochen empfindlich. Dasselbe gilt für den After, der jedoch für viele Männer – und Frauen – tabu ist. Gehen Sie hier also behutsam vor, oder fragen Sie zuerst. Auch die Innenseiten der Oberschenkel können sehr sensibel sein. Viele Männer mögen es auch, wenn man ihre Brustwarzen stimuliert, da sich diese genauso wie bei Frauen verhärten. Bei manchen Männern bedarf es einer beharrlichen Stimulation, um diese Nerven anzuregen. Andere finden kein Vergnügen an dieser Berührung, gleichgültig wie sehr ihre Partnerinnen es versuchen.

Wir sollten uns auch vor Augen halten, dass die Erektion eines Mannes in direkter Beziehung zu seinem Selbstwertgefühl steht. Das berühmt fragile männliche Ego wird im Bett noch sensibler. Die meisten Männer wissen sehr wenig über die Liebeskunst und machen sich nicht nur Sorgen über das, was sie nicht wissen, sondern glauben auch, man verlange von ihnen, alles zu wissen. Männer vertragen keine Kritik. Tut Ihr Partner etwas, was Ihnen nicht gefällt, sagen Sie ihm lieber, was Sie gerne hätten, anstatt Kritik an dem zu üben, was er falsch macht. (Später, wenn Sie Distanz zum hitzigen Liebesgetümmel gewonnen haben, können Sie ihn für die Zukunft darauf hinweisen, was Sie nicht mögen. Wenn Sie außerhalb des Schlafzimmers offen über den Sex sprechen können, machen Sie einen großen Schritt auf dem Weg zu einem einzigartigen Liebesleben.) Schließlich sei darauf hingewiesen, dass der unverfälschte Klang weiblicher Lust das beste Aphrodisiakum ist. Je deutlicher Sie ihm Ihr Vergnügen zeigen, desto besser kann er erkennen, was Sie mögen, und desto größer wird seine Erregung sein. Ihre Lust heizt seine erst richtig an.

Wie Sie ihn abkühlen Nachdem wir besprochen haben, wie Sie Ihren Partner so richtig in Fahrt bringen können, müssen Sie auch lernen, wie Sie ihn wieder abkühlen. Die Selbstbeherrschung stellt für die meisten Männer die eigentliche Herausforderung dar, und Ihr Partner wird Ihnen sehr dankbar für alles sein, was Sie tun, um ihn dabei zu unterstützen. An seinen Körpersignalen können Sie erkennen, wann er sich dem Punkt nähert, an dem er nicht mehr zurück kann. Bevor Ihr Partner ejakulieren kann, muss sich sein Hodensack zusammenziehen und stärker an den Körper pressen. (Diese Reaktion lässt nach, wenn ein Mann älter wird.) Möglicherweise spannen sich seine Oberschenkel- und Bauchmuskeln an, sein Körper wird steif, und seine Stimme oder seine Atmung ändert sich.

UNTERBRECHEN SIE Am besten helfen Sie ihm, das Überschreiten des »Point of no return« zu vermeiden, indem Sie aufhören, sich zu bewegen, wenn seine Stimme oder seine Körperreaktionen signalisieren, dass er gleich kommt. Der männliche Orgasmus liegt direkt vor dem

Abgrund der Ejakulation. Damit Ihr Partner multiorgastisch werden kann, muss er lernen, einen Orgasmus zu erleben, ohne über die Klippe der Ejakulation zu stürzen. Stellen Sie sich vor, dass Ihr Partner in einem Drachenflieger steckt und auf eine Klippe zuläuft. Nun muss er sehen, wie er in den Orgasmus abhebt, bevor er zu viel Wind kriegt und ins Meer der Ejakulation stürzt. Bewegen Sie sich in dem Moment, wo er sich gerade vor der Klippe befindet, so stoßen Sie ihn in die Tiefe, wo er nach der Ejakulation auf den Riffen zerschellt liegenbleibt. Sind Sie aber in der Lage, einen Augenblick innezuhalten, während er die Kontrolle über seine Erregung wiedergewinnt, können Sie gemeinsam in den Himmel segeln.

FRAGEN SIE Es wird anfangs auch von Nutzen sein, wenn Sie Ihrem Partner helfen, sich seiner Erregung und seiner Nähe zum »Point of no return« bewusst zu werden. Das bedeutet nicht, dass Sie die Position einer distanzierten Beobachterin einnehmen sollen. Sie sollten ihm einfach nur mitteilen, wenn Sie bemerken, dass er der Klippe zu nahe kommt. Ein multiorgastischer Mann beschreibt, wie ihm seine Partnerin hilft: »Wenn ich richtig außer Atem komme, fragt meine Freundin, ob ich kurz davor bin. Und das hilft mir wirklich, mir des Grads meiner Erregung bewusst zu werden. Man sollte meinen, dass es das Liebesspiel unterbricht, wenn wir darüber sprechen, ob ich nahe am Samenerguss bin. Aber das ist nie der Fall. Es bereichert den Liebesakt, weil wir alles miteinander teilen, weil wir besser kommunizieren. Und darin liegt der Schlüssel zu einer guten Beziehung, im Bett oder außerhalb.«

ERMUTIGUNG Es ist besser, sich auf den Verlauf des Liebesakts zu konzentrieren, als darauf, nicht zu ejakulieren. Ein multiorgastischer Mann sagt: »Wenn meine Frau sagt: ›Komm noch nicht‹, ejakuliere ich nur noch schneller, weil ich nur an die Ejakulation denke. Wir haben herausgefunden, dass ich die Beherrschung leichter wiedergewinne, wenn sie sagt ›Ich fühle mich wohl‹ oder ›Das ist gut‹.« Jede erfolgreiche Trainerin sagt ihrem Team, was es tun soll, nicht, was es nicht tun soll. Denn der Körper führt nur aus, worüber der Geist nachdenkt.

ATMUNG Ihr Partner wird seine Atmung einsetzen, um seine Erregung zu beherrschen. Wenn er dem Samenerguss nahe ist, kann seine Atmung tief und langsam oder flach und schnell werden. Die erste Technik hilft ihm, seine sexuelle Energie zu kontrollieren, die zweite dient dazu, sie zu verteilen. Unabhängig davon, welche der beiden Techniken er hilfreicher findet: In jedem Fall sollten Sie ihn an die Atmung erinnern oder gemeinsam mit ihm atmen. Die Abstimmung der Atmung ist auch Teil der in Kapitel 5 behandelten Paarübung, die Ihnen beiden helfen kann, eine engere Bindung zueinander herzustellen.

ZIRKULATION Die wichtigste Technik Ihres Partners zur Verzögerung der Ejakulation besteht darin, seine sexuelle Energie aus seinen Genitalien abzuziehen und über die Wirbelsäule in den übrigen Körper zu leiten. Wenn die sexuelle Energie in seiner Leistengegend zunimmt, wird sie schließlich nicht mehr zu kontrollieren sein und auf dem direktesten Weg hinausschießen: durch den Penis. Gelingt es dem

Mann hingegen, diese Energie abzuleiten, so wird es ihm erheblich leichter fallen, seinen Drang zum Samenerguss zu beherrschen.

Indem Sie und Ihr Partner lernen, die Energie durch Ihre Körper zirkulieren zu lassen, erlangen Sie beide die Fähigkeit zu Ganzkörperorgasmen. Sie können Ihren Partner bei der Zirkulation seiner sexuellen Energie unterstützen, indem Sie mit den Händen vom Steißbein bis zum Kopf an seinem Rückgrat entlangfahren. Michael Winn, ein Meister für Healing Tao, erläutert dazu: »Wenn es einer Frau gelingt, den ganzen Körper des Mannes zu berühren und zu streicheln und seine Fixierung auf den Penis zu überwinden, wird es ihm leichter fallen, die Energie aus seinem Penis abzuziehen und in die anderen Körperteile zu leiten.« Indem Sie ebenfalls Ihre Energie zirkulieren lassen, können Sie Ihre eigenen Orgasmen verstärken und an Energie gewinnen. Auch werden Sie und Ihr Partner so mehr Intimität und eine höhere Ekstase miteinander erleben.

Die beschriebenen Techniken wenden Sie an, wenn Sie Ihrem Partner dabei helfen wollen, im Getümmel eines leidenschaftlichen Liebesakts die Beherrschung zu behalten. Darüber hinaus können Sie oder Ihr Partner auch eine Reihe mechanischer Techniken anwenden, um einen Samenerguss zu vermeiden.

QUETSCHEN Die *Quetsch*-Technik diente ursprünglich Männern mit »vorzeitigem« Samenerguss. (Wenn Ihr Partner sehr schnell ejakuliert, lesen Sie beide den Abschnitt »Es ist erst vorüber, wenn's vorbei ist: Das Ende des vorzeitigen Samenergusses« in Kapitel 8.) Die Quetschtechnik funktioniert ganz einfach: Wenn sich Ihr Partner dem Samenerguss nähert, können Sie Ihren Daumen auf die Unterseite seines Penis legen und pressen. Eine andere Methode besteht darin, seinen Penis wie die Lenkstange eines Fahrrads zu umfassen und den Daumen auf die Eichelspitze zu pressen (siehe Abbildung 8B auf Seite 97). Auch können Sie oder er die Peniswurzel zwischen dem Daumen und den ersten beiden Fingern zusammenquetschen. Jede dieser Methoden wird es Ihrem Partner erleichtern, den Drang zur Ejakulation zu stoppen und seine sexuelle Energie aus dem Penis und den Genitalien herauszuziehen. Das Problem bei der Quetschtechnik liegt auf der Hand: Sie müssen den Geschlechtsakt unterbrechen, Ihr Partner muss den Penis aus der Scheide ziehen. In der Vergangenheit waren Frauen, welche die taoistischen Sexualpraktiken kannten, in der Lage, die Eichel des Penis mit ihrem Scheidenmuskel (den wir heute als PC-Muskel bezeichnen) zusammenzupressen, wodurch sie die Ejakulation verhinderten. Auch Sie können mit dieser Technik experimentieren, doch sollten Sie zunächst den Abschnitt »Die Stärkung Ihres Sexmuskels« weiter hinten in diesem Kapitel lesen.

PRESSEN Die Tao-Meister kannten einen Punkt am Damm, der besonders hilfreich in dem Bemühen war, den Samenerguss zu verhindern. Die Bezeichnung für diesen Punkt lautete »Punkt der Million Goldstücke«, denn dies war der Preis dafür, dass ein Meister einem Mann die Lage dieses Punkts zeigte. Der Punkt der Million Goldstücke liegt genau gegenüber dem After (siehe Abbildung 2 auf Seite 37). Die richtige Stelle erkennen Sie an einer kleinen Einkerbung. Wenn

Ihr Partner mit dem Finger fest auf diesen Punkt drückt und gleichzeitig seinen PC-Muskel anspannt, kann er den Samenerguss hinauszögern, indem er seine Aufmerksamkeit konzentriert und den Ejakulationsreflex unterbricht. Es ist wichtig, dass Sie wissen, was er tut, wenn er während des Liebesspiels auf einmal damit beginnt. Wenn Sie und Ihr Partner gegenseitig mit Ihren Körpern vertraut sind und über große gemeinsame Erfahrung im Bett verfügen, können Sie ihm helfen, den Samenerguss hinauszuzögern, indem Sie während des Liebesakts auf diesen Punkt drücken. Dazu müssen Sie Ihren Finger bis zum ersten Knöchel in die Einkerbung drücken. Üben Sie für einige Augenblicke einen gleichbleibend festen (wenn auch nicht übertrieben starken) Druck aus.

Hat Ihr Partner den Punkt, an dem es kein Zurück mehr gibt, bereits überschritten, so kann er trotzdem auf diese Stelle drücken und gleichzeitig seinen PC-Muskel zusammenpressen, um den Samen am Verlassen des Körpers zu hindern und so den Verlust der darin enthaltenen Hormone und Nährstoffe zu verhindern (die Gründe dafür, dass der Mann den Verlust des Samens vermeiden sollte, behandeln wir in Kapitel 1). Dieser komplexere Eingriff, den wir als *Fingerverschluss* bezeichnen und in Kapitel 3 eingehend beschreiben, bleibt am besten dem Mann selbst überlassen; doch Sie sollten zumindest wissen, was er da tut. Wenn er den Fingerverschluss anwendet, um sich seinen Samen zu bewahren, wird er zwar auch seine Erektion einbüßen, aber viele Männer berichten, dass sie unter diesen Umständen rascher zurückkehrt. Denken Sie daran, dass der Fingerverschluss nicht als Methode zur Empfängnisverhütung oder als Technik für Safersex dienen sollte, da immer eine gewisse Menge Samen austreten kann.

Sie können den Finger auch in rhythmischen Abständen auf den Punkt der Million Goldstücke pressen und dadurch die während des Orgasmus auftretenden Prostatakontraktionen nachahmen, die sehr genussvoll für Ihren Partner sein können. Verwenden Sie das rhythmische Pressen nicht, wenn er sich dem Höhepunkt nähert, da er dann den Samenerguss kaum noch verhindern kann.

ZIEHEN Da sich die Hoden Ihres Partners ganz eng an den Körper hinaufziehen, wenn der Samen hinausgeschleudert werden soll, kann man die Ejakulation hinauszögern, indem man die Hoden vom Körper wegzieht. Sie können Ihrem Partner helfen: Bilden Sie mit Daumen und Zeigefinger einen Ring, wie Sie es zuvor taten, um ihn bei der Aufrechterhaltung seiner Erektion zu unterstützen. Anstatt jedoch die Peniswurzel zu umfassen, schließen Sie den Ring um den Hodensack (siehe Abbildung 9 auf Seite 86). Dann ziehen Sie nicht zu schwach nach unten. (Denken Sie jedoch daran, dass die Hoden außerordentlich empfindlich sind und vorsichtig behandelt werden sollten.)

Je mehr Unterstützung Sie Ihrem Partner geben, desto leichter wird er die Methoden zu beherrschen lernen, und desto besser wird Ihr Liebesleben werden. Als Frau verfügen Sie über eine größere natürliche sexuelle Leistungsfähigkeit als Ihr Partner. Die Taoisten vergleichen die sexuelle Erregung des Mannes mit dem Feuer und jene der Frau mit dem Wasser. Das Feuer ist leicht zu entzünden, ist aber ebenso leicht zu löschen. Das Wasser beginnt nur langsam zu kochen, bleibt jedoch lange Zeit heiß. Das Wasser ist immer stärker als das Feuer und kann dieses leicht löschen. Die Taoisten versuchen die Männer zu lehren, wie sie lange genug aushalten können, um die Erregung ihrer Partnerinnen zum Siedepunkt zu bringen. Diese Fähigkeit ist die Grundlage für die sexuelle Befriedigung beider Partner. Sie können nicht nur Ihrem Partner helfen, sein Feuer unter Kontrolle zu halten, sondern auch lernen, sich selbst zum Siedepunkt zu bringen. Ob Sie gegenwärtig präorgastisch, orgastisch oder multiorgastisch sind: Am besten helfen Sie Ihrem Partner und sich selbst, indem Sie Ihre eigene Sexualität kultivieren und Ihre eigene Genussfähigkeit ausschöpfen.

Helfen Sie sich selbst, multiorgastisch zu werden

Anders als der männliche Höhepunkt, der wohl immer recht unkompliziert erschien, hat der weibliche Orgasmus in diesem Jahrhundert ungezählte wissenschaftliche Bücher gefüllt – die natürlich zum größten Teil von Männern geschrieben wurden. (Mit dieser Forschung und ihren wichtigsten Ergebnissen beschäftigen wir uns im Abschnitt »Der weibliche Orgasmus« in Kapitel 4.) In der westlichen Welt hat die Frage nach der Natur des weiblichen Orgasmus zahlreiche Kontroversen ausgelöst: Ist er nun vaginal, klitoral oder eine Mischung von beidem? Unglücklicherweise diente ein Großteil dieser Studien im Grunde nur dazu, einen »idealen« weiblichen Orgasmus zu propagieren. Wir teilen dagegen die Auffassung der Sexualforscher Hartman, Fithian und Campbell, die glauben, dass jede Frau ein ganz individuelles Orgasmusmuster aufweist, das man als ihren *orgas-*

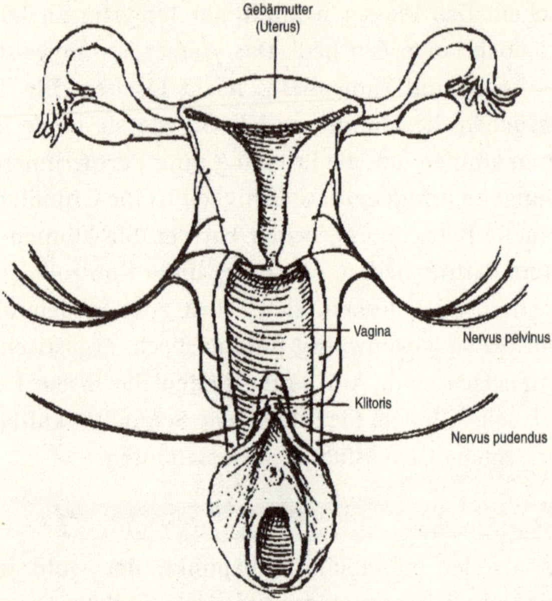

Abb. 30: Scham- und Beckennerv

tischen Fingerabdruck bezeichnen kann. Und wir sind uns der Tatsache bewusst, dass sogar für ein und dieselbe Frau jeder einzelne Orgasmus ganz spezifische Eigenschaften hat, unvergleichliche Empfindungen auslöst und ein unverwechselbares Maß an Befriedigung mit sich bringt. (Wenn Männer den Ejakulationsorgasmus des »großen Knalls« überwinden, entdecken sie, dass auch sie eine Vielzahl verschiedenartiger Orgasmen erleben können.)

Was die Geschlechtsorgane der Frau betrifft, so haben neuere Forschungen gezeigt, dass zwei verschiedene Nerven am

Orgasmusempfinden beteiligt sind: der zur Klitoris führende *Nervus pudendus* und der zu Vagina und Uterus führende *Nervus pelvinus* (siehe Abbildung 30). Diese Tatsache mag eine Erklärung dafür sein, dass viele Frauen klitorale und vaginale Orgasmen unterschiedlich erleben. Und die Tatsache, dass sich diese beiden Nerven im Rückenmark überlagern, erklärt möglicherweise, warum manche Frauen »gemischte« Orgasmen haben. Der taoistischen Sexuallehre zufolge sind genitale – klitorale, vaginale oder gemischte – Orgasmen nur der Anfang. Die Taoisten wissen seit jeher, dass eine Frau orgastische Wellen und orgastische Lust in jedem Teil des Körpers erleben kann – in der Klitoris, in der Vagina, im Gehirn oder auch in den inneren Organen.

Die Klitoris Etwa 70 Prozent aller Frauen brauchen ein gewisses Maß an klitoraler Stimulation, um zum Orgasmus zu gelangen. Das liegt möglicherweise daran, dass der zur Klitoris führende *Nervus pudendus* mehr Nervenenden aufweist als der zur Vagina führende *Nervus pelvinus*. In den meisten Liebesstellungen kommt es zu einer direkten Stimulation des empfindlichsten Bereichs des männlichen Glieds – also der Eichel –, während der empfindlichste Teil der weiblichen Sexualorgane – die Klitoris – nur indirekt stimuliert wird.

Ihren Partner zu ermutigen, während des Liebesakts Ihre Klitoris zu stimulieren (was wir in diesem Buch ebenfalls tun), ist der richtige Weg, Ihre Orgasmusfähigkeit zu erhöhen. Es mag anfangs ein wenig unbeholfen aussehen, wie er versucht, den Rhythmus seiner Finger mit dem seiner Hüften in Einklang zu bringen, aber diese Praxis wird sich bald reibungslos in ein befriedigenderes Liebesspiel einfügen. Sie können ihm auch helfen, indem Sie seine Hand dorthin führen, wo Sie sie haben wollen, oder sogar mit Ihrer Hand seine Finger auf die Klitoris drücken, um ihm zu zeigen, wo und wie stark er drücken soll. Wenn Sie vaginale Orgasmen erleben, wollen oder brauchen Sie möglicherweise nicht bei jedem Liebesakt eine klitorale Stimulation. Ihre Hand kann die Ihres Partners führen, je nachdem, worauf Sie Lust haben.

Manche Frauen schämen sich zu sagen, was sie wollen. Doch zahlreiche Studien haben gezeigt, dass Frauen, die imstande sind, ihren Partnern zu sagen oder zu zeigen, was sie wollen, sehr viel häufiger in den Genuss des gewünschten Sex kommen. Sexuelle Passivität und Zurückhaltung seitens der Frau sind ein antiquiertes Überbleibsel viktorianischer Einstellungen. Kaum etwas erregt einen Mann mehr als eine aktive und erregte Partnerin. Passivität und Aktivität sind dem Tao zufolge einander ergänzende Bestandteile sowohl der männlichen als auch der weiblichen Sexualität.

Manchmal wird es für Sie am einfachsten sein, sich selbst zum Orgasmus zu verhelfen, indem Sie während des Liebesakts Ihre Schenkel zusammenpressen oder Ihre Klitoris direkt berühren. Es dürfte Sie interessieren, dass Frauen entgegen der allgemeinen Einschätzung in verschiedenen Testreihen durch Selbststimulation imstande waren, ebenso schnell wie Männer zum Höhepunkt zu gelangen. Nach einer von Sexualforschern der University of Wisconsin durchgeführten Studie über multiorgastische Frauen neigten diese Frauen eher als andere dazu, »die klitorale Stimulation während des Geschlechtsverkehrs durch Oberschenkeldruck oder Masturbation zu verstärken«.[3] Die multiorgastischen Frauen fanden auch eher Vergnügen an Liebkosungen ihrer Brüste und Brustwarzen, an aktivem und passivem Oralverkehr, an erotischen Phantasien und Filmen sowie an erotischer Literatur. Und sie fanden Gefallen an einem empfänglichen Partner, dem sie ihre Bedürfnisse mitteilen konnten. Die Studie kam zu dem Ergebnis, dass Frauen nicht zufällig multiorgastisch werden. Sie entscheiden sich bewusst für die Techniken, die ihnen den größtmöglichen Genuss verschaffen, und teilen ihren Partnern ihre Vorlieben mit.

Viele Frauen schämen sich, beim Geschlechtsverkehr zur Selbstbefriedigung zu schreiten, und manche scheuen sogar davor zurück, wenn sie allein sind. In Anbetracht der Stigmatisierung der Masturbation ist diese Angst durchaus verständlich. Stellt dies ein Problem für Sie dar, so lesen Sie bitte den Abschnitt »Selbstbefriedigung und Selbstkultivierung« in Kapitel 3. An dieser Stelle wollen wir lediglich betonen, dass die Selbstbefriedigung eine gesunde und unverzichtbare Methode zur Kultivierung Ihrer Sexualität darstellt, die den Geschlechtsverkehr nicht ersetzt, sondern ergänzt. Die American Medical Association hat ein (in Kapitel 3 erwähntes) Buch mit dem Titel *Human Sexuality* publiziert, in dem festgestellt wird, dass Frauen mit zunehmendem Alter eher häufiger masturbieren. Je eher Sie eine aktive Rolle bei Ihrer Befriedigung übernehmen, desto eher wird es Ihnen gelingen, Ihr sexuelles Potenzial zur Gänze auszuschöpfen. Eine Geschäftsfrau Ende fünfzig fand kluge Worte dafür: »In diesem Leben ist jeder für seine Orgasmen selbst verantwortlich.«

Ob eine Frau imstande ist, klitorale, vaginale oder gemischte Orgasmen zu erreichen, hängt im Allgemeinen von zwei Faktoren ab: erstens von der Empfindlichkeit ihres G-Punkts oder anderer empfindlicher Punkte im Inneren ihrer Vagina und zweitens von der Stärke ihres PC-Muskels.

Ihr G-Punkt und andere empfindliche Punkte Sie haben schon von einer Stelle in Ihrer Vagina gehört, die Sie bei Berührung angeblich völlig verrückt macht. Diese Stelle wird häufig als der *G-Punkt* bezeichnet, so bezeichnet nach dem Arzt Ernest Gräfenberg, der ihn im Jahr 1950 erstmals beschrieb. In jüngerer Zeit erhielt er auch die Bezeichnungen *innerer Auslöser* und *Harnröhrenschwamm*. Die Vorstellung von seiner Existenz ist nicht neu, aber immer noch umstritten, da manche Frauen den G-Punkt finden, während er für andere unauffindbar bleibt. Nach den letzten Theorien stellt der G-Punkt eine Ansammlung von Drüsen, Blutgefäßen und Nervenenden dar, welche die Harnröhre der Frau umgeben.

Wo genau befindet er sich also? Die meisten Frauen, die darüber berichten, ihren G-Punkt gefunden zu haben, lokalisieren ihn vier bis fünf Zentimeter hinter der Scheidenöffnung. Sie können ihn durch die obere vordere Scheidenwand genau hinter Ihrem Schambein fühlen (siehe Abbildung 18 auf Seite 151). Wenn Sie sich eine Uhr denken, auf der sich die Klitoris bei zwölf Uhr befindet, liegt der G-Punkt üblicherweise irgendwo zwischen elf und ein Uhr.

Wenn Sie nicht erregt sind, ist Ihr G-Punkt schwer zu finden. Wird er stimuliert, so kann er auf Pfenniggröße oder mehr anschwellen und hebt sich dann aus der Scheidenwand heraus. Alan und Donna Brauer erklären, der beste Zeitpunkt, den G-Punkt zu finden, sei unmittelbar nach dem Orgasmus: »Er ist immer noch etwas vergrößert und empfindlich. Häufig fühlt er sich wie ein kleiner Wulst oder Buckel an.« Die beiden empfehlen, etwa einmal pro Sekunde über den Punkt zu streichen (oder den Partner dazu zu bewegen) und dabei die Stärke des Drucks zu variieren. Ein anderer guter Zeitpunkt für die Stimulation des G-Punkts liegt unmittelbar vor dem Orgasmus, denn Sie werden natürlich eher Vergnügen daran finden, wenn Sie sehr erregt sind, als nachher.

Sie sollten sich darüber im Klaren sein, dass manche Frauen die Stimulation ihres G-Punkts anfangs als unangenehm empfinden oder dabei einen starken Harndrang verspüren. Das ist ganz normal. Wenn Sie diese Erfahrung machen, raten Alan und Donna Brauer dazu, den Druck zu verringern. Es kann eine ganze Minute dauern, bis an die Stelle des unangenehmen Gefühls oder des scheinbaren Harndrangs genussvolle Empfindungen treten. Wenn Sie fürchten, Harn lassen zu müssen, können Sie vor dem Liebesakt auf die Toilette gehen oder versuchen, den G-Punkt auf der Toilette zu finden, um sich auf diese Art zu vergewissern, dass Ihre Blase leer ist.

In der üblichen Missionarsstellung verfehlt der Penis Ihres Partners Ihren G-Punkt häufig vollkommen. Er ist leichter zu stimulieren, wenn Sie auf dem Bauch liegen und Ihr Partner von hinten eindringt oder wenn Sie auf ihm sitzen und die für Sie vorteilhafteste Position einnehmen können. Auch flache Stöße eignen sich zur Stimulation des G-Punkts. Die direkteste und wirkungsvollste Methode, diesen Punkt sofort zu finden, besteht jedoch normalerweise im Einsatz der Finger.

Einige Frauen berichten, dass sich ihre empfindlichsten Punkte etwa auf halbem Weg in die Vagina bei vier Uhr und acht Uhr befinden. An diesen Stellen bündeln sich Nervenstränge, was eine Erklärung für die Druckempfindlichkeit sein könnte. Andere Frauen sind im hinteren Abschnitt ihrer Scheide am empfindlichsten. Wenn Ihr Partner flache und tiefe Stöße in verschiedene Richtungen (das sogenannte *Schrauben)* erlernt, wird es ihm gelingen, diese und andere Punkte in Ihrer Scheide zu stimulieren.

Wenn sie auf ihrem Partner sitzen, sind die meisten Frauen in der Lage, ihr Becken kreisen zu lassen, um den Penis zu ihren empfindlichsten Punkten zu lenken. Wie wir in Kapitel 5 erklären, hat diese Position zahlreiche Vorteile, und zwar nicht nur für die Frau. Denn vielen Männern fällt es in der Rückenlage leichter, multiorgastisch zu werden. Doch die Position hat auch Nachteile: Der Penetrationswinkel in dieser Position kann den Penis Ihres Partners etwa zweieinhalb Zentimeter kürzer erscheinen lassen als in anderen Stellungen. Auch ist es für ihn in dieser Position schwieriger, über einen längeren Zeitraum hinweg eine Erektion aufrechtzuerhalten, da die Schwerkraft das Blut aus dem Penis zieht. Frauen, die sich in der Rückenlage befinden, erkennen häufig nicht, dass sie ihr Becken und insbesondere ihr Kreuzbein aktiv kreisen lassen können, um den Penis ihres Partners zu ihren empfindlichsten Punkten zu steuern. Haben Sie und Ihr Partner einmal gelernt, Ihre Becken richtig kreisen zu lassen, werden Sie nie wieder Sex ohne *Dirty Dancing* wollen. (Eine eingehendere Diskussion der verschiedenen Positionen finden Sie im Abschnitt »Stellungen« in Kapitel 5.)

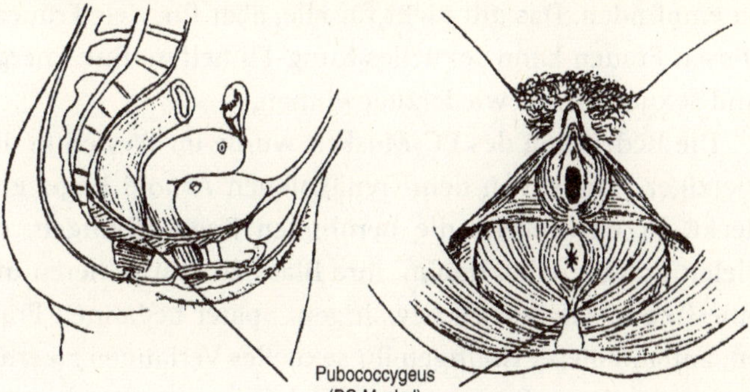

Abb. 31: Der PC-Muskel der Frau

Ihr Sexmuskel Ihr Sexmuskel (Pubococcygeus), der zumeist einfach als PC-Muskel bezeichnet wird, ist der Muskelstrang, der sich vom Schambein bis zum Steißbein erstreckt (siehe Abbildung 31) und Ihren Harnleiter, Ihre Vagina und Ihren After umschließt. Der Muskel bildet einen Strang, der nicht nur die Gebärmutter, die Eileiter und die Eierstöcke, sondern sämtliche inneren Organe stützt. Ist Ihr PC-Muskel nicht stark genug, so fehlt ein Fundament für Ihre Organe, was dazu führen kann, dass diese absinken.

Die meisten Frauen kennen den PC als jenen Muskel, den sie einsetzen, um ihren Harndrang zu beherrschen, wenn sie keine Toilette finden. Von der Stärke und Flexibilität dieses Muskels hängt es auch ab, ob es während einer Geburt zu einem Dammriss kommt. Doch die Belastung durch eine Geburt kann Ihren PC-Muskel schwächen. Wie Dr. Angela Shen, Meisterin für Healing Tao und Expertin für Akupunktur, erklärt: »Insbesondere nach einer Geburt neigt eine Frau dazu, schneller zu ermüden und weniger Vergnügen am Sex zu empfinden. Das gilt nicht für alle, aber für viele Frauen.« Diesen Frauen kann sexuelles Kung-Fu helfen, ihre Energie und sexuelle Kraft wiederzugewinnen.

Die Bedeutung des PC-Muskels wurde im Westen in den vierziger Jahren von dem Gynäkologen Arnold Kegel entdeckt. Er entwickelte die berühmten Kegel-Übungen, die vielen Frauen dabei halfen, ihre Blase zu kontrollieren und eine Geburt leichter zu bewältigen. Später begannen Frauen, anhand dieser Übungen ihr sexuelles Verlangen zu erhöhen, intensivere Orgasmen zu erleben und multiorgastisch zu werden. Dr. Shen bestätigt: »Alle Frauen können anhand dieser Übungen mehr Orgasmen haben und jene, die sie gegenwärtig haben, erweitern.«

Lokalisieren Sie Ihren PC-Muskel Am einfachsten finden Sie Ihren PC-Muskel, indem Sie beim nächsten Mal, wenn Sie Harn lassen, den Harnfluss stoppen, indem Sie die Muskeln in Ihrem Becken anspannen. Achten Sie darauf, dass Ihr Bauch und Ihre Beine dabei entspannt bleiben. Es geht darum, sich auf den PC-Muskel zu konzentrieren. Haben Sie einen starken PC-Muskel, sollten Sie imstande sein, den Harnfluss nach Belieben zu unterbrechen und wieder in Gang zu setzen. Fällt Ihnen diese Übung schwer und tropft während der Muskelkontraktion Urin aus, ist Ihr PC-Muskel schwach. Aber keine Sorge: Mit ein wenig Übung wird er sehr rasch stärker werden. Wenn Sie Ihren Urinfluss nach Belieben unterbrechen und fortsetzen können, ist Ihr PC-Muskel stark. Dennoch können Sie mit Hilfe der PC-Übungen Ihren sexuellen Genuss noch vergrößern und Ihre allgemeine Gesundheit langfristig verbessern.

Die Stärkung dieses Muskels wird nicht nur Ihr Liebesleben verbessern, sondern Ihnen auch helfen, in der Zukunft Blasenprobleme zu vermeiden (oder bereits vorhandene Schwierigkeiten zu beheben). Das Unterbrechen des Harnflusses kann anfangs einen brennenden Schmerz verursachen. Diese Reaktion ist vollkommen normal und sollte innerhalb weniger Wochen verschwinden, es sei denn, Sie haben irgendeine Infektion. In diesem Fall sollten Sie erst einen Arzt aufsuchen und das Problem klären, bevor Sie mit der Übung fortfahren. Wenn Ihre Muskeln schmerzen, brauchen Sie einfach Übung.

☞ Übung 1 (Partnerin)

Den Strom stoppen

1. Atmen Sie langsam und kräftig aus, und pressen Sie gleichzeitig den Harn hinaus.
2. Atmen Sie ein, und spannen Sie Ihren PC-Muskel an, um den Harnfluss zu unterbrechen. (Achten Sie darauf, dass dabei Bauch und Beine entspannt sind.)
3. Atmen Sie aus, und lassen Sie den Harn weiterfließen.
4. Wiederholen Sie die Schritte 2 und 3 vier- oder fünfmal bzw. so lange, bis Sie mit dem Harnlassen fertig sind.

☞ Übung 2

PC-Klimmzüge

1. Atmen Sie ein, und konzentrieren Sie sich auf Ihre Vagina.
2. Spannen Sie beim Ausatmen den PC-Muskel sowie die Muskeln rund um Augen und Mund an.

3. Atmen Sie ein, und entspannen Sie die Muskeln im Becken, um die Augen und um den Mund.
4. Wiederholen Sie die Übung neun- bis sechsunddreißigmkal. Spannen Sie die Muskeln jeweils beim Ausatmen an, und entspannen Sie sie beim Einatmen.

Die Stärkung Ihres Sexmuskels In der westlichen Welt wird eine Reihe verschiedener Übungen zur Stärkung Ihres PC-Muskels gelehrt. Die meisten dieser Methoden stellen Abwandlungen der ursprünglichen Technik Kegels dar. Im Mittelpunkt all dieser Übungen stehen Kontraktion und Entspannung des PC-Muskels, wobei die Zahl der Wiederholungen und die empfohlene Dauer der Anspannung erheblich schwanken. Die PC-Klimmzüge beruhen auf einer traditionellen taoistischen Technik. In diese Übung ist auch die taoistische Erkenntnis eingeflossen, dass die zirkulären Muskeln (um Augen, Mund, Damm und After) untereinander verbunden sind. Indem Sie die Muskeln rund um Augen und Mund anspannen, können Sie Ihre PC-Klimmzüge unterstützen.

Obwohl Ihnen das Zusammenpressen der Augenlider und Lippen die Kontraktion des PC-Muskels um Ihre Vagina erleichtern wird, *geht es bei der Übung in erster Linie darum, einfach den PC-Muskel so oft wie möglich zu kontrahieren und zu entspannen.* Das können Sie praktisch überall tun: im Auto, vor dem Fernseher, in einer langweiligen Sitzung. Sie können ausprobieren, wie viele Kontraktionen Sie während einer Rotphase an der Ampel schaffen, oder Sie können eine einzige Kontraktion aufrechterhalten, bis die Ampel auf Grün schaltet. Schließlich werden Sie in der

Lage sein, die Kontraktionen ohne große Anstrengung zu bewältigen, ohne gleichzeitig Augenmuskeln und Lippen anzuspannen.

Versuchen Sie, die Übung mindestens zwei- oder dreimal am Tag zu machen. Selbstverständlich können Sie sie auch öfter machen. Wie bei jedem Training können Sie einen Muskelkater bekommen. Überfordern Sie sich nicht; erhöhen Sie die Zahl der Wiederholungen schrittweise. Beständigkeit ist wichtiger als Intensität. Sie können die Übung zu einer täglichen Gewohnheit machen, indem Sie sie mit alltäglichen Vorgängen verknüpfen, etwa mit dem morgendlichen Aufstehen, mit dem Duschen oder mit dem Schlafengehen.

Eine weitere, noch wirkungsvollere Methode zur Stärkung Ihres PC-Muskels besteht darin, ihn um ein Objekt zusammenzupressen – um Ihren Finger, den Finger Ihres Partners, einen Vibrator, einen Dildo oder den Penis Ihres Partners. Der Widerstand wird es Ihnen erleichtern, den Muskel zusammenzupressen. Versuchen Sie Ihre Faust zu ballen. Wenn Sie sie nun um einen Finger der anderen Hand schließen, können Sie den Druck merklich erhöhen. Dasselbe gilt für Ihren PC-Muskel.

Wenn Sie mit einem Partner üben, können Sie Ihren PC-Muskel um den Finger oder Penis des Partners schließen, und Ihr Partner kann Ihnen sagen, wie stark Ihr Muskel ist. Wenn Sie Geschlechtsverkehr haben, können Sie und Ihr Partner abwechselnd den PC-Muskel zusammenpressen. Indem Sie Ihren Muskel anspannen, schließen Sie ihn enger um seinen Penis und erhöhen dadurch die Intensität Ihrer beider Empfindungen. Indem er seinen Muskel anspannt, hebt er seine Erektion in Richtung seines Bauchs und kann dadurch möglicherweise Ihren G-Punkt stimulieren. Großen Genuss können Sie sich verschaffen, indem Sie Ihren PC-Muskel entspannen, wenn Ihr Partner in Sie hineinstößt, um ihn wieder anzuspannen, wenn Sie sich voneinander lösen. Das intensiviert das Sauggefühl während des Liebesakts und steigert die Erregung.

☞ Übung 3 (Partnerin)

Kräftigen Sie Ihre Vagina

1. Führen Sie im Sitzen oder Stehen ein steinernes Ei in Ihre Vagina ein. (Sind Sie nicht feucht genug, so können Sie das Ei mit Wasser, Speichel oder einem wasserlöslichen Gleitmittel befeuchten.)
2. Spannen Sie Ihren PC-Muskel an, um das Ei in Ihre Vagina zu ziehen, und pressen Sie es dann leicht nach unten in Richtung auf den Scheideneingang.
3. Wiederholen Sie diesen Vorgang neun-, achtzehn- oder sechsunddreißigmal.
4. Wenn Sie fertig sind, pressen Sie kräftiger nach unten, um das Ei wieder aus der Scheide herauszudrücken.

Kräftigen Sie Ihre Vagina In China verwendeten die Frauen einen besonderen Stein in Eiform, um Ihren PC- und die anderen Vaginalmuskeln zu stärken. Unserer Erfahrung nach eignet sich ein Jade-Ei am besten für diesen Zweck. PC-Klimmzüge werden Ihren PC-Muskel schon erheblich stärken, aber Sie können den Vorgang wesentlich beschleunigen, indem Sie ein steinernes Ei als Widerstand einsetzen. Im Westen verschreiben Ärzte zur Stärkung der weiblichen Beckenmuskeln mittlerweile Übungen mit Gewichten aus rostfreiem

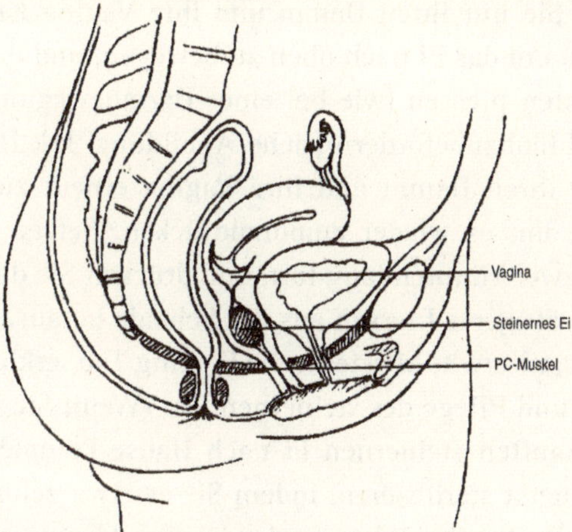

Abb. 32: Übung mit steinernem Ei

Stahl, so genannten *beschwerten Tampons*. Diese Übungen werden vor allem Frauen empfohlen, denen es, häufig nach einer Geburt, schwerfällt, ihre Blase zu beherrschen.[4] Aber Schwierigkeiten nach einer Geburt und Gesundheit des Beckens sind nicht die einzigen Gründe, die für die Verwendung des steinernen Eis sprechen: Frauen, die über Kenntnisse im Tao verfügen, wenden dieses Verfahren seit Jahrtausenden an, um ihren Vaginalmuskel besser zu beherrschen und dadurch ihr Vergnügen und das ihrer Partner zu erhöhen.

Die Übung mit dem steinernen Ei ist ganz einfach. Sie führen ein befeuchtetes Ei in Ihre Vagina ein (so wie einen Tampon) und bewegen es dann unter Einsatz Ihrer Vaginalmuskeln auf und ab. Befindet sich das Ei einmal tief in der Scheide, so spüren Sie es möglicherweise überhaupt nicht mehr, aber Sie können fortfahren, es zu bewegen. Dazu müssen Sie nur Ihren Damm und Ihre Vagina zusammendrücken, um das Ei nach oben zu bewegen, und dann leicht nach unten pressen (wie bei einer Darmbewegung), um es wieder hinabzubefördern (siehe Abbildung 32). Dann können Sie Ihren Damm und Ihre Vagina erneut zusammenpressen, um es wieder emporzudrücken. Setzen Sie diese Übung zwei Minuten lang fort, und drücken Sie das Ei dann durch kräftigeres Pressen aus der Scheide heraus.

Marcia Kerwit, Meisterin für Healing Tao, erklärt Vorbereitung und Pflege des steinernen Eis: »Wenn Sie mit Ihrem neu gekauften steinernen Ei nach Hause kommen, sollten Sie es zuerst sterilisieren, indem Sie es etwa zehn Minuten lang in kochendes Wasser oder in eine Lösung aus einem Teil Bleichmittel und zehn Teilen Wasser tauchen. Spülen Sie das Ei anschließend gut ab. Sie brauchen es nur vor der ersten Anwendung zu sterilisieren. Von da an können Sie es nach jedem Gebrauch mit Seife und Wasser abspülen oder einfach in eine Essiglösung tauchen.«

Sie können bei einem Zentrum für Healing Tao ein durchbohrtes Jade-Ei bestellen. Durch dieses Ei können Sie ein Stück Zahnseide ziehen und die Schnur aus Ihrer Vagina heraushängen lassen, um das Ei nach der Übung wie einen Tampon leicht wieder herausziehen zu können. Ein Vorteil des durchbohrten Eis mit der Seidenschnur liegt darin, dass Sie die Bewegung der Schnur beobachten können, wenn Sie das Ei in Ihrer Scheide auf und ab bewegen. So können Sie feststellen, ob und wie weit es sich tatsächlich bewegt. (Nähere Einzelheiten über die Übung mit dem steinernen Ei und andere Übungen des sexuellen Kung-Fu finden Sie in dem Buch *Tao Yoga der heilenden Liebe*.)

☛ **Wegweiser**

Was, wenn …

das Ei steckenbleibt?

Wenn Sie ein Ei ohne Schnur verwenden, kann es sich gelegentlich so anfühlen, als wäre es steckengeblieben. Wenn das geschieht, ist es vor allem wichtig, nicht in Panik zu geraten. Denken Sie daran: Das Ei kann nicht sehr weit wandern. Ertasten Sie vorsichtig, ob sich das Innere Ihrer Scheide trocken anfühlt. Wenn ja, so können Sie mit dem Finger noch etwas Gleitmittel (auf Wasserbasis) in Ihrer Vagina und rund um den Scheideneingang verteilen. Versuchen Sie, sich hinzuhocken oder sich auf die Toilette zu setzen, um das Ei herauszupressen. Kommt das Ei immer noch nicht heraus, so können Sie versuchen, auf und ab zu springen und zu lachen. Versuchen Sie anschließend erneut, sich hinzuhocken und nach unten zu pressen. Steckt das Ei immer noch, so wenden Sie sich einfach einer anderen Beschäftigung zu. Dabei werden sich Ihre Muskeln entspannen, wodurch sich das Ei höchstwahrscheinlich von allein bewegen wird. Nun ist es leichter hinauszubefördern. Schließlich können Sie (oder, was leichter ist, Ihr Partner) einen Finger einführen und das Ei herausleiten. Auf diese Art sollte sich das Ei herausbefördern lassen. Wenn Sie ein durchbohrtes Ei mit einer Schnur verwenden, wird dieses Problem nicht auftreten.

… das Ei seltsam riecht, wenn ich es herausnehme?

Ein ungewöhnlicher Geruch Ihrer Sekretionen mag auf eine Vaginalinfektion hindeuten. Das hat nichts mit der

Verwendung des Eis zu tun, aber Sie sollten die Übungen mit dem Ei (ebenso wie den »großen Zug«) nicht fortsetzen, solange die Infektion nicht abgeklungen ist. Es gibt zahlreiche einfache Hausmittel für Vaginalinfektionen. Wenden Sie sich an eine Frauenklinik oder an einen Arzt.

Vielleicht machen Sie die Entdeckung, dass diese Übungen und die Stärkung Ihres PC-Muskels im Allgemeinen bei Ihnen sexuelle Erregung auslösen. Der Grund dafür, dass Sie Ihren PC-Muskel trainieren, ist Ihr Wunsch, Ihr Orgasmuspotenzial auszuschöpfen; und wenn Ihr Partner ein multiorgastischer Mann ist, sollte es Ihnen nicht schwerfallen, Ihr wachsendes Verlangen zu befriedigen. Wenn Sie keinen Partner haben, können Sie sich selbst befriedigen oder auch den später in diesem Kapitel beschriebenen »großen Zug« anwenden, um Ihre sexuelle Energie von den Geschlechtsteilen in den übrigen Körper zu leiten und so an Energie zu gewinnen und sich zu verjüngen.

Uterusorgasmen und tiefe Vaginalorgasmen Wie zuvor erwähnt, hat die Frau zwei verschiedene Genitalnerven: den *Nervus pudendus*, der zur Klitoris und zu den umgebenden Hautgebieten führt, und den *Nervus pelvinus*, der zu Vagina und Uterus führt. Mit etwas Konzentration und ein wenig Übung können Frauen orgastische Kontraktionen im Uterus und tief in der Scheide empfinden. Eine multiorgastische Frau beschreibt ihre Erfahrung: »Zuerst habe ich allein geübt. Ich spannte und entspannte meine Scheidenmuskeln und bewegte diese Kontraktionen dann zu meiner Gebärmutter hinauf. Bald stellten sich die Kontraktionen beim Liebesakt von selbst ein. Das Gefühl war wirklich unglaublich.«

Diese ungeheuer genussvollen und starken Orgasmen waren den mit taoistischen Praktiken vertrauten Frauen im alten China, die fähig waren, ihre Scheiden- und Gebärmuttermuskeln zu beherrschen, gut bekannt. In den achtziger Jjahren studierten Alan und Donna Brauer die tiefen »Ausstoß«-Kontraktionen im Becken und nannten diese eine »erweiterte sexuelle Reaktion«. Anhand von Elektroenzephalogrammen (EEG) fanden sie heraus, dass die Hirnströme von Frauen während eines solchen Uterusorgasmus denen von Menschen in tiefer Meditation ähnelten. Die Taoisten lehren die Frauen seit jeher, dass sie sich selbst zu diesen tiefen Orgasmen verhelfen können, indem sie sich der Existenz der Muskeln tief in der Scheide und in der Gebärmutter bewusst werden und diese Muskeln trainieren.

Lassen Sie Ihre sexuelle Energie zirkulieren Indem Sie lernen, die Energie zirkulieren zu lassen, erlangen Sie die Fähigkeit, Ihre Orgasmen auf Ihren ganzen Körper auszudehnen. Angela Shen erklärt dazu: »Wenn Sie vor und während des Orgasmus die Energie emporziehen, wird der Orgasmus intensiver und dauert länger. Und anschließend werden Sie weniger erschöpft sein.« Indem Sie die sexuelle Energie zirkulieren lassen, verteilen Sie in Ihrem ganzen Körper heilende Energie und können mit Ihrem Partner wahrhaft ekstatische Liebesakte erleben. Die Fähigkeit, die sexuelle Energie zirkulieren zu lassen, ist die Grundlage für eine transzendente Sexualität wie auch für eine stabile und ausgeglichene Gesundheit. (Wenn Sie ejakulieren, ist es noch wichtiger, dass Sie üben, Ihre Energie zu erhalten.[5])

☞ **Übung 4 (Partnerin)**

Vertiefen Sie Ihre Orgasmen

1. Stellen Sie sich Ihre Gebärmutter vor (siehe Abbildung 33). Wenn Sie in der Lage sind, sich einen Körperteil vorzustellen, sind Sie auch in der Lage, eine engere Bindung zu ihm herzustellen und Ihren Geist mit Ihrem Körper zu verknüpfen.
2. Finden Sie heraus, wo Ihre Gebärmutter liegt. Stehen Sie auf, legen Sie beide Daumen auf Ihren Nabel, und bilden Sie mit Ihren Zeigefingern ein Dreieck (siehe Abbildung 34). Die Stelle, an der Ihre Zeigefinger einander berühren, markiert die ungefähre Lage Ihrer Gebärmutter. Der Uterus hat die Größe einer kleinen Pflaume. (Etwa dort, wo in entspannter Handhaltung Ihre kleinen Finger zu liegen kommen, befinden sich Ihre Eierstöcke.)
3. Atmen Sie ein, und pressen Sie beim Ausatmen Augen und Mund leicht zusammen; gleichzeitig können Sie im Inneren Ihres Körpers die Kontraktion des Scheidenendes spüren (dort befindet sich der Muttermund). Wenn Sie diese Übung richtig ausführen, werden Sie tief im Inneren eine leichte orgastische Empfindung verspüren.

Der auf Seite 270 beschriebene »große Zug« für Frauen wird Ihnen helfen, Ihre sexuelle Energie durch Ihren Körper zirkulieren zu lassen. Vielen Frauen gelingt es ohne viel

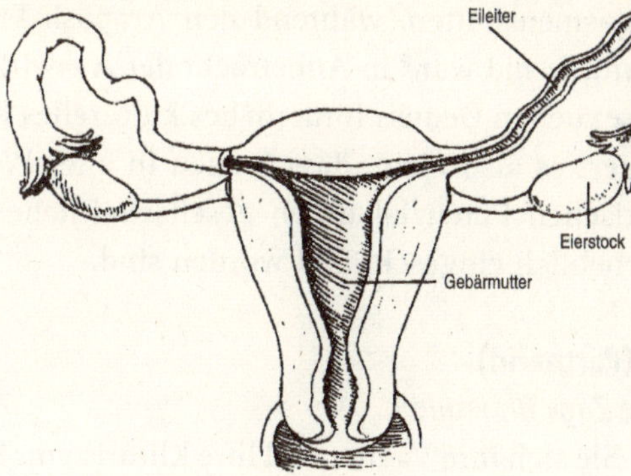

Abb. 33: Die Gebärmutter

Übung, die Energie emporzuziehen. Ein multiorgastischer Mann erinnert sich: »So wie offenbar viele Frauen war meine Freundin ohne die geringste Meditationserfahrung instinktiv imstande, die Energie in ihrem Körper nach oben zu leiten.«

Nur keine Scheu

Wie im Abschnitt »Hirnströme und Reflexe« in Kapitel 1 beschrieben, bestätigt auch die moderne Wissenschaft, dass der Orgasmus nicht nur ein körperlicher, sondern auch ein geistiger Vorgang ist. Und der geistige Zustand eines Menschen hat viel damit zu tun, was er lernt. Im Jahr 1939 demonstrierte die Anthropologin Margaret Mead die Abhängigkeit des Orgasmus von kulturellen Erwartungen. Sie verglich zwei benachbarte Völker auf Neuguinea. Die Mundugumor glaubten, dass die Frau einen Orgasmus habe, eine Auffassung, die ihre Nachbarn, die Arapash, nicht teilten. Es überraschte daher nicht, dass die meisten Frauen der Mundugumor Orgasmen hatten, während den Arapash-Frauen diese Erfahrung fremd war.[6] In Anbetracht der Auswirkung, die ein dem sexuellen Genuss förderliches kulturelles Klima hat, verwundert es also nicht, dass Frauen in aller Welt in ihrem orgastischen Potenzial durch gesellschaftliche Vorstellungen erheblich eingeschränkt worden sind.

☞ Übung 5 (Partnerin)

Der »große Zug« für Frauen

1. Stellen Sie sich Ihre Vagina und Ihre Klitoris vor. Wenn Sie nicht wissen, wie diese Organe aussehen, können Sie sie mit Hilfe eines Spiegels betrachten.
2. Berühren Sie leicht die Schamlippen und die Klitoris, so lange, bis Sie Erregung zu spüren beginnen.
3. Atmen Sie ein, und spannen Sie beim Ausatmen die Vagina leicht an, wobei Sie sie rund um die Klitoris zusammenpressen.
4. Atmen Sie ein, und entspannen Sie sich. Stellen Sie sich dabei vor, dass sich Ihre Vagina wie eine frische Blüte öffnet.
5. Wiederholen Sie den Vorgang neun- bis sechsunddreißigmal: ausatmen und anspannen, einatmen und entspannen.
6. Stellen Sie sich vor, dass sich Ihre Gebärmutter und Ihre Eileiter ebenfalls wie Blüten öffnen und schließen.
7. Wenn Sie spüren, dass sich Ihre sexuelle Energie ausdehnt, entspannen Sie sich, und bewegen Sie die Energie über das Steißbein ins Kreuzbein und von dort entlang der Wirbelsäule aufwärts in den Kopf (siehe

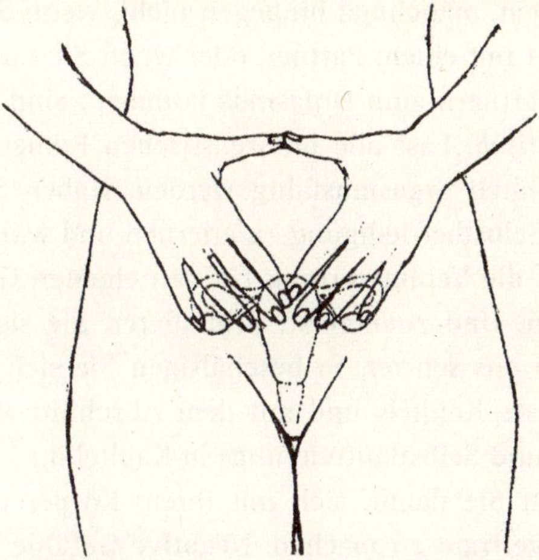

Abb. 34: Lokalisierung der Gebärmutter

Abbildung 35). Haben Sie Schwierigkeiten, die Energie emporzuziehen, so versuchen Sie, Ihre Vagina und Ihren After anzuspannen, während Sie das orgastische Gefühl über das Steißbein ins Kreuzbein und entlang der Wirbelsäule emporleiten. (Wenn Sie immer noch keinen Energiestrom spüren, können Sie versuchen, die in Kapitel 3 beschriebene Kreuzbein- und Schädelpumpe einzusetzen.)

8. Lassen Sie die orgastische Energie durch den übrigen Körper hinabfließen, oder leiten Sie sie in einen Körperteil, der geheilt oder gestärkt werden soll.

Orgasmusprobleme nehmen bei Frauen im Allgemeinen zwei Formen an: Wenn Sie noch nie einen Orgasmus hatten, sind Sie *präorgastisch.* Wenn Sie manchmal einen Orgasmus haben, manchmal hingegen nicht, wenn Sie allein, jedoch nicht mit einem Partner, oder wenn Sie nur mit bestimmten Partnern zum Orgasmus kommen, sind Sie *situationsorgastisch.* Fast alle präorgastischen Frauen können ziemlich schnell orgasmusfähig werden. Haben Sie keine Scheu, die Selbstbefriedigung zu erlernen und während des Liebesspiels die Verantwortung für den eigenen Genuss zu übernehmen. Und zuallererst: Stimulieren Sie sich selbst. (Fällt Ihnen das schwer, so beschäftigen Sie sich mit dem Anfang dieses Kapitels und mit dem Abschnitt »Selbstbefriedigung und Selbstkultivierung« in Kapitel 3.)

Beginnen Sie damit, sich mit Ihrem Körper und Ihrer Sexualität vertraut zu machen. Negative Gefühle in Bezug auf Ihren Körper oder Ihr Aussehen während des Liebesakts können Sie ablenken und Ihre Fähigkeit, Genuss zu empfinden und einen Orgasmus zu erreichen, beeinträchtigen. Beginnen Sie damit, sich unvoreingenommen im Spiegel zu betrachten. Erkennen Sie an, dass Ihr Körper schön ist und Ihnen Genuss schenken kann. Beginnen Sie, Ihren Körper zu erkunden. Streicheln Sie Ihren ganzen Körper, bevor Sie sich Ihren Genitalien zuwenden. Sie können Öl verwenden, um die Stimulation zu intensivieren. Die Sexualtherapeuten weisen gerne darauf hin, dass unser Gehirn unser wichtigstes Sexualorgan ist; nehmen Sie eine erotische Geisteshaltung ein. Sie können an eine besonders befriedigende sexuelle Erfahrung zurückdenken, erotische Literatur lesen oder aus Ihrem reichhaltigen Vorrat an sexuellen Phantasien schöpfen, um sich eine erotische Geschichte auszudenken.

Sowohl Kinsey als auch Hite zufolge stimulieren vier von fünf Frauen bei der Selbstbefriedigung ihre Klitoris, um ei-

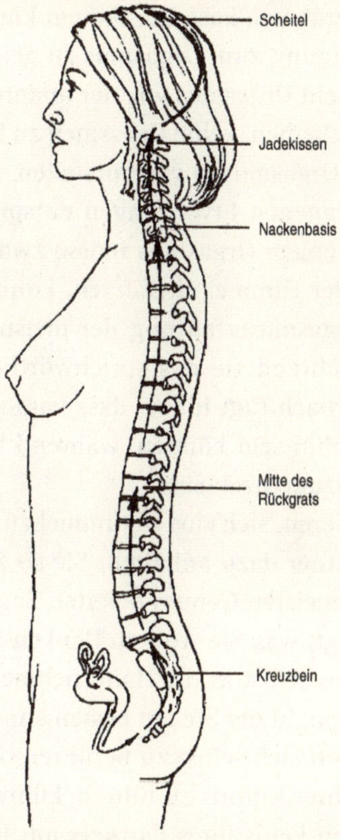

Abb. 35: Emporziehen der sexuellen Energie

nen Orgasmus zu erreichen. Wie Sie Ihre Klitoris streicheln, bleibt Ihnen überlassen: fest oder sanft, mit Stimulation des Schafts oder der Kuppe, auf und ab, hin und her oder mit kreisenden Bewegungen. Finden Sie heraus, was Ihnen am meisten Spaß macht. Vielleicht hilft Ihnen auch ein Vibrator, leichter zum Orgasmus zu kommen. Suchen Sie sich ein passendes Gerät aus. Fast alle Frauen können lernen, durch Selbstbefriedigung zum Orgasmus zu gelangen. Denken Sie daran, dass kein Orgasmus wie der andere ist. Viele orgastische Frauen glauben, keine Orgasmen zu haben, weil sie sich unter einem Orgasmus etwas vorstellen, was von außen an sie herangetragenen Erwartungen entspricht, oder weil sie glauben, bei einem Orgasmus müsse zwangsläufig die Erde beben oder der Himmel einstürzen. Lonnie Barbach meint: »Die erste Orgasmuserfahrung der meisten Frauen verläuft gedämpft, während sie das sprichwörtliche Feuerwerk erwarten.«[7] Barbach fügt hinzu, dass vaginale Orgasmen sehr diffus und zahm sein können, während klitorale Orgasmen deutlicher abzugrenzen sind.

Sind Sie bereit, sich »ins Getümmel zu werfen«, so sollten Sie Ihren Partner dazu anhalten, Sie so zu stimulieren, wie es Ihnen am meisten Genuss bereitet. Sagen oder zeigen Sie ihm unbedingt, was Sie wollen. Denken Sie daran, dass Sie Ihr Vergnügen selbst in die Hand nehmen können. Wählen Sie die Position, in der Sie am besten stimuliert werden, und fahren Sie fort, sich selbst zu berühren oder die Hand Ihres Partners zu Ihrer Klitoris zu führen. Führen Sie während des Liebesakts den Penis Ihres Partners mit Ihrem Becken dorthin, wo Sie am meisten Lust empfinden.

Wenn Sie irgendwann in Ihrem Leben Orgasmen hatten, dieses Erlebnis Ihnen aber verlorengegangen ist, sollten Sie herausfinden, was sich seit damals geändert hat. Hat sich Ihr Gesundheitszustand verändert? Leiden Sie an einer Infektion, oder nehmen Sie Medikamente, die Ihre Erregung beeinträchtigen können? Viele Frauen empfinden während der Schwangerschaft oder in der Stillperiode geringere Erregung, während das bei anderen nicht der Fall ist. Wenn Sie glauben, dass das Problem körperlicher Natur ist, sollten Sie einen Arzt zurate ziehen. Bestimmte Drogen und bestimmte Krankheiten, etwa Diabetes, können die Orgasmusfähigkeit beeinträchtigen. Hat sich Ihr Partner verändert? Oder hat sich Ihre Beziehung gewandelt? Hegen Sie unterdrückte Gefühle der Wut oder der Abneigung? Werden Sie durch die Kindererziehung oder durch die Arbeit abgelenkt? Setzen Sie sich mit diesen Fragen auseinander.

Wenn Sie bei der Selbstbefriedigung Orgasmen haben, beim Geschlechtsverkehr jedoch nicht, sollten Sie feststellen, was Ihnen beim Liebesspiel mit Ihrem Partner fehlt. Konzentrieren Sie sich zu sehr auf sein Vergnügen? Sind Sie zu gehemmt? Werden Sie nicht richtig erregt? Versuchen Sie, das Vorspiel auszudehnen, und willigen Sie nicht in den Geschlechtsverkehr ein, wenn Sie nicht erregt sind. Sie können auch für den Augenblick darauf verzichten und sich stattdessen darauf konzentrieren, einander mit Mund und Händen zu befriedigen. Ein Orgasmus vor Beginn des Koitus wird es Ihnen leichter machen, beim Liebesakt zum Höhepunkt zu gelangen.

Wenn Sie durch manuelle oder orale Befriedigung, nicht jedoch durch Geschlechtsverkehr zum Orgasmus kommen, wäre zu fragen: Bereitet Ihnen der Liebesakt Schmerzen? Wenn ja, sind Sie feucht genug? Können Sie über die Stellung und die Art der Stöße entscheiden? Wenn Sie beim Geschlechtsverkehr nicht zum Orgasmus kommen, obwohl Sie keine Schmerzen haben, sollten Sie Ihren Partner dazu bewegen, Sie mit Mund oder Händen zum Höhepunkt zu bringen, bevor Sie zum Koitus übergehen. Suchen Sie auch nach Ihrem G-Punkt und anderen empfindlichen Punkten, oder lassen Sie es Ihren Partner versuchen. Probieren Sie die Positionen aus, in denen Ihr G-Punkt am besten stimuliert wird – Sie sitzen auf dem Partner, er dringt von hinten ein, Sie sitzen in seinem Schoß. Und setzen Sie mit oder ohne seine Unterstützung Ihre Finger ein.

Geben Sie nicht auf. Es gibt umfangreiche Unterstützung für präorgastische Frauen, darunter Bücher, Selbsthilfegruppen und Beratungen. Darüber hinaus sollten Sie wissen, dass Sie unabhängig davon, ob Sie Orgasmen haben oder nicht, im ganzen Körper ein außerordentlich hohes Maß an Genuss empfinden können – so lehrt das Tao. Indem Sie lernen, die sexuelle Energie und das Vergnügen durch Ihren ganzen Körper zirkulieren zu lassen, werden Sie eine Verschmelzung der Energie erleben, welche die Frage »Bist du gekommen?« weitgehend unwichtig machen wird. Orgasmen zu haben oder multiorgastisch zu werden tritt stets zurück hinter das Erleben jenes Höchstmaßes an Genuss und Intimität, das aus einer echten Einheit von Körper, Herz, Geist und Seele entspringt.

Kapitel 7

Yang und Yang

Für homosexuelle Männer

Die chinesische Zivilisation kennt wie alle anderen auch seit langer Zeit die homosexuelle Liebe. Im Chinesischen gibt es zwei traditionelle Bezeichnungen für die Liebesbeziehung zwischen zwei Männern: *Lung-yang* war der Name des männlichen Liebhabers eines Prinzen aus dem vierten vorchristlichen Jahrhundert. Der Begriff *Tuan-hsiu* bedeutet »der abgeschnittene Ärmel« und erinnert an einen Kaiser, von dem erzählt wird, er habe den unter dem Körper seines schlafenden Liebhabers liegenden Ärmel seines Gewandes abgeschnitten, um den Schlafenden nicht zu wecken.[1] Am kaiserlichen Hof waren sexuelle Beziehungen zwischen Männern zu manchen Zeiten geduldet, während sie zu anderen Zeiten abgelehnt wurden – je nachdem, wer gerade im königlichen Bett schlief. Der Taoismus jedoch verurteilte die Homosexualität niemals. Die taoistische Lehre vermeidet es, irgendeine Ausdrucksform der menschlichen Sexualität auszugrenzen, da diese in ihrer Gesamtheit Teil des Tao ist. Vielmehr versucht der Taoismus, die Menschen zu lehren, wie sie unabhängig von ihren sexuellen Neigungen ihre Gesundheit erhalten.

Can't stop till I get enough

In einem Interview über das Leben in der Zeit vor Aids berichtete ein homosexueller Autor und Aktivist darüber, wie er in den einschlägigen Saunen oft mehrere sexuelle Abenteuer an einem Abend hatte. Auf die Frage, ob der Wunsch nach einer Vielzahl von sexuellen Erlebnissen generell für Homosexuelle charakteristisch sei, gab der Autor zurück, dieser Wunsch sei charakteristisch für die Sexualität jedes Mannes. Nur seien heterosexuelle Männer üblicherweise durch das weibliche Sexualverhalten eingeschränkt. Wolle man das eigentliche, also das nicht von der Frau beeinflusste Wesen der männlichen Sexualität beobachten, so müsse man sich das Verhalten homosexueller Männer ansehen.

Der Taoist versteht diesen Wesenszug der männlichen Sexualität als Ausdruck der männlichen Energie, des *Yang* (eine Erklärung von *Yin* und *Yang* finden Sie in Kapitel 5). Das *Yang* ist aktiv, schwankend und expansiv. Beim heterosexuellen Sex nimmt das *Yin* der Frau das *Yang* des Mannes auf und gleicht es aus. (Wie wir in Kapitel 5 erwähnt haben, verfügen beide Geschlechter über *Yin* und *Yang*, wobei die beiden Energieformen von Person zu Person verschiedene Mischungsverhältnisse aufweisen. Es gibt Männer, die eher *yin* sind, und Frauen, die eher *yang* sind. Die Taoisten sind der Auffassung, dass das Universum wie in der Natur auch in den Geschlechterbeziehungen stets ein Gleichgewicht anstrebt.)

Wenn zwei homosexuelle Männer den Liebesakt vollziehen, lädt das *Yang* des einen Mannes jenes des anderen auf, wodurch die sexuelle Begierde beider eher steigt als abnimmt. B. J. Santerre, Spezialist für Healing Tao für Homosexuelle, erläutert, wie wertvoll multiple Orgasmen für homosexuelle Männer sind: »Homosexuelle Männer brauchen tatsächlich multiple Orgasmen. Die meisten heterosexuellen Männer tun es ein- oder zweimal in einer Nacht. Homosexuelle brauchen mehr als das. Die taoistische Praxis versetzt diese Männer in die Lage, dieses Bedürfnis zu befriedigen, unabhängig davon, ob sie einen Partner haben oder nicht.«

Aufgrund ihres expansiven Charakters ist die *Yang*-Energie schwer zu beherrschen, weshalb sie häufig danach drängt, auf dem direktesten Weg – also durch den Penis – zu entweichen. Es überrascht daher nicht, dass das Ziel homosexueller Aktivität laut Joseph Kramer, einem Heilexperten und Lehrer für männliche Sexualität, häufig darin besteht, »ihn hochzukriegen und abzuspritzen«. Diese Konzentration auf die Ejakulation ist verständlich, da man auf diese Art seine sexuelle Begierde befriedigen kann: Wenn ein Mann ejakuliert, wird er eher *yin* – stabil, innerlich ruhig und ausgeglichen.

Um den endlosen Kreislauf des Ejakulationsstrebens, das Ihren Körper und Ihr Immunsystem extrem auszehrt, zu durchbrechen, müssen Sie Ihre *Yin*-Energie pflegen und Ihre expansive *Yang*-Energie über Ihren ganzen Körper verteilen. Durch die Kanalisierung und Bewahrung dieser Energie werden Sie darüber hinaus, wie wir zuvor erklärt haben, multiorgastisch und kommen in den Genuss von Ganzkörperorgasmen, die befriedigender sind als die genitale »Entladung«, an die die meisten Männer gewöhnt sind. B. J. Santerre sagt dazu: »Wenn Sie Ihren Samen aufbewahren, können Sie wieder die tollen Zeiten erleben, als die Leute in die Sauna gingen und die ganze Nacht lang Orgasmen hatten. Wenn Sie diese Methode erlernen, können Sie das Gleiche tun, ohne sich jedoch der Erschöpfung preiszugeben. Und Sie müssen dazu nicht einmal das Haus verlassen!«

Kultivieren Sie Ihre sexuelle Energie

Homosexuelle Männer müssen ebenso wie alle Männer lernen, ihre sexuelle Energie durch ihren Körper zirkulieren zu lassen, um zum einen ihre Orgasmen auszudehnen und zum anderen die Kraft und das Heilungspotenzial ihrer sexuellen Energie ausschöpfen zu können. Beim Sex ohne Samenerguss ist es sogar noch wichtiger, diese Energie emporzuziehen, um das Verlangen zu befriedigen und die flüchtige sexuelle Energie *(Ching-chi)* in das höherwertige und stabilere *Chi* umzuwandeln. Die Techniken, mit deren Hilfe Sie Ihre sexuelle Energie durch Ihren Körper zirkulieren lassen und den Orgasmus von der Ejakulation trennen können, haben wir in den Kapiteln 2 und 3 beschrieben. An dieser Stelle wollen wir uns auf die Bedeutung konzentrieren, die diese Praktiken für homosexuelle Männer und homosexuelle Paare haben.

Ein multiorgastischer Homosexueller beschreibt seine Erfahrung: »Ich hatte einen Lover in New York, und weil ich mich intensiv mit dem Tao beschäftigte, sagte ich zu ihm: ›Das musst du auch lernen.‹ Ich ließ ihm gar keine Wahl. Wenn uns nach Sex zumute war, begannen wir miteinander zu spielen. Wenn einer von uns so weit war, wandte er den ›großen Zug‹ mit seiner eigenen Geschwindigkeit an. Wenn wir es gemeinsam taten, erreichten wir die Befriedigung am selben Punkt, auch wenn wir die Energie nicht zur selben Zeit zirkulieren ließen. Dieser Energieaustausch geht weiter, wenn man einander in den Armen liegt und befriedigt einschläft, weil beide Partner mit sexueller Energie aufgeladen sind.«

Wie wir in Kapitel 3 gesagt haben, können Sie diese Praktiken auch allein und sogar mit einem Partner anwenden, der nicht mit dem Tao vertraut ist. Ein multiorgastischer Homosexueller erklärt: »Nachdem ich mit mir selbst gespielt oder Geschlechtsverkehr gehabt und vier oder fünf Minuten lang den ›großen Zug‹ angewandt habe, bin ich total high. Da kann der prächtigste Junge vor mir liegen und sagen: ›Ich will dich lutschen‹ – ich sage nur: ›Stop, stop‹. Ich bin echt befriedigt, auch wenn ich nicht gekommen bin.«

Wenn es Ihnen schwerfällt, Ihre sexuelle *Yang*-Energie unter Kontrolle zu halten, brauchen Sie vielleicht ein wenig ausgleichende und beruhigende *Yin*-Energie. Zum Glück gibt es zahlreiche Quellen, aus denen man *Yin*-Energie schöpfen kann. Denn auf jeder Ebene der Natur, vom Kosmos (Himmel und Erde) bis hinab zum Mikrokosmos (Ihr Körper) existieren *Yin* und *Yang*. Da in jedem von uns sowohl *Yin* als auch *Yang* fließen, können Sie in sich die Eigenschaften des *Yin* – Freundlichkeit, Sanftmut und Selbstachtung – kultivieren. (Wie man lernen kann, diese Eigenschaften zu kultivieren und mit einem emotionalen Ungleichgewicht umzugehen, erfahren Sie in *Tao Yoga des Heilens* von Mantak Chia.) So können Sie aus der Umwelt *Yin*-Energie beziehen, um Ihre Energie auszubalancieren. Zum Beispiel sind Nahrungsmittel wie Gemüse und Fisch *yin;* Sie können jedoch auch direkt aus der Erde *Yin*-Energie ziehen. Dem Taoismus (und verschiedenen anderen Lehren) zufolge ist die Erde weiblich, also *yin*. Männer können *Yin*-

Energie aus der Erde ziehen, indem sie einfach Zeit in der Natur verbringen und ihren Garten pflegen; sie können diese Energie auch in konzentrierterer Form aufnehmen, indem sie Energie aus der Erde heraufziehen, wenn sie den in Kapitel 3 beschriebenen »kalten Zug« praktizieren.

Seien Sie vielseitig

Die meisten homosexuellen Männer wissen um das Lustpotenzial ihrer Prostata und ihres Afters (gilt das für Sie nicht, so lesen Sie den Abschnitt über die Prostata in Kapitel 2). Dessen ungeachtet blicken viele Homosexuelle auf Männer herab, die »als Matratze dienen«. Diese Einstellung überrascht nicht, betrachtet man das negative Stigma, das damit verbunden ist, »gefickt zu werden«, und hält man sich die in der westlichen Gesellschaft übliche Verknüpfung von Macht und »Obenaufsein« vor Augen. Wie wir in Kapitel 5 im Hinblick auf heterosexuelle Paare festgestellt haben, betrachtet der Taoismus die Person, die oben liegt, nicht als dominant, sondern als heilend für die unten liegende Person. Die Person, die oben liegt (oder aktiver ist), spendet der unten liegenden (oder passiveren) mehr sexuelle und heilende Energie.

Der taoistischen Lehre zufolge muss alles Aktive zugleich auch passiv sein. Aus diesem Grund wird homosexuellen Männern empfohlen, flexibel zu sein und beide Positionen einzunehmen. Ein multiorgastischer Mann erklärt, dass die sexuellen Vorteile auf der Hand liegen: »Ein Typ, der es oben und unten kann, ist ein großartiger Lover, er kann es dem Partner so richtig besorgen. Wer nur oben ist oder nur unten, kennt nur eine Seite.«

Wenn Sie unten liegen, genießen Sie auch den mit dem Analverkehr verbundenen Vorteil der Prostatamassage. Stephen T. Chang erklärt in seinem Buch *Das Tao der Sexualität*, dass jene homosexuellen Männer, die im Allgemeinen unten liegen, sehr viel weniger Probleme mit der Prostata haben als Männer, die üblicherweise oben liegen.[2] Aber die meisten Männer haben ihre Vorlieben und wollen nicht experimentieren.

Doch auch wenn Sie normalerweise oben sind und nicht unten liegen wollen, können Sie in den Genuss der Afterstimulation kommen und Ihren Schließmuskel trainieren. B. J. Santerre erklärt dazu: »Bei Penetration denkt jeder an einen 25-Zentimeter-Schwanz oder an einen Vibrator. Aber ein kleiner Finger tut es auch. Wie alles andere erfordert auch die Penetration einige Übung. Sie brauchen den geeigneten Partner, der in der Lage ist, es locker anzugehen, und Sie müssen die Muskeln entspannen. Sie sollten sich nicht gleich am ersten Tag bumsen lassen. Und wenn Sie es nicht mögen, penetriert zu werden, können Sie immer noch an Ihrem After spielen. Auch die Stimulation des äußeren Afterbereichs ist sehr wichtig, weil sie die Gesäßmuskeln stärkt, die unverzichtbar für die Zirkulation der sexuellen Energie sind.«

Der »unten Liegende« kann durchaus auch aktiv sein. Je mehr Sie Ihren PC-Muskel (siehe Kapitel 3) und Ihren Afterschließmuskel trainieren, desto besser können Sie den Penis Ihres Partners massieren und desto mehr Genuss können Sie sich und ihm bereiten. B. J. Santerre fährt fort: »Ist Ihr After erst einmal richtig stark, werden Sie ein geiler Fick für Ihren Partner sein. Sie werden seinen Penis massieren, wenn er in Sie eindringt. Sie werden nicht länger passiv sein und der Dinge harren, die da kommen. Sie haben Teil daran, indem Sie den unteren oder den oberen Bereich anspannen und entspannen. Sie können Ihren After zwei- oder dreimal schnell hintereinander kontrahieren oder Ihren Partner einfach ein wenig tiefer eindringen lassen und dann überraschen, indem Sie seinen Penis zusammendrücken.«

Homosexuelle und heterosexuelle Männer, die gerade erst beginnen, mit der Analstimulation zu experimentieren, fürchten sich manchmal vor Rissen in der After- oder Enddarmhaut. Die Lösung für dieses Problem besteht einfach darin, ausreichend Gleitmittel zu verwenden und einen behutsamen Partner zu haben. Andere homosexuelle Männer hegen die Sorge, wiederholter Analsex könne ihren Schließmuskel schwächen. Es gibt keine Fakten, die darauf hindeuten, ganz im Gegenteil: Analsex kann die Aftermuskeln stärken. Wenn Sie sich dennoch Sorgen machen oder das Gefühl haben, Ihre Aftermuskeln seien schwach, können Sie die in Kapitel 9 beschriebene Übung zur Stärkung des Schließmuskels machen.

Monogamie und wechselnde Partner

Im Zeitalter von Aids hat sich eine neue Ethik der Monogamie für Homosexuelle (und natürlich auch für Heterosexuelle) herausgebildet. Wenn Sie Safersex-Techniken anwenden, so gibt es nichts gegen wechselnde Partnerschaften einzuwenden. In den taoistischen Texten wurden heterosexuelle Männer sogar über die Vorteile mehrerer Partnerinnen unterrichtet. Aber mehrere Partner werfen eine Schwierigkeit auf: Die in diesem Buch beschriebenen Praktiken erfordern eine enge Bindung zwischen den beiden Körpern, zwischen Herz, Geist und Seele. Und diese Bindung herzustellen ist schon mit einem Partner schwer genug, geschweige denn mit mehreren. Dem Tao zufolge ist eine tiefe sexuelle Beziehung, sei sie nun hetero- oder homosexuell, einer Reihe von oberflächlichen Bindungen vorzuziehen.

Der für die Sexualität in unserer modernen Gesellschaft charakteristische anonyme Sex steht in diametralem Gegensatz zu jener physischen, emotionalen und geistigen Bindung, die vom sexuellen Kung-Fu ermöglicht und verlangt wird. Ob Sie nun Körperflüssigkeiten austauschen oder nicht, Sie tauschen stets Energie aus. Suchen Sie sich den (oder die) Partner also sorgfältig aus.

Safersex

Die meisten homosexuellen Männer sind sich der Notwendigkeit, beim Sex Sicherheitsvorkehrungen zu treffen, vollkommen bewusst, und wissen gut über die einzelnen Techniken für Safersex Bescheid. Daher werden wir uns mit diesem Thema hier nicht ausführlich beschäftigen. (Sollten Sie Genaueres über die Kunst der richtigen Verwendung eines Kondoms und über andere Tricks für sicheren Sex wissen wollen, so lesen Sie bitte den Abschnitt »Bevor Sie loslegen: Einige Worte über Safersex« in Kapitel 5.) An dieser Stelle sei nur so viel gesagt: Wir empfehlen Ihnen nachdrücklich, Safersex zu praktizieren. Und es sei darauf hingewiesen, dass der von den Taoisten empfohlene Geschlechtsverkehr ohne Samenerguss entscheidend dazu beiträgt, den Austausch von Körperflüssigkeiten zu verringern.

Indem Sie auf den Samenerguss verzichten, reduzieren

Sie nicht nur die Abgabe, sondern auch die Aufnahme von Körperflüssigkeiten. Wie in Kapitel 5 beschrieben, erzeugen Sie beim Hinauspumpen des Samens ein Unterdruck-Vakuum, welches Flüssigkeiten, aber auch Bakterien oder Viren aus der Umgebung einsaugt (so wie ein Turkey baster den Bratensaft aufsaugt, wenn Sie die Luft hinauspressen). Wenn Sie nicht ejakulieren, laufen Sie also geringere Gefahr, Bakterien oder Viren aufzunehmen. (Wie Sie sich vorstellen können, ist das besonders beim Analsex wichtig, da der Dickdarm von Natur aus ungezählte Bakterien beherbergt.)

Denken Sie daran, dass auch dann, wenn Sie sexuelles Kung-Fu praktizieren, häufig eine kleine Menge Sperma abgegeben wird. Daher sollten Sie auch bei Anwendung der taoistischen Praktiken nicht auf andere Sicherheitsvorkehrungen verzichten.

Heilung durch Sex

Die meisten Menschen sind sich des Heilpotenzials der Sexualität nicht bewusst. Die Taoisten wissen seit jeher, dass uns der Sex sowohl nützen als auch schaden kann. Die Genitalsexualität, die im Samenerguss kulminiert, zehrt den Körper aus. Wie Joseph Kramer deutlich gemacht hat, bauen wir in unseren Lenden lebenspendende sexuelle Energie auf; doch anstatt diese Energie in unser Gehirn und unser Herz emporzuleiten, wo sie zu unserer Heilung beitragen kann, blockieren wir sie, indem wir unsere Brustmuskeln verspannen und zu flach atmen. Da sie nirgendwohin fließen kann, bleibt diese Energie in der Leistengegend stecken und schwillt schließlich derart an, dass sie außer Kontrolle gerät und sich ihren Weg durch den Penis hinausbahnt.

Beim sexuellen Kung-Fu bewegen Sie sich in unmittelbarer Nähe des »Point of no return« und spüren die orgastischen Kontraktionen, ohne jedoch zu ejakulieren. Das gelingt Ihnen, indem Sie sich mit dem Verlauf Ihrer sexuellen Erregung vertraut machen, indem Sie die in Kapitel 3 beschriebenen Techniken anwenden und vor allem, indem Sie die Energie aus Ihren Genitalien entlang Ihrer Wirbelsäule emporziehen und in Ihrem übrigen Körper verteilen.

Haben Sie diese Energie einmal aufgebaut, so können Sie sie auch mit Ihrem Partner austauschen. Dieser Energieaustausch wirkt sich nachhaltig auf die Gesundheit und das Wohlbefinden beider Partner aus und funktioniert auch durch die Mauern aus Latex hindurch, die wir heutzutage notgedrungen zwischen uns ziehen müssen. Einzig unsere abendländische Vereinzelung und unser Individualismus bringen uns zu der Überzeugung, wir könnten Sex haben, ohne uns auf seine Intimität und ein vollständiges gegenseitiges Durchdringen einzulassen.

Unglücklicherweise messen wir in der westlichen Welt die Sexualität nicht am geeigneten Maßstab, also an der Gesundheit, sondern an moralischen Maßstäben. Dieser Zugang hat uns dazu verleitet, den Sex anhand von Kriterien wie Genuss/Schmerz und Reinheit/Perversität einzuordnen, abhängig von der Voreingenommenheit des jeweiligen Betrachters. Im Lauf der Jahrhunderte wurden die Homosexualität und viele andere Formen der Sexualität einschließlich der Selbstbefriedigung als pervers, sündig, krank und unnatürlich definiert. Augustinus und Thomas von Aquin gingen sogar so weit, jegliches Sexualverhalten, das nicht zur Zeugung führt, als unnatürlich einzustufen.

Da die Taoisten dank ihrer offenen Einstellung im Sex eine wichtige Quelle für die lebenserhaltende Energie – das *Chi* – erkannten, waren sie in der Lage, seine Bedeutung für die Gesundheit unseres Körpers, unserer Emotionen, unseres Geistes und unserer Seele zu sehen. Die achtziger Jahre haben uns auf tragische Art und Weise vor Augen geführt, dass der Sex auch Krankheit mit sich bringen kann, aber in unserer heillosen Panik haben wir vergessen, dass er uns in erster Linie heilen kann.

Die Kultivierung Ihrer sexuellen Energie ist daher von besonderer Bedeutung, wenn Sie mit dem HIV-Virus oder mit Aids leben. Viele Menschen, die mit lebensbedrohenden Krankheiten konfrontiert sind, verlieren den Appetit auf Sex. Aber gerade dies ist die Zeit, in der sie ihre sexuelle Energie am meisten brauchen würden. B. J. Santerre, der seit elf Jahren mit dem Aids-Virus lebt, erklärt: »Die sexuelle Energie ist so wichtig für den Energiefluss im Körper, dass man es sich nicht leisten kann, sie nicht zu nutzen. Mit einer Erektion aufzuwachen ist ein bedeutsamer Ausdruck der Vitalität, der vielen kranken Männern fremd geworden ist. Wenn Sie mit einem Ständer aufwachen, wissen Sie, dass sich Ihr Gesundheitszustand bessert.«

Männer (und Frauen), die an Aids oder einer anderen durch Geschlechtsverkehr übertragenen Krankheit leiden, haben häufig noch zwei zusätzliche Gründe, die sie daran hindern, die heilende Kraft der Sexualität zu nutzen: Schuldgefühle (»Ich habe es durch Sex bekommen«) und Angst (»Ich möchte niemanden anstecken«). Diese Hemmungen sind verständlich, aber unbegründet. Und dass man durch Sex krank geworden ist, bedeutet nicht, dass man die heilende

Kraft seiner Sexualität nicht braucht. Menschen, die krank werden, indem sie Erreger mit der Luft einatmen oder mit der Nahrung aufnehmen, hören deshalb nicht auf, zu atmen oder zu essen. Wenn Sie fürchten, andere anzustecken, dann können Sie Zuversicht aus der Tatsache schöpfen, dass Sex ohne Ejakulation Safersex noch sicherer macht.

Es versteht sich von selbst, dass es angesichts einer lebensbedrohenden Krankheit oder einer ernsthaften Geschlechtskrankheit noch wichtiger wird, den Samen zu bewahren. Wie B. J. Santerre sagt: »Wir können Aids noch nicht heilen, aber wir wissen bereits, dass manche Menschen sofort daran sterben, während andere lange mit der Krankheit leben. Wenn Ihr Körper ständig neues Sperma produzieren muss, wird er keine weißen Blutkörperchen produzieren.«

Wenn Sie sexuelles Kung-Fu einsetzen, um die Heilung einer schweren Krankheit voranzutreiben, müssen Sie Ihrem Körper unbedingt genug Zeit geben, um die wachsende Energie zu »verdauen«. Ein multiorgastischer Mann, der gerade eine schwere Krankheit überwunden hatte, berichtet: »Die sexuelle Energie hat große Heilkraft, aber der Heilungsprozess verlangt sehr viel Arbeit von deinem Körper. Er kann anfangs sogar unangenehm sein. Möglicherweise kehren alte Symptome zurück.« Gehen Sie langsam und Schritt für Schritt vor, um zu lernen, diese wirkungsvolle Heilkraft in Ihrem Körper richtig einzusetzen. Neben dem sexuellen Kung-Fu können auch die anderen taoistischen Heilkünste von großem Nutzen für Sie sein. (Im Anhang finden Sie eine Liste von Büchern zum Thema sowie einige Adressen, wo Sie sich über Healing Tao informieren können.)

Kapitel 8

Bevor Sie den Klempner rufen

Die meisten von uns haben irgendwann in ihrem Leben sexuelle Probleme. Wir ejakulieren zu schnell bei einer neuen Partnerin oder haben Erektionsschwierigkeiten bei unserer alten. In einer solchen Situation muss man sich in erster Linie vor Augen halten, dass dies zeitweilige Enttäuschungen sind, bedingt durch das Auf und Ab in unserem Leben und in unseren Beziehungen.

In der westlichen Welt neigen wir dazu, solchen Erscheinungen wenig hilfreiche Etiketten wie *vorzeitiger Samenerguss* und *Impotenz* anzuheften. Derart kategorische Zuordnungen zersetzen das Selbstwertgefühl eines Mannes und seine Fähigkeit, mit den Veränderungen in seinem Sexualleben entspannt und natürlich umzugehen. Sinn für Humor ist oft das beste Gegenmittel gegen unseren übertrieben ernsten Umgang mit unseren »sexuellen Problemen«. Die größte Gefahr liegt, wie Masters und Johnson und andere Sexualtherapeuten deutlich gemacht haben, darin, dass wir in einen Teufelskreis von »Angst-Versagen-Scham-Angst« geraten, was häufig dazu führt, dass sich derartige Schwierigkeiten auf Dauer in unseren Schlafzimmern einnisten. Auch wenn Sie nicht von einer der im Folgenden beschriebenen Sorgen geplagt werden, sollten Sie den nächsten Abschnitt lesen, um zu wissen, was Sie im Fall des

Falles erwartet und wie Sie mit solchen ungebetenen Gästen verfahren können, sollten diese eines Tages bei Ihnen hereinplatzen.

Es ist erst vorüber, wenn's vorbei ist: Das Ende des vorzeitigen Samenergusses

In der taoistischen Sexuallehre gibt es so etwas wie den »vorzeitigen Samenerguss« überhaupt nicht. Das sagen wir nicht, um der Tätigkeit der Sexualtherapeuten und Sexualberater den Sinn abzusprechen. Auch wollen wir keineswegs die Tatsache leugnen, dass viele Männer so früh ejakulieren, dass sie ihre Partnerinnen und eigentlich auch sich selbst nicht befriedigen können. Vielmehr geht es uns darum deutlich zu machen, dass aus Sicht der Taoisten die große Mehrheit der Männer »vorzeitig« zum Samenerguss kommt. Dem sexuellen Kung-Fu zufolge sollte man imstande sein, selbst zu entscheiden, wann man ejakulieren will; damit wird jeder ungewollte Samenerguss zu einem verfrühten Samenerguss. Dazu kommt, dass dann, wenn der Samenerguss nicht länger das Ziel ist und wenn Sie auch ohne Ejakulation Orgasmen haben können, die meisten Samenergüsse per definitionem verfrüht oder zumindest überflüssig sind.

Die Frage lautet daher nicht, ob Sie eine bestimmte, mit der Stoppuhr gemessene Zeitspanne lang aushalten können, sondern ob Sie und Ihre Partnerin mit der Dauer Ihres Liebesspiels zufrieden sind. Wenn Sie die in Kapitel 3 beschriebenen Übungen machen, werden Sie lernen, Ihren Samenerguss so lange hinauszuzögern, wie Sie und Ihre Partnerin wollen.

Bleibt das Problem bestehen oder ist es besonders belastend, so sollten Sie vielleicht professionelle Hilfe in Anspruch nehmen. Ein Sexualtherapeut oder Sexualberater wird Ihnen helfen herauszufinden, ob es tiefer verankerte psychologische Gründe dafür gibt, dass Sie schnell zum Samenerguss kommen (zum Beispiel Angst davor, »erwischt zu werden«, Angst vor dem Verlust der Erektion usw.). Ein geschulter Berater kann Ihnen eine Reihe von Übungen verschreiben, die geeignet sind, Ihr sexuelles Selbstvertrauen wieder aufzubauen. Hier folgt ein Beispiel für eine Abfolge von Übungen, die Ihnen dabei helfen werden, Ihr Stehvermögen zu erhöhen.

Beherrschung lernen Bewegen Sie Ihre Partnerin dazu, Sie mit der Hand zu stimulieren. Konzentrieren Sie sich auf die Empfindungen in Ihren Geschlechtsteilen und darauf, innezuhalten, wenn Sie dem Samenerguss nahe sind. Sobald Sie Vertrauen in Ihre Fähigkeit gewonnen haben, den Zeitpunkt Ihres Samenergusses festzustellen und hinauszuschieben, wagen Sie sich an den Koitus, wobei die Frau oben sitzen sollte, damit Sie sich weiterhin auf Ihre Empfindungen konzentrieren können. Als Nächstes können Sie den Geschlechtsverkehr in verschiedenen Stellungen ausprobieren, und schließlich können Sie versuchen, das Tempo zu drosseln, statt den Liebesakt zu unterbrechen. Sie sollten vielleicht auch vermeiden, auf Ihrer Partnerin zu liegen, da es Ihnen die Kontrolle erschwert, wenn das Blut durch die Schwerkraft in den Penis gezogen wird.

Auch sollten Sie am besten mit einer Partnerin zusammen sein, die Sie gut kennen und bei der Sie keinen Leistungsdruck verspüren. Und es ist von Vorteil, wenn Ihre Partnerin in der Lage ist, Sie zu ermutigen und Ihnen die Konzentration auf Ihre Erregungskurve zu erleichtern (»Sehr gut so«, »Sanft und langsam«, »Entspanne dich«). Ihre Partnerin kann auch lernen, ihre Hüften und ihr Kreuzbein so kreisen zu lassen, dass Ihr Penis an verschiedenen Stellen gereizt wird, während Sie stillhalten. Wenn Ihre Partnerin diese Technik lernen kann, werden Sie beide großen orgastischen Genuss erreichen, ohne dass Sie ejakulieren.

Denken Sie daran, dass fast alle Männer in jungen Jahren relativ schnell zum Samenerguss kommen und dass es ihnen im Allgemeinen mit zunehmendem Alter leichter fällt, länger durchzuhalten. Vielleicht haben Sie auch schon die Erfahrung gemacht, dass der Ejakulationsdruck umso schwerer zu kontrollieren ist, je mehr Zeit seit dem letzten Geschlechtsverkehr verstrichen ist. Aus diesem Grund können Sie Ihren Samenerguss umso leichter beherrschen, je häufiger Sie Sex haben. Und wie wir im letzten Abschnitt über Sicherheitsvorkehrungen beim Sex bemerkt haben, können auch Kondome dazu beitragen, die Empfindlichkeit des Penis herabzusetzen.

Bleiben Sie aufmerksam Viele Männer glauben, einige Drinks könnten sie von ihrer Erregung ablenken und dazu beitragen, den Samenerguss hinauszuzögern. Ein multiorgastischer Mann erinnert sich: »Zu den Dingen, die ich üblicherweise tat – und ich glaube, viele Männer tun dasselbe –, gehörte es, ein paar Gläser Alkohol zu trinken, bevor ich mit einer Frau ins Bett ging. Plötzlich fühlst du dich nicht mehr so mit deinen Lenden verbunden und kannst länger durchhalten, weil es dir in deinem benommenen und etwas abwesenden Zustand schwerer fällt, einen Orgasmus zu haben. Aber es war sehr frustrierend, weil ich trotzdem oft sofort kommen musste.« Es mag den Anschein haben, als sei ein verfrühter Samenerguss die Folge eines überempfindlichen Genitalbereichs, aber in Wirklichkeit ist er das Ergebnis einer zu geringen Sensibilität. Alkohol ist ein Betäubungsmittel und stumpft die Empfindungen ab. Er kann zwar Ihre Erregung unterdrücken, reduziert jedoch auch Ihre Fähigkeit, sie zu kontrollieren. Der Schlüssel zu echter, dauerhafter Kontrolle liegt nicht in geringerer, sondern in größerer Sensibilität. Aus diesem Grund ist die Baseballtabelle nicht das geeignete Mittel. Dazu kommt, dass es Ihnen sehr viel schwerer fallen wird, die Bedürfnisse Ihrer Partnerin zu erkennen, wenn Sie angeheitert sind und sich zu erinnern versuchen, wo Ihre Mannschaft gerade steht.

Alkohol kann auch das andere Hauptproblem der männlichen Sexualität herbeiführen – die Impotenz (im Amerikanischen treffend als *Whiskey Dick* bezeichnet). Auch Marihuana hat nachteilige Auswirkungen auf die Sexualität, wenn es regelmäßig konsumiert wird. Es hat sich herausgestellt, dass der tägliche Konsum von Marihuana den Androgenspiegel senkt. Die Androgene jedoch sind direkt verantwortlich für Ihren Sexualtrieb. Die möglichen Folgen sind ein sinkendes Interesse am Sex und Erektionsschwierigkeiten. In anderen Studien zeigte sich, dass die wiederholte Einnahme von Marihuana die Spermienanzahl senken kann. Verlängerte Liebesakte und multiple Orgasmen erhöhen Untersuchungsergebnissen zufolge den Pegel der natürlichen körpereigenen Glücksdroge Endorphin. Nehmen Sie statt Kontaktdrogen lieber Gleitmittel, wenn es so weit ist. Übrigens: Endorphine machen keinen Kater.

Schlangenbeschwörung: Die Überwindung der Impotenz

Der Gelbe Kaiser sagte: »Ich möchte den Liebesakt vollziehen, doch mein Penis richtet sich nicht auf. Ich verspüre so großen Druck, dass mir der Schweiß in Perlen über die Haut läuft. Ich sehne mich mit ganzem Herzen danach, Liebe zu machen, und ich wünschte, ich könnte mit meinen Händen nachhelfen. Was kann ich tun? Ich möchte das Tao hören.«
Su Nü antwortete: »Das Problem Eurer Hoheit ist ein Problem aller Männer.«[1]

Jeder Mann macht irgendwann in seinem Sexualleben einmal die Erfahrung, nicht zu einer Erektion imstande zu sein oder seine Erektion einzubüßen. Die Maschinerie ist zu komplex, um absolut sicher zu funktionieren, aber in den meisten Fällen gibt es keinen großen Grund zur Sorge. Eine physische Belastung (Erschöpfung, eine Erkältung, eine Vergiftung) oder emotionaler Stress (Gewöhnung an eine neue Partnerin, Leistungsdruck, Spannungen in der Beziehung) können zur Folge haben, dass Ihr Penis schlaff bleibt oder im unpassenden Augenblick schrumpft. Versuchen Sie, die unangenehme Situation gelassen und mit Humor hinzunehmen, ohne sich selbst oder Ihrer Partnerin Vorwürfe zu machen. Ein solcher Vorfall bedeutet keinesfalls, dass Sie etwas von Ihrer Männlichkeit oder dass Ihre Partnerin etwas von ihrer Weiblichkeit eingebüßt hat. Su Nüs erster Rat an den Gelben Kaiser lautete, er solle sich entspannen und versuchen, Harmonie mit seiner Partnerin herzustellen.

☞ **Übung 14**

Weiches Eindringen

1. Ihre Partnerin muss vollkommen feucht sein, und Sie sollten sie so lange erregen, bis ihre Säfte fließen. Wenn nötig, können Sie auf Scheide oder Penis oder auf beide ein Gleitmittel streichen.
2. Im Allgemeinen ist es am einfachsten, wenn Sie oben liegen, da in dieser Position die Schwerkraft das Blut zusätzlich in den Penis zieht und Sie größtmögliche Bewegungsfreiheit haben.
3. Bilden Sie mit Daumen und Zeigefinger einen Ring um den Penisschaft und drücken Sie diesen behutsam zu, um das Blut in Schaft und Eichel zu pressen.
4. Führen Sie den Penis vorsichtig in Ihre Partnerin ein und beginnen Sie mit stoßenden Bewegungen. Halten Sie dabei den Fingerring um den Penisschaft geschlossen.
5. Konzentrieren Sie sich darauf, wie sich Ihr Penis mit Blut und sexueller Energie füllt, und richten Sie Ihre Aufmerksamkeit auf die Empfindungen im Penis. Drücken Sie Ihren Damm und Ihre Hinterbacken zusammen, um zusätzliches Blut in Ihre Genitalien zu pressen.
6. Ihre Partnerin kann zu Ihrer Stimulation beitragen, indem sie an Ihren Hoden, an Ihrem Damm und an Ihrem After spielt.
7. Passen Sie die Enge des Fingerrings so an, dass die Schwellung des Penis für das Eindringen ausreicht, und lösen Sie den Griff, wenn Ihr Penis hart genug ist, um die Stoßbewegungen auszuführen.

8. Wenden Sie den Fingerring erneut an, wenn Ihre Erektion nachlässt (im Allgemeinen wird das jedoch nicht erforderlich sein).

Weich rein, hart raus In dem Wissen, dass alle Männer von Zeit zu Zeit situationsbedingt unter Impotenz leiden, entwickelten die Taoisten eine zuverlässige Methode, die sie als »weiches Eindringen« bezeichneten. Sie erkannten, dass ein Mann tatsächlich mit seinen Händen nachhelfen konnte, wie es sich der Gelbe Kaiser gewünscht hatte. Mit dieser Technik und mit Unterstützung Ihrer Partnerin können Sie sogar eindringen, wenn Ihr Glied vollkommen schlaff ist. Sind Sie einmal in Ihre Partnerin eingedrungen, so wird sich aufgrund der Wärme und der angenehmen Empfindungen umgehend eine Erektion einstellen. Die Technik des »weichen Eindringens« entkräftet die überkommene Überzeugung, den Liebesakt könne ein Mann nur mit einem stahlharten Penis vollziehen. Diese Technik ist ein wertvoller Bestandteil des Sexualrepertoirs jedes Mannes. Die Gewissheit, dieses Verfahren zu beherrschen und einsetzen zu können, wird es Ihnen ermöglichen, selbstsicherer mit der ebenso verbreiteten wie peinlichen Erfahrung eines erektionsunwilligen Penis umzugehen.

Sie können es im Schlaf Wenn Sie bei jedem Liebesakt zu Erektionsschwierigkeiten neigen, sind Sie möglicherweise einer jener Millionen Männer, die ein gravierenderes Problem haben. Zunächst sollten Sie sichergehen, ob eine physiologische Ursache ausgeschlossen werden kann. Zu den Gründen für Impotenz zählen Diabetes, Prostataeingriffe,

Arterienverkalkung, Alkoholmissbrauch, Wirbelsäulenverletzungen und Rückenprobleme. Medikamente wie Beruhigungsmittel, Antidepressiva und Präparate gegen Bluthochdruck können ebenfalls Impotenz verursachen. Bis in die fünfziger Jahre glaubte man, dass ein geringer Anteil der Fälle von Impotenz (etwa 10 Prozent) eine organische Ursache hätte. Mittlerweile sind jedoch viele Urologen (berufsmäßig) davon überzeugt, dass es für nicht weniger als die Hälfte aller Fälle (bei den älteren Patienten ist der Anteil noch höher) irgendeinen biologischen Grund gibt.[2] Um festzustellen, ob Ihr Problem biologischer Natur ist, können Sie ein wenig Selbstdiagnose betreiben.

Die meisten Männer haben im Schlaf zumindest ein oder zwei Erektionen, die jeweils etwa eine halbe Stunde anhalten. Versuchen Sie sich zu erinnern, ob Sie in den letzten ein, zwei Wochen einmal mit einer partiellen oder vollständigen Erektion aufgewacht sind. Ist dies der Fall, so leiden Sie wahrscheinlich nicht unter einer physiologischen Beeinträchtigung. Können Sie sich nicht erinnern, so gibt es einen einfachen Test, den Sie zu Hause machen können. Lecken Sie, bevor Sie zu Bett gehen, einen Streifen Briefmarken an und kleben Sie diesen in einem Ring um den Schaft Ihres schlaffen Penis. Ist der Streifen gerissen, wenn Sie aufwachen, so sind Sie physisch in der Lage, eine Erektion zu haben. Ist der Streifen intakt und sind Sie nicht imstande, durch Selbststimulation eine Erektion zu erreichen, so sollten Sie Ihren Arzt aufsuchen.[3]

Selbst wenn Sie tatsächlich eine organische Krankheit haben, sollten Sie sich dadurch nicht davon abhalten lassen, sexuelles Kung-Fu zu betreiben. So wie Orgasmus und

Ejakulation sind auch Erektion und Orgasmus völlig unabhängig voneinander. Hartman und Fithian berichten über ein älteres Paar, das über sein gesamtes Eheleben hinweg eine sehr glückliche sexuelle Beziehung pflegte, obwohl der Mann infolge von Diabetes vollkommen impotent war. Obwohl sich die beiden auf oralen und manuellen Sex beschränkten, waren sie beide multiorgastisch. Wenn Sie lernen, Ihre Orgasmen auf Ihren ganzen Körper auszuweiten, werden Erektionen und genitale Orgasmen an Bedeutung verlieren.

Wie man eine Erektion erzeugt Unser Bild der männlichen Sexualität ist vom Bild des achtzehnjährigen Mannes geprägt, dessen Penis schnell und häufig steif wird. Das mag der Grund dafür sein, dass unsere Vorstellung von einer Erektion darauf beschränkt ist, dass man entweder ein steifes Glied hat oder nicht. In Wirklichkeit gibt es eine Skala verschiedener Erektionsstadien, und der Penis durchläuft eine Reihe von Veränderungen, wenn er sich aufrichtet. Wie wir in Kapitel 2 erwähnt haben, erkannten die Taoisten, dass es vier Stadien der Erektion gibt (die sie als die vier *Fertigkeiten* des Penis bezeichneten): Festigkeit, Anschwellen, Härte und Hitze.

Häufig haben Erektionsschwierigkeiten einfach eine mechanische Ursache – die Genitalien werden nicht ausreichend stimuliert. Bei den meisten Männern wird der Penis nur steif, wenn er direkt berührt, gerieben oder massiert wird, und je älter ein Mann wird, desto mehr braucht er diese Stimulation. Da es Frauen zumeist vorziehen, dass der Partner bei der Stimulation ihrer Genitalien langsam vorgeht und sich den erogensten Zonen in konzentrischen Kreisen nähert, glauben sie, für den Mann gelte dasselbe. Die meisten Männer jedoch ziehen eine unmittelbare und direkte Stimulation vor. (Vergessen Sie nicht, dass die meisten Männer auf diese Art zu masturbieren lernen.)

Ihre Partnerin sollte sich mit Mund und Händen aktiv an der direkten Stimulation Ihrer Genitalien beteiligen. Sagen Sie ihr, was Sie wollen und wie es sich anfühlt. Sie sollten auch bereit sein, die eigenen Hände einzusetzen, um dazu beizutragen, dass sich eine Erektion einstellt oder erhalten bleibt.

Manche Männer jedoch geraten erheblich unter Druck, wenn sich ihre Partnerin zu sehr auf sie und ihre Genitalien konzentriert, und bringen in der Folge keine Erektion zuwege. Sie und Ihre Partnerin sollten wissen, dass ein weicher Penis ebenso viele Nervenenden wie ein harter hat und ausgesprochen großes Vergnügen spenden kann. Bestimmte Berührungen, insbesondere der Hoden, können sehr lustvoll sein, ohne eine Erektion auszulösen. Teilen Sie Ihrer Partnerin mit, dass Sie durchaus auch Vergnügen empfinden können, ohne umgehend einen steifen Penis zu bekommen. Wenn Sie entdecken, dass die Konzentration auf Ihre Genitalien Ihre Versagensangst nur noch erhöht, sollten Sie Ihr Augenmerk auf Ihre Partnerin verlagern. So lautete Su Nüs zweiter Vorschlag. Indem ein Paar von der männlichen Erektion abschweift und sich dem Genuss der Frau zuwendet, kann es die Erregung des Mannes oft wesentlich vorantreiben.

Der kluge Penis Der Vorgang der Erektion wird sowohl von physischen als auch von psychischen Faktoren beeinflusst. Angenommen, Sie haben festgestellt, dass Ihre »Armaturen« funktionieren und dass Sie das richtige Maß an direkter Stimulation erhalten. Nun müssen Sie die Möglichkeit in Betracht ziehen, dass das Problem seinen Ursprung in Leistungsdruck, Schuldgefühlen, Angst, Stress oder anderen psychischen Gründen hat. Noch einmal: Gelegentliche Impotenz kann auf dem beruhen, was Bernie Zilbergeld treffend als »Klugheit des Penis« bezeichnet: Der kluge Penis erinnert Ihr Gehirn daran, dass Sie eigentlich derzeit gar keinen Sex wollen. Wir gehen davon aus, dass die Erektion ein Reflex wie der Speichelfluss ist und ein »richtiger« Mann jederzeit zum Sex in der Lage sein muss. Beide Annahmen sind falsch. Als Erstes sollten Sie daher ein offenes Gespräch mit Ihrer Partnerin führen, um herauszufinden, ob das, was Sie da gerade tun, auch wirklich das ist, was Sie wollen. Lautet die Antwort auf diese Frage nein, so sollten Sie Ihrer Partnerin den Grund erklären und/oder vorschlagen, zu einem geeigneteren Zeitpunkt auf den Sex zurückzukommen.

Lautet die Antwort ja und die Erektionsschwierigkeiten bestehen trotzdem weiter, so sollten Sie sich in eine Psychotherapie oder Sexualtherapie begeben. In Anbetracht all der herumschwirrenden Fehlinformationen und Übertreibungen über den männlichen Penis und die männliche Sexualität ist es kein Wunder, dass die meisten Männer beim Sex ein gewisses Leistungsdenken entwickeln. Hören Sie auf, sich ständig zu fragen, wie gut Sie waren, wie lange Sie durchgehalten haben und wie sehr Sie Ihre Partnerin befriedigt haben. Je besser Sie sich auf das Vergnügen konzentrieren können, das Sie gemeinsam mit Ihrer Partnerin genießen, desto besser wird es Ihnen gehen, und desto besser wird Ihre Erektion funktionieren. Wie Bernie Zilbergeld so klug bemerkt hat: »Es kann einem Mann sehr helfen, wenn er erkennt, dass es den meisten Frauen gar nicht so sehr um die Leistung des Mannes geht, sondern vielmehr um seine Reaktion auf diese Leistung sowie um seine Reaktion auf die Frau. Eine Frau ärgert sich nicht so sehr über das Leistungsproblem an sich, sondern eher über eine negative Reaktion des Mannes auf das Problem (Zorn, Schuldgefühl, ständige Entschuldigungen, Rückzug).«

Physische Erschöpfung Die taoistischen Ärzte vertreten die Auffassung, dass Erektionsschwierigkeiten nicht nur physiologische oder psychologische Gründe haben. Die Ursache kann auch in einem energetischen Problem bestehen – genauer gesagt, in einer schwachen sexuellen Energie. Die Schwierigkeit, eine Erektion zu bekommen oder aufrechtzuerhalten, wird als Resultat der physischen und sexuellen Erschöpfung des Mannes gedeutet. Viele ältere Männer, die ihren Samen nicht aufbewahrt haben, leiden unter diesem Problem. Beheben kann man Impotenz, indem man seine sexuelle Energie kultiviert und den Samenerguss möglichst vermeidet. Wie in Kapitel 5 erwähnt, ist ein Mann normalerweise mehr *yang* als *yin*. Wenn seine Erregung zunimmt, wird er zunehmend *yang*, aber nach dem Samenerguss wird er *yin*. Männer mit Erektionsschwierigkeiten müssen mehr *Yang*-Energie aufbauen, weshalb die Vermeidung der Ejakulation für sie noch wichtiger ist als für andere Männer.

☞ Übung 15

Hodenmassage

1. Reiben Sie Ihre Hände aneinander, um sie zu erwärmen.
2. Nehmen Sie einen Hoden in beide Hände, wobei Sie ihn zwischen den Daumen und den übrigen Fingern halten (siehe Abbildung 36). (Ihre Hoden fühlen sich zwischen Ihren Fingern wie kleine Aprikosen an.)
3. Massieren Sie Ihre Hoden ein bis zwei Minuten sanft, aber fest mit den Fingern. Schmerzen die Hoden oder ist der Druck unangenehm, so reiben Sie sanfter, dafür jedoch länger, so lange, bis der Schmerz abklingt. Der Schmerz wird durch eine Blockade verursacht, und die Massage befördert Blut und sexuelle Energie in die Schmerzzone, um die Blockade zu beseitigen.
4. Halten Sie Ihren Penis nach oben, um die Hoden freizulegen, und klopfen Sie ein bis zwei Minuten lang mit dem Mittelfinger darauf (Abbildung 37). Das stärkt die Hoden und regt die Spermienproduktion an.
5. Bilden Sie schließlich mit Daumen und Zeigefinger einen Ring um Penisschaft und Hodensack (Abbildung 38). Ziehen Sie Penis und Hodensack mit der Hand leicht nach vorne, während Sie gleichzeitig mit den Beckenmuskeln nach hinten ziehen. Anschließend ziehen Sie mit der Hand nach rechts und mit den Beckenmuskeln nach links. Wiederholen Sie den Vorgang, wobei Sie mit der Hand nach links und mit den Beckenmuskeln nach rechts ziehen. Beenden Sie die Übung, indem Sie mit der Hand nach unten und mit den Beckenmuskeln nach oben ziehen. Wiederho-

len Sie die Übung neun-, achtzehn- oder sechsunddreißigmal. Auf diese Art erhalten Sie die Gesundheit der samenleitenden Gefäße.

Hodenmassage Die Taoisten entwickelten auch Übungen, mit deren Hilfe ein Mann mehr sexuelle Energie erzeugen kann. Der Liebesakt (wenn nötig, unter Einsatz der Technik des »weichen Eindringens«) und der »große Zug« waren eine häufig verschriebene Methode zur Duo-Kultivierung. Darüber hinaus gab es eine Reihe von Übungen zur Solo-Kultivierung, mit deren Hilfe ein Mann seine sexuelle Energie wiederaufbauen konnte. Die Taoisten sind der Auffassung, dass die sexuelle Energie von drei Faktoren abhängt: von der Menge an Sexualhormonen, von der Stärke der Nieren und von der Zirkulation der bioelektrischen Energie (des *Chi*). Das Sexualhormon Testosteron wird in den Hoden produziert, und die Taoisten glauben, dass man die Produktion von Sexualhormonen mit der Hodenmassage steigern kann. Die Übung eignet sich hervorragend, um die allgemeine sexuelle Energie zu erhöhen und den Druck zu beseitigen, den man möglicherweise nach dem Liebesakt verspürt. Durch die Massage fördern Sie auch die Blutzirkulation in den Hoden und halten sie gesund.

Ganzheitlich ansetzen Die Taoisten betrachteten jede Krankheit, Impotenz eingeschlossen, als einen Ausdruck der gestörten Gesundheit des ganzen Körpers. Sie erkannten, dass der Penis nur ein Teil des Problems war. Ein schlechter Kreislauf, eine zu flache Atmung und eine ungesunde Ernährung können zu den Quellen des Problems gehören. Insbesondere

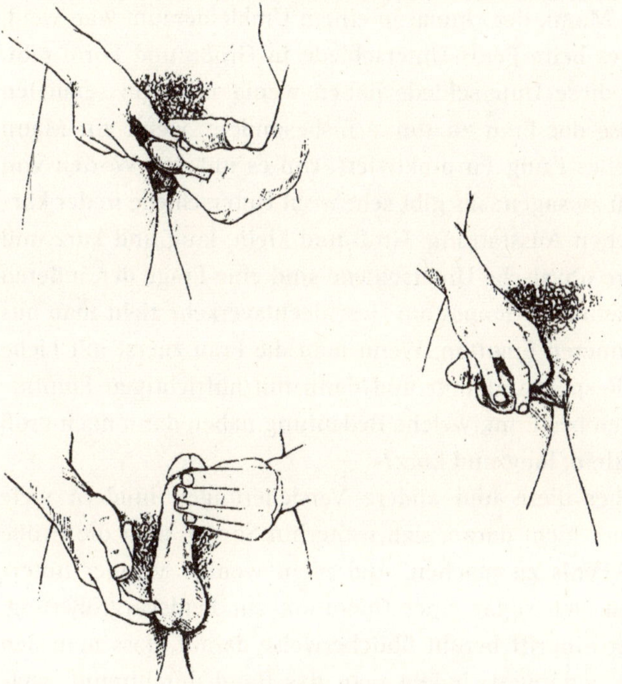

Abb. 36 bis 38: Hodenmassage, Hodenklopfen, Dehnung von Penis und Hodensack

das Rauchen schadet dem Kreislauf, da es zu einer Verengung der Blutgefäße führt und die Atmung beeinträchtigt. Auch Alkohol und Koffein zehren den Körper aus und sollten vermieden werden, wenn man versucht, seine sexuelle Energie zu stärken. Ein Erektionsproblem spiegelt eine Blockade irgendwo im Körper wider, die man beseitigt, indem man die sexuelle Energie stärkt und sie fließen lässt.

Darf's etwas mehr sein? Penisvergrößerung

Jeder Mann, der einmal in einem Umkleideraum war, weiß, dass es beim Penis Unterschiede in Größe und Form gibt. Aber diese Unterschiede haben wenig mit dem sexuellen Genuss der Frau zu tun – insbesondere, wenn ein Mann sexuelles Kung-Fu praktiziert. Um es mit den Worten von Su Nü zu sagen: »Es gibt sehr wohl Unterschiede in der körperlichen Ausstattung. Groß und klein, lang und kurz und andere physische Unterschiede sind eine Frage der äußeren Erscheinung. Genuss am Geschlechtsverkehr zieht man aus der inneren Emotion. Wenn man die Frau zuerst mit Liebe und Respekt umfängt und dann mit aufrichtigen Empfindungen bestürmt, welche Bedeutung haben dann noch groß und klein, lang und kurz?«

Aber diese und andere Versicherungen hindern viele Männer nicht daran, sich weiterhin Sorgen über die Größe ihres Penis zu machen, und nicht wenige Männer unterziehen sich sogar einer Operation zur Penisvergrößerung. Dieser Eingriff beruht üblicherweise darauf, dass man den Penis verlängert, indem man das Band durchtrennt, welches die Peniswurzel mit dem Schambein verbindet (siehe Abbildung 39). Neben diesem Verfahren zur Verlängerung des Glieds gibt es auch eine Möglichkeit, den Penis »dicker zu machen«, wobei aus den Oberschenkeln, dem Schambereich oder den Hüften entnommenes Fett in den Penisschaft injiziert wird.[4]

Wenn er nicht kaputt ist, sollten Sie ihn auch nicht reparieren Welcher Mann hätte nicht gerne ein paar Zentimeter mehr? Aber bevor Sie zum Chirurgen laufen, sollten Sie sich

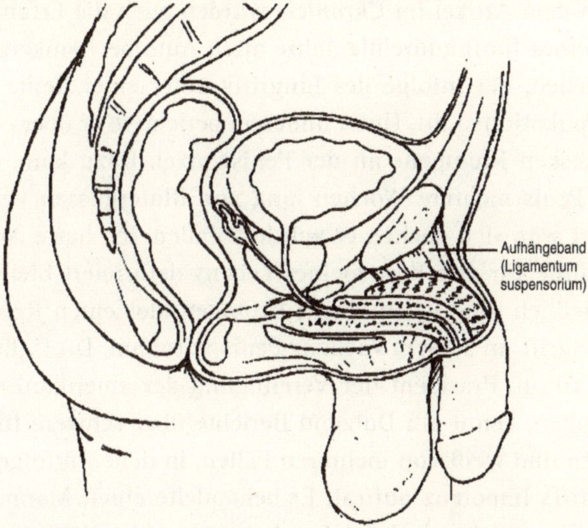

Abb. 39: Das Aufhängeband, das die Peniswurzel mit dem Schambein verbindet

darüber klarwerden, dass mit derartigen Eingriffen ernstzunehmende Risiken verbunden sind. Beispielsweise berichtete der *San Francisco Chronicle*, dass das Verlängerungsverfahren zu Nervenschäden und einer verringerten Empfindlichkeit, zu Impotenz, einem geringeren Erektionswinkel, Hautschäden, Narbenbildung, Infektionen und Gangrän (Brand) führen kann. Eine mögliche Folge der Prozedur zur Vergrößerung des Umfangs besteht darin, dass durch bei der Fettabsaugung freigesetztes Fett Embolien entstehen, dass aufgrund eines übermäßigen Fettanteils im Penis die Blutversorgung gestört wird oder dass der Penis Beulen bekommt oder schief hängt.

In dem Artikel im *Chronicle* wurden auch die Erfahrungen eines fünfunddreißig Jahre alten Automechanikers beschrieben, der infolge des Eingriffs unter einer Reihe von Komplikationen litt. Unter anderem berichtete er über einen »grotesken Klumpen« an der Peniswurzel. Dazu kam, dass sein Penis mehrere Wochen lang von Blutergüssen verunstaltet war. »Ich dachte, er würde abfallen. Ich hatte Angst, er würde für den Rest meines Lebens deformiert bleiben.« Schließlich ging er zu einem Urologen, der einen Reparatureingriff an seinem »neuen« Penis vornahm. Dr. C. Eugene Carlton, Präsident der Vereinigung der amerikanischen Urologen, kennt ein Dutzend Berichte über schwere Infektionen und weiß von mehreren Fällen, in denen infolge des Eingriffs Impotenz auftrat. Er behandelte einen Mann, der eine derart schwere Infektion hatte, dass die Hälfte seiner Penishaut ersetzt werden musste.

☞ Übung 16

Penisvergrößerung

1. Atmen Sie durch die Nase in die Kehle ein, und schlucken Sie diese Luftblase. Pressen Sie die Luft in den Magen hinunter. (Sie sollte nicht in Ihrer Brust bleiben.)
2. Denken Sie sich diesen Atemzug als Energiekugel, die Sie nun vom Magen durch das Becken in den Penis leiten. Auf diese Art können Sie die Energie in Ihrem Penis erhöhen.
3. Haben Sie diese Energiekugel in den Penis bewegt, so verwenden Sie die drei mittleren Finger Ihrer linken Hand, um den Punkt der Million Goldstücke zwischen

After und Hodensack zu pressen. Dadurch halten Sie die Energie im Penis fest.

4. Atmen Sie normal weiter, während Sie die Finger auf dem Punkt der Million Goldstücke halten. Beginnen Sie gleichzeitig mit den folgenden Dehnungsgriffen.
5. Greifen Sie mit der rechten Hand um den Penis, und ziehen Sie ihn rhythmisch nach vorne vom Körper weg. Ziehen Sie sechs- bis neunmal. Ziehen Sie anschließend zwischen sechs- und neunmal nach rechts. Wiederholen Sie den Vorgang in der anderen Richtung. Ziehen Sie abschließend sechs- bis neunmal nach unten.
6. Reiben Sie die Eichel mit dem Daumen. Reiben Sie den Penis so lange, bis er erigiert ist. Richtet sich Ihr Glied nicht auf, so ziehen Sie bei gleichzeitigem Reiben einige weitere Male, bis eine Erektion eintritt.
7. Halten Sie den Penisschaft, bilden Sie mit Daumen und Zeigefinger einen Ring um den Penisansatz, und ziehen Sie etwa drei Zentimeter nach vorne. Dadurch leiten Sie die Energie in die Eichel. Wiederholen Sie den Vorgang neunmal.
8. Ziehen Sie den Penis mit der rechten Hand nach rechts, und machen Sie kleine kreisende Bewegungen. Wiederholen Sie dies sechs- bis neunmal in der einen und anschließend in der anderen Richtung. Halten Sie dabei den Zug nach außen aufrecht. Wiederholen Sie den Vorgang nach links.
9. Schlagen Sie den erigierten Penis abschließend leicht gegen Ihren rechten Oberschenkel. Ziehen Sie dabei auch nach außen. Tun Sie dies sechs- bis neunmal,

und wiederholen Sie den Vorgang anschließend auf der anderen Seite.

10. Halten Sie den Penis nach Beendigung dieser Dehnungsübungen eine Minute lang in warmes Wasser. Dadurch kann er die warme *(Yang-)*Energie absorbieren und sich ausdehnen.

Auch wenn man von den medizinischen Risiken und den Horrorgeschichten absieht, sind chirurgische Eingriffe zur Penisvergrößerung dem Taoismus zufolge ein Irrweg. Die *Stärke* einer Erektion ist sehr viel wichtiger als ihre *Größe*. Nachdem einem Mann das Aufhängeband durchtrennt worden ist, hat er häufig einen flacheren Erektionswinkel, und das zusätzliche Fett erhöht zwar den Umfang, aber nicht die Kraft. Um sich aufrichten zu können, benötigt Ihr Penis Blut und sexuelle Energie. Wird der Penis zu groß gemacht, so werden Sie ohne genug Blut und sexuelle Energie Schwierigkeiten haben, ein steifes Glied zu bekommen. Su Nü meinte dazu: »Lang und groß, aber schwach und weich kann sich nie messen mit klein und kurz, aber stark und hart.«

Im Umkleideraum In Wahrheit machen sich die meisten Männer gar nicht im Schlafzimmer, sondern im Umkleideraum Sorgen über die Größe ihres Penis. In diesem Zusammenhang sollte daran erinnert werden, dass zwischen schlaffen Gliedern größere Unterschiede bestehen als zwischen steifen. Der Penis, der im Umkleideraum klein wirkt, dehnt sich im Schlafzimmer stärker aus als jener, der im Umkleideraum größer aussieht. Dazu kommt, dass Ihr Penis aus dem Winkel, aus dem Sie ihn sehen, kleiner aussieht als für alle anderen – ein grausamer göttlicher Scherz, der männliche Minderwertigkeitskomplexe garantiert. Sehen Sie einmal an sich hinunter und dann in den Spiegel – was für eine Überraschung! Sie haben zwei bis vier Zentimeter gewonnen. Die meisten Männer haben ein übertriebenes Gefühl dafür, wie groß andere sind, was zum Teil am Blickwinkel und zum Teil an ihrer Unkenntnis der Fakten liegt. Der Urologe Claudio Teloken, der hundertfünfzig Männern ein erektionsauslösendes Mittel injizierte und ihre Penisse vom Schambein bis zur Spitze der Eichel maß, kam zu dem Ergebnis, dass der »durchschnittliche« erigierte Penis 14,5 cm misst. Entgegen einer verbreiteten Überzeugung wirken sich weder Rasse noch Körpertyp wesentlich aus, und die Größe des Penis hat nichts mit dem sexuellen Empfinden zu tun. Wenn Sie sich trotzdem immer noch Sorgen über die Größe Ihres Glieds machen, können wir Ihnen eine alte taoistische Übung zur Ausdehnung Ihres Penis empfehlen, die sicher einen Versuch wert ist, bevor Sie sich den Kosten und Gefahren eines chirurgischen Eingriffs aussetzen. Bei dieser Übung (Übung 16) geht es darum, den Penis zu trainieren und zu dehnen. Es gibt kaum wissenschaftliche Belege für den Erfolg von Übungen zur Penisvergrößerung, aber Alan und Donna Brauer berichten, dass hundertzehn Männern, die sich ihrem umfangreichen Programm zur Erhöhung der sexuellen Kraft unterzogen, eine dauerhafte Vergrößerung ihres Penis zwischen einem halben und zwei Zentimetern gelang.[5] Es liegt auf der Hand, dass ein zu seltener Einsatz dazu führen kann, dass der Penis schrumpft – dass er sich buchstäblich in den Körper zurückzieht –, womit man logischerweise annehmen sollte, dass eine häufige Benutzung zu einer geringfügigen Vergrößerung führt.

Sie haben zweifellos bereits beobachtet, dass Ihr Penis nach einem Bad in kaltem Wasser geschrumpft war. Der Grund dafür, dass es dazu kommt und überhaupt eine gewisse Ausdehnung möglich ist, liegt darin, dass sich Ihr Penis tatsächlich zwischen fünf und zehn Zentimetern in Ihren Körper hinein erstreckt. Diese zusätzlichen Zentimeter werden vom Aufhängeband gehalten, das die Chirurgen bei einer Penisvergrößerung durchtrennen. Vermutlich können häufige Erektionen und intensive sexuelle Aktivität dazu führen, dass sich dieses Band ausdehnt, womit der im Körper verborgene Teil des Penis ein Stück weiter herauswandern kann.

Die über Jahrhunderte hinweg erprobte Übung zur Penisvergrößerung vergrößert den Penis Erfahrungsberichten zufolge innerhalb von einem oder zwei Monaten um bis zu zweieinhalb Zentimeter. Das Ergebnis hängt jedoch von Ihrer Körperstruktur, Ihrer Gesundheit und Ihrem Alter ab. Die Übung dürfte eher bei jungen Männern funktionieren, da deren Körper noch elastisch sind. Ein schwacher Kreislauf wird sie erschweren. Sie können etwaige Zugewinne feststellen, indem Sie Ihren erigierten Penis vor Beginn der Übungsphase und im Verlauf Ihrer Übungen messen. (Achten Sie darauf, bei einem Erektionswinkel von 90 Grad vom Schambein bis zur Spitze des Penis zu messen.) Unabhängig von Ihrem Erfolg bei der Penisdehnung bedeutet diese Übung eine Massage und Energiezufuhr für das gesamte urogenitale System einschließlich der Prostata.

Im Schlafzimmer Wenn Sie sich eher über das Schlafzimmer als über den Umkleideraum Gedanken machen, können Sie für Ihre Partnerin etwas viel Besseres tun, als sich einer Penisoperation oder Penisverlängerungsübungen zu unterziehen: Erregen Sie sie ordentlich, bevor Sie in sie eindringen. Ist ihre Scheide angeschwollen, so wird sie Ihren Penis als größer empfinden. Wie bereits an anderer Stelle erwähnt, spüren Frauen an der Klitoris und im vorderen Bereich der Vagina am meisten. Das bedeutet, dass auch ein Mann mit einem kleinen Penis die sensibelsten Bereiche erreichen kann. Die in Kapitel 5 beschriebenen Stellungswechsel werden einem Paar ebenfalls helfen, die Größenunterschiede im Genitalbereich auszugleichen.

Manche Paare haben genau das entgegengesetzte Problem: Der Penis des Mannes ist zu groß für seine Partnerin. Obwohl die Vagina einer Frau zu einer beträchtlichen Ausdehnung imstande ist, kann ein unausgewogenes Größenverhältnis schmerzhaft sein, wenn das Missverhältnis erheblich ist. Eine Möglichkeit zur Lösung dieses Problems besteht darin, auf Höhe der gewünschten Tiefe ein Taschentuch oder einen Schnürsenkel um den Penisschaft zu binden. Das bringt den zusätzlichen Vorteil mit sich, dass die Eichel vergrößert wird, wodurch beide Partner ihr Vergnügen steigern können. So wie Sie alle zwanzig Minuten das Blut aus Ihrem Penis abfließen lassen müssen, um es zirkulieren zu lassen, müssen Sie auch das Taschentuch (oder was immer Sie sonst verwendet haben) beseitigen, um einen Blutstau zu vermeiden. Die Frau kann die Tiefe der Stöße auch selbst steuern, indem sie sich auf den Mann setzt.

Durch die Praxis des sexuellen Kung-Fu werden Ihre

sexuellen Wünsche und die Ihrer Partnerin so umfassend erfüllt, dass Sorgen über die Größe Ihres Penis bald für immer der Vergangenheit angehören. Sie werden sich nur noch hin und wieder fragen, wie etwas, das so unwichtig ist wie die Größe der Ohren, jemals so viel geistige Energie in Anspruch nehmen konnte. Um es mit den Worten der weisen und erfahrenen Su Nü zu sagen: »Wenn zwei Herzen in Harmonie sind und die Energie frei durch den Körper fließt, dann werden die Kleinen und kurzen ganz von allein länger und größer, und die Weichen und Schwachen werden fest und stark.«

Wie viel Sperma braucht der Mann? Wie Sie Ihre Spermienmenge erhöhen

Der dänische Endokrinologe Niels Skakkebaek fand heraus, dass in den Vereinigten Staaten und in zwanzig weiteren Industrieländern in den vergangenen fünfzig Jahren die Spermienzahl der Männer dramatisch gesunken ist – und zwar um nicht weniger als 50 Prozent. Die Ursache für diesen steilen Absturz ist immer noch umstritten, und die möglichen Schuldigen reichen von der zu engen Unterhose bis zur chemischen Belastung. In einem Bericht über die Umweltgefahren, die anscheinend zumindest teilweise für das Problem verantwortlich sind, erklärte der Forscher Louis Guillette von der University of Florida vor amerikanischen Kongressabgeordneten: »Jeder Mann in diesem Raum ist nur noch halb so viel Mann wie sein Großvater.«[6]

Eine geringe Spermienmenge gehört zu den wichtigsten Gründen für Zeugungsprobleme von Paaren. In Anbetracht der sinkenden Spermienzahl dürfte es kaum überraschen, dass Unfruchtbarkeit weltweit zunehmend zu einem Problem wird. Laut Angaben der Weltgesundheitsorganisation (WHO) ist jedes zehnte Paar unfreiwillig unfruchtbar. In den Vereinigten Staaten ist jedes sechste Paar unfruchtbar; das sind doppelt so viele wie vor zehn Jahren – eine erschütternde Entwicklung. *Unfruchtbarkeit* ist eine vage und ungenaue Diagnose, die wie jene der *Impotenz* die Gefahr der Stigmatisierung in sich birgt. Diese Diagnose wird gestellt, wenn ein bestimmter Zeitraum (im Allgemeinen ein Jahr), in dem ein Paar ohne Verhütungsvorkehrungen miteinander verkehrt hat, ohne Zeugung verstrichen ist. Ein medizinisches Lehrbuch bringt es auf den Punkt: »Eine Schwangerschaft ist der einzige nicht zu widerlegende Beweis für die Befruchtungsfähigkeit des Spermas.« Man stellt Ihnen die Diagnose »unfruchtbar«, bis Sie ein Kind zeugen. Das heißt, dass Sie selbst dann, wenn Ihre Spermienzahl gering ist, immer noch in der Lage sein können, ein Kind zu zeugen.

Ein weiterer wichtiger Grund für Unfruchtbarkeit sind Ovulationsprobleme. Wenn kein Ei zur Befruchtung bereitsteht, ist es unerheblich, wie viele Spermien Sie haben. Wenn der Eisprung jedoch normal vonstattengeht, dann steigen mit wachsender Spermienzahl die Chancen Ihrer Partnerin auf eine Schwangerschaft. Am Ende verschmilzt zwar nur ein Spermium mit der Eizelle, aber sämtliche Spermien arbeiten zusammen, um durch Gebärmutter und Eileiter zum Ei vorzudringen und es zu befruchten.

Wenn Ihr Körper eine niedrige Spermienzahl aufweist, werden Sie mit Erleichterung hören, dass das sexuelle Kung-Fu Übungen beinhaltet, die geeignet sind, die Menge brauchbarer Spermien zu erhöhen. Vor allem sollten Sie beim Sex auf Ejakulationen verzichten, um das Spermavolumen sowie die Konzentration der Spermien zu erhöhen. Neuere medizinische Forschungen haben ergeben, dass sich die Zahl Ihrer Spermien mit jedem Tag, an dem Sie keinen Samenerguss haben, um fünfzig bis neunzig Millionen erhöht.[7]

Abgesehen von der Aufbewahrung des Spermas können Sie die Spermienproduktion in Ihren Hoden anregen, indem Sie diese schütteln, massieren und klopfen. Als unsere Hoden noch frei baumeln konnten (also vor dem Zeitalter der engen Unterhosen und Hosen), rieben sie sich ganz natürlich aneinander und an unseren Schenkeln. Heute jedoch, da wir den größten Teil des Tages sitzen und kaum noch dazu kommen, nackt durch den Urwald zu laufen, müssen wir ein wenig nachhelfen. Sie können sich mit Hosen, die im Schritt locker sitzen, hinstellen und Ihre Hoden auf- und abschwingen lassen. Schwenken Sie anschließend Ihre Lendengegend und Ihr Kreuzbein nach links und rechts und nach vorne und hinten, um Blut in den Genitalbereich zu bringen. Die an früherer Stelle in diesem Kapitel beschriebene Hodenmassage ist ebenfalls sehr wirkungsvoll – insbesondere Schritt 4 (Hodenklopfen).

Meine was? Vermeidung und Behebung von Prostataproblemen

Viele Männer hören erstmals von ihrer Prostatadrüse, wenn sie mit der Diagnose eines Prostataproblems konfrontiert werden, etwa mit einer Infektion, mit einer Prostatavergrößerung oder mit Krebs. Fast bei jedem zehnten Mann wird irgendwann in seinem Leben Prostatakrebs festgestellt, der mittlerweile ein derart verbreitetes Leiden darstellt, dass die Medizin generell davon ausgeht, dass jeder Mann, der lang genug lebt, daran erkranken wird. Der taoistischen Lehre zufolge ist diese Erkrankung nicht unvermeidlich, und sexuelles Kung-Fu kann dazu beitragen, die Gesundheit Ihrer Prostata zu erhalten.

Zwei der in Kapitel 3 beschriebenen Übungen – »Den Strom stoppen« und »PC-Klimmzüge« – helfen Ihnen dabei, den die Vorsteherdrüse umgebenden PC-Muskel zu stärken. Indem Sie diesen Muskel zusammenpressen, können Sie Ihre Prostata gesund erhalten. Wie wir in Kapitel 3 erwähnt haben, stellt der PC-Muskel (Pubococcygeus) eigentlich eine Gruppe von Muskeln dar, die sich vom Schambein zum Steißbein erstrecken. Achten Sie darauf, behutsam zu pressen. Wenn Sie zu fest pressen, wird die Spannung vielleicht zu groß, als dass Sie richtig atmen könnten. Sie können die Prostata-Übung jeden Tag machen, und zwar sooft Sie wollen. Denken Sie daran, dass Sie wie bei jedem Training anfangs womöglich einen Muskelkater bekommen, wenn Sie sehr viel üben. Dem Tao zufolge besteht eine enge Verbindung zwischen der Prostata und dem Hypothalamus im Gehirn; wenn Sie also richtig pressen, werden Sie schließlich ein Kribbeln im Kopf spüren.

Neben dem Prostata-Training können Sie diese Drüse auch direkt massieren, so wie ein Arzt, der Sie auf eine Prostatainfektion behandelt. Der Arzt massiert die Vorsteherdrüse durch Ihren After, und das können Sie auch selbst tun (wie in Kapitel 2 beschrieben). Sie können Ihre Prostata auch massieren, indem Sie auf den Punkt der Million Goldstücke drücken und ihn in kreisförmigen Bewegungen massieren, erst in der einen, dann in der anderen Richtung (siehe die Beckenmassage in Kapitel 3). Auch indem Sie bei der Selbstbefriedigung oder beim Liebesakt den »großen Zug« anwenden, tragen Sie zur Gesundheit Ihrer Prostata bei. Wenn Sie Prostataprobleme haben, sollten Sie bei der Ejakulation unbedingt den Fingerverschluss anwenden.

Ein multiorgastischer Mann beschreibt seine Erfahrung mit Prostataschmerzen, bevor er mit dem sexuellen Kung-Fu begann: »Ich litt seit meiner Pubertät unter starken Schmerzen in der Prostata. Mehrmals im Monat fühlte ich einen mehrere Minuten andauernden, quälenden und stechenden Schmerz in dieser Gegend. Einmal wurde der Schmerz so stark, dass ein Freund behauptete, mein Gesicht wäre ganz grün geworden. Die Ärzte rieten mir, regelmäßig zu ejakulieren, um den Druck in der Prostata zu senken. Das half bis zu einem gewissen Grad, aber ich dachte immer, es ist eine furchtbare Energieverschwendung, den ganzen Samen herauszulassen. Als ich Ende zwanzig war, entdeckte ich das sexuelle Kung-Fu. Nachdem ich einige Wochen lang das Training des PC-Muskels, die Prostata- und Hodenmassage, den ›großen Zug‹ und den Fingerverschluss praktiziert hatte, verschwand mein Prostataproblem vollkommen. Ich habe schon seit mehreren Jahren keine Schmerzen mehr gehabt. Zwar schwoll die Prostata anfangs ein wenig an, nachdem ich das Ejakulieren eingestellt hatte, aber mit der Zeit klangen die Beschwerden ab. Wenn man bedenkt, wie viele Männer sich mit Prostataproblemen herumplagen, kann man diese Techniken nur als einen Segen bezeichnen, wenn sie bei anderen so gut funktionieren wie bei mir.«

☞ **Übung 17**

Kurieren Sie Ihre Prostata

1. Atmen Sie die gesamte Luft in Ihren Lungen aus und ziehen Sie gleichzeitig Damm und After leicht zusammen.
2. Atmen Sie ein, stellen Sie sich, während Sie wieder ausatmen, Ihre genau über dem Damm liegende Prostata vor und ziehen Sie den PC-Muskel um die Prostata zusammen.
3. Atmen Sie ein und entspannen Sie sich.
4. Wiederholen Sie die Übung neun- oder achtzehnmal.

Sex ist keine Pizza: Die Heilung sexueller Traumata

Der durch seine Sprüche legendär gewordene Baseball-Trainer Yogi Berra witzelte einmal: »Sex ist wie Pizza. Wenn sie gut ist, ist sie *wirklich* gut. Und wenn sie schlecht ist, ist sie immer noch ganz gut.« Leider ist Sex keine Pizza, wie viele Männer bestätigen können, die negative sexuelle Erfahrungen gemacht haben. Schlechte Erfahrungen im Sex können sich in unserer Libido festsetzen und noch nach Jahren in einem Augenblick der Intimität zurückkehren.

Schon auf beiderseitigem Einverständnis beruhender Sex endet manchmal mit Unzufriedenheit. Erzwungener Sex endet fast immer so. In den letzten Jahren haben die Berichte über sexuellen Missbrauch, sexuelle Belästigung und sexuelle Übergriffe erheblich zugenommen. Unsere Bereitschaft, uns mit diesen früher mit dem Mantel des Schweigens bedeckten Tabuthemen auseinanderzusetzen, ist ein wirklicher gesellschaftlicher Fortschritt. Verständlicherweise haben die schockierenden (und umstrittenen) Statistiken über die

Verbreitung dieses gesellschaftlichen Übels ein wachsendes Bedürfnis geweckt, genau zu definieren, was Sex mit beiderseitigem Einverständnis ist. Obwohl sich das Medieninteresse zumeist auf den gegen Frauen gerichteten sexuellen Missbrauch konzentriert, können auch Männer zu Opfern sexueller Ausbeutung werden. Und Frauen wie Männer stürzen sich oft allzu willig in sexuelle Abenteuer.

Ein Einverständnis (oder sein Fehlen) ist manchmal offensichtlich und manchmal nicht, denn die Sexualpartner sind fast nie genau gleich alt, stark, erfahren, mächtig und so weiter. Bei der Mitteilung sexuellen Interesses sollte man so deutlich wie möglich sein, anstatt auf stumme Signale zu vertrauen. Da die Frauen entdeckt haben, dass sie ebenso sexuelle Wesen sind wie die Männer, können wir glücklicherweise zunehmend auf die bei früheren Generationen üblichen, ebenso verwirrenden wie gefährlichen zweideutigen Botschaften verzichten: Endlich kann nein tatsächlich nein und ja tatsächlich ja bedeuten.

Wenn Sie sexuelle Erfahrungen gemacht oder Erlebnisse gehabt haben, die zwar auf gegenseitigem Einverständnis beruhten, dann jedoch schiefgingen, haben Sie womöglich Narben davongetragen, die sexuelle oder emotionale Probleme verursachen können. Ist dies der Fall, so sollten Sie sich am besten einer Therapie oder einer Sexualberatung unterziehen. Es gibt jedoch auch einige Dinge, die Sie selbst tun können, um Ihre Konzentration auf den Genuss des Augenblicks zu lenken, statt in der schmerzhaften Erinnerung gefangenzubleiben.

Sich dem gegenwärtigen Genuss hinzugeben ist für jemanden, der ein sexuelles Trauma erlitten hat, eine schwierige Sache. Sich mit den Vorgängen im eigenen Körper, seien sie positiv oder negativ, zu beschäftigen, ist unendlich viel besser, als mit seinen Gedanken abzuschweifen oder seinen Körper »von oben« zu betrachten und dadurch vom Beteiligten zu einem Beobachter zu werden. Die in Kapitel 3 beschriebenen Übungen zur Zwerchfellatmung und zum »Jahrhundertezählen« werden Ihnen dabei helfen, Ihre Konzentrationsfähigkeit zu erhöhen. Auch Klänge, sei es in Form von Mantras oder von Liebesstöhnen, können dazu beitragen, Ihren Geist von störenden Gedanken zu reinigen. Eine positive Verstärkung wird es Ihnen ebenfalls erleichtern, bei der Sache zu bleiben. Erinnern Sie sich selbst sooft wie nötig daran, mit wem Sie zusammen sind, was Sie gerade machen und wie schön es ist. Wenn alte Gefühle in Ihnen aufsteigen, ist es manchmal das Beste, wenn Sie das Liebesspiel unterbrechen und mit Ihrer Partnerin darüber sprechen.

☞ Übung 18

Berührungsmeditation

1. Setzen Sie sich im Schneidersitz einander gegenüber. Die Beleuchtung ist gedämpft, vielleicht zünden Sie eine Kerze an.
2. Beginnen Sie mit beiden Händen vom Kopf abwärts Ihren Körper zu berühren. (Lassen Sie alle Körperteile aus, an denen Sie von Ihrer Partnerin nicht berührt werden wollen. Lassen Sie Ihre Genitalien grundsätzlich aus oder heben Sie sie bis zum Schluss auf.)
3. Ihre Partnerin vollzieht mit ihren Händen die von Ihnen gemachten Bewegungen nach und berührt jeden Punkt, den Sie zuvor berührt haben.
4. Tauschen Sie und lassen Sie Ihre Partnerin mit ihren Händen den Weg für Ihre Berührungen vorgeben, um Sie mit ihrem Körper vertraut zu machen.
5. Halten Sie einander fest umschlungen und fühlen Sie den Atem des anderen.

Wenn es Ihnen unangenehm ist, mit Ihrer Partnerin über sexuelle Traumata zu sprechen, besonders wenn es sich um eine neue Partnerin handelt, versuchen Sie ihr mitzuteilen, was Sie jetzt wollen. Wenn Sie etwas tut, was Ihnen unangenehm ist, so sprechen Sie mit ihr darüber; aber tun Sie das, indem Sie ihr sagen, was Sie lieber hätten, anstatt Kritik an dem zu üben, was sie gerade tut. Wenn Ihnen nicht besonders nach Sex zumute ist, können Sie ihr vorschlagen, einander nur zu umarmen oder zu massieren oder miteinander zu meditieren, indem Sie einander in die Augen blicken. Sie können auch vorschlagen, gemeinsam die Übung zur

Berührungsmeditation zu machen. Diese eignet sich besonders gut, um eine durch irgendein Erlebnis gestörte Intimität wiederherzustellen.

Mit der Berührungsmeditation können Sie die Bindung zu Ihrem Körper wiederherstellen und Ihrer Partnerin jene Bereiche Ihres Körpers zugänglich machen, an denen Sie gerne berührt werden wollen. Sie werden entdecken, dass Ihre Partnerin bereit ist, langsam vorzugehen und mehr Intimität herzustellen, bevor Sie zum Sex übergehen. Sind Ihr Geist und Ihr Körper abwesend, so werden Sie sehr wenig sexuelle Energie haben, die Sie mit Ihrer Partnerin teilen könnten. Weder Sie noch Ihre Partnerin werden sehr viel von einem derartigen sexuellen Erlebnis haben, und Ihr Genuss wird nur minimal sein. Wenn Sie langsam beginnen und Ihren ganzen Körper mit Berührungen bedecken, werden Sie Ihre sexuelle Energie sammeln und eine ebenso leidenschaftliche wie gehaltvolle Erfahrung machen. Die Taoisten wussten schon vor langer Zeit, dass Sex eine ungeheuer große Kraft zu heilen oder zu schädigen besitzt. Setzen Sie diese Kraft klug und mit Liebe ein.

Kapitel 9

Ein Leben lang lieben

Die taoistische Lehre versteht den menschlichen Körper als Mikrokosmos, in dem sich der Kreislauf der Natur widerspiegelt. Demgemäß muss man sich den Menschen und seine Sexualität als dem Wechsel der Jahreszeiten unterworfen vorstellen: In unserer Sexualität folgen Frühling, Sommer, Herbst und Winter aufeinander. Aber die Tao-Meister waren in der Lage, die Abfolge der Jahreszeiten zu wenden, so dass man im Alter einen zweiten Frühling erleben konnte. Auf ihrer Suche nach Unsterblichkeit entdeckten sie im sexuellen Kung-Fu einen wahren Jungbrunnen. Auch die moderne Medizin weiß, dass ein aktives Sexualleben unverzichtbar ist, um den Auswirkungen des Alterns entgegenzuwirken und die Gesundheit zu erhalten. In diesem Kapitel werden wir uns damit beschäftigen, wie Ihnen Sex zu einem längeren Leben verhelfen kann und was Sie beim Wandel Ihrer Sexualität beachten müssen.

Sex und Altern

Sie sind mit Sicherheit nicht zu *jung*, um etwas über die Sexualität und das Älterwerden zu lesen. In der westlichen Welt neigen wir dazu, das Altern als einen Prozess zu betrachten, der spät im Leben stattfindet. In Wirklichkeit beginnt der Alterungsprozess bereits mit der Geburt, und unsere Sexualität durchläuft alle paar Jahre einen Wandel. Alfred Kinsey sagte: »Der Sechzigjährige – oder der Achtzigjährige –, der plötzlich beginnt, sich für die Probleme des Alterns zu interessieren, hat den Zeitpunkt, an dem er in die Phase des Alterns eintrat, fast um ein Lebensalter verpasst.«[1] Je früher Sie also diesen Abschnitt lesen, desto günstiger für Sie.

Sie sind auch nie zu *alt*, um dieses Kapitel zu lesen, denn die Taoisten betrachten Sex als eine lebenslange Aktivität, die bis zum Tag Ihres Todes möglich und wünschenswert ist. Unsere Gesellschaft missbilligt es, wenn ältere Männer weiterhin Interesse an Sex zeigen – sie werden zu »lüsternen alten Böcken«. Der taoistischen Lehre war dieses Vorurteil stets fremd; sie betrachtete Sex im Gegenteil als etwas, das gerade für die Gesundheit und Lebenskraft älterer Männer und Frauen von besonderer Bedeutung sei. Die Chinesen sind nicht allein mit dieser Überzeugung. Eine Vergleichsstudie verschiedener Kulturen zeigte, dass 70 Prozent der Kulturen in aller Welt sexuelle Aktivität älterer Männer für unverzichtbar halten; für ältere Frauen gilt dasselbe sogar in 80 Prozent der Kulturen.[2]

In unseren Breiten verdeutlichte eine amerikanische Studie, welch große Lücke zwischen der Realität der Sexualität bei älteren Männern und den kulturellen Stereotypen klafft: Unter den Befragten waren 80 Prozent der verheirateten und 75 Prozent der unverheirateten Männer über sechzig weiterhin sexuell aktiv. 58 Prozent hatten mindestens einmal in der Woche Geschlechtsverkehr, 75 Prozent gaben an, »großes Vergnügen am Sex« zu haben, und 43 Prozent masturbierten noch.[3] Sie sollten auch nicht denken, dass der sexuelle Appetit Ihrer Partnerin nach den Wechseljahren nachlässt. Bei vielen Frauen nimmt das Interesse an Sex nach der Menopause sogar noch zu, was vielleicht auf den veränderten Hormonspiegel zurückzuführen ist.

In der westlichen Welt verherrlichen wir die Sexualität des jugendlichen Mannes und gehen davon aus, dass die sexuelle Leistungsfähigkeit eines Mannes im Alter von 18 Jahren ihren Höhepunkt erreicht, um von da an stetig nachzulassen.

Ein Sexualforscher formuliert: »Der jugendliche Penis ist der Penis auf der Höhe seiner Kraft. Von nun an lässt diese Kraft bis zum Lebensende allmählich nach.« Das Problem ist ein generell falsches Verständnis der sexuellen Energie in der westlichen Welt. Es ist richtig, dass die Fähigkeit eines Mannes zur Spermienproduktion in der Jugend ihren Höhepunkt erreicht, aber das ist nur insofern wichtig, als es um die Frage der Fortpflanzung geht. Die Fruchtbarkeit einer Frau und ihre Fähigkeit, ein Kind auszutragen, sind auch in der Jugend am größten.

Löst man sich jedoch von der Frage der Potenz und wendet sich dem sexuellen Genuss zu, so nimmt die Fähigkeit eines Mannes, seine Partnerin und sich selbst zu befriedigen, mit wachsender Erfahrung und Aufmerksamkeit nur zu. Das Glied des Mannes mag zwar nicht mehr augenblicklich steif werden, und sein Samen spritzt vielleicht nicht mehr so weit wie in seiner Jugend, aber diese Veränderungen führen kaum zu einer Beeinträchtigung seiner Fähigkeiten als Liebhaber. Die Taoisten wussten, dass ein Mann, wenn das Feuer der jugendlichen Sexualität mit ihren schnellen Samenergüssen erst einmal gelöscht ist, viel besser imstande ist, sexuelles Kung-Fu zu praktizieren und seiner Partnerin Vergnügen zu bereiten.

Wenn Ihr Körper sich verändert Wenn Sie älter werden, durchlaufen Sie unvermeidlich einige physiologische Veränderungen. Wenn Sie über fünfzig sind, brauchen Sie wahrscheinlich eine direktere Stimulation Ihrer Genitalien als in jüngeren Jahren, um eine Erektion zu bekommen. Doch das liegt nicht daran, dass Ihr sexueller Appetit verschwunden ist oder dass Ihre Partnerin Sie nicht mehr so anzieht wie früher, sondern einfach daran, dass sich Ihre Physiologie mit wachsendem Alter ändert. Auch wird Ihre Erektion wahrscheinlich weniger hart und weniger steil sein. Wenn Sie ejakulieren, wird der Samen weniger stark herausschießen, und Sie werden eine längere Erholungszeit benötigen.

Diese nachlassende körperliche Kraft unterscheidet sich nicht von den mit dem Alterungsprozess einhergehenden Veränderungen in irgendeiner anderen physischen Fähigkeit. Sie erwarten nicht, mit sechzig immer noch genauso schnell oder weit zu laufen wie mit zwanzig. Aber es gibt einen Unterschied zwischen Sex und Sport, was das Altern betrifft: Ihre Fähigkeiten im Bett können sogar noch zunehmen. Ältere Männer sind in der Lage, eine Erektion länger aufrechtzuerhalten als in jungen Jahren (obwohl die Erektion, wenn man sie einmal einbüßt, schwerer wiederherzustellen ist). So wird es leichter für sie, ihre Partnerinnen zu befriedigen und multiple Orgasmen ohne Ejakulation zu erleben. Die Hälfte der im Rahmen einer neuen Studie von Dunn und Trost befragten multiorgastischen Männer hatte sich diese Fähigkeit nach dem fünfunddreißigsten Lebensjahr angeeignet. Eine Reihe von ihnen war im Alter von fünfundvierzig bis fünfundfünfzig Jahren multiorgastisch geworden. Und die älteren Männer, die den multiplen Orgasmus erlernt hatten – alle mittlerweile über fünfzig Jahre alt –, waren immer noch multiorgastisch und in bester Verfassung.[4]

In der westlichen Sexualliteratur wird zumeist auch die Auffassung vertreten, mit zunehmendem Alter lasse beim Mann die Intensität des sexuellen Erlebens nach. Dem Tao zufolge trifft diese Einschätzung nicht zu. Die Taoisten messen die Intensität des sexuellen Erlebnisses nicht an der Anzahl der Genitalkontraktionen – die tatsächlich sinkt, wenn man älter wird. Da sie erkannt haben, dass die sexuelle Energie den ganzen Körper umfasst, beurteilen sie die Intensität des sexuellen Erlebens anhand der Fähigkeit eines Mannes, seine sexuelle Energie zu kultivieren und zirkulieren zu lassen. Und diese Fähigkeit nimmt mit der im Alter wachsenden Erfahrung nur zu. Ihre Sexualität wird sich im Lauf der Zeit ohne Zweifel verändern, und möglicherweise werden Sie den jugendlichen Überschwang hin und wieder vermissen, aber die sublimeren Genüsse des Alters sind ebenso schmackhaft, wenn nicht schmackhafter.

Ihr Körper und Ihr Sex Die Sexualität ist für den älteren Mann also keine Talfahrt in die Abstinenz. Sie werden jedoch entdecken, dass Sie die Gipfel der Lust sehr viel leichter erklimmen können, wenn Sie die grundlegenden Erfordernisse Ihres älteren Körpers berücksichtigen. Zunächst bedarf es eines gesunden Körpers und regelmäßigen Trainings. Ein Grund, dass das Sexualleben so vieler Leute mit zunehmendem Alter versiegt, liegt darin, dass ihre Körper schwach oder krank werden. Die östliche Weisheit und alle physiologischen Studien im Westen sind zu dem Schluss gekommen, dass Training nicht nur die sexuelle Leistungsfähigkeit erhöht, sondern auch das sexuelle Verlangen steigert und die Orgasmen erweitert. Zu den wichtigen großen Muskeln zählen jene in Bauch, Hüften, Gesäß und Schenkeln. Ein sehr wichtiger kleiner Muskel ist der in diesem Buch oft zur Sprache gekommene PC-Muskel. Diese Muskeln müssen Sie stärken, um sich Ihre sexuelle Vitalität zu bewahren. Schwimmen, Joggen und andere Sportarten sind ausgezeichnet geeignet, um die physische Gesundheit zu erhalten (solange man nicht übertreibt), aber regelmäßiger Sex ist ebenso wichtig, wenn nicht sogar wichtiger. Für den älter werdenden männlichen Körper gilt: *Use it or lose it.*

Das Tao lehrt, dass ungemein viel sexuelle Energie durch unseren After und unsere Gesäßmuskeln verlorengeht. Versuchen Sie, Ihre Gesäßmuskeln zusammenzupressen, und Sie werden sehen, wie nützlich die große Kraft dieser Muskeln in dem Bemühen ist, Energie zurückzuhalten und durch die Wirbelsäule nach oben zu leiten. Die taoistischen Ärzte betrachteten die Stärke des Afterschließmuskels als einen wichtigen Hinweis auf den Gesundheitszustand. Ein lockerer, schwacher Schließmuskel ist ein Zeichen für eine schlechte Gesundheit; ein fester, starker Schließmuskel ein Zeichen für einen guten Gesundheitszustand. Sie können Ihren After und Ihre Gesäßmuskeln mit Hilfe der folgenden Übung stärken. Diese Übung wird Ihnen auch dabei helfen, eine Überanstrengung zu vermeiden, wenn Sie Ihren Körper mit Energie füllen und Ihre sexuelle Beherrschung entwickeln. Und die Übung wird dazu beitragen, Ihre Prostata und Ihre Cowperschen Drüsen mit Energie zu versorgen, Ihr Blut kreisen zu lassen und Ihre Erektionen zu festigen. Sie trägt auch zur Heilung von Hämorrhoiden bei.

☞ **Übung 19**

Stärken Sie Ihren After

1. Atmen Sie durch die Nase vollkommen aus; pumpen Sie einige Sekunden lang mit After- und Gesäßmuskeln und ziehen Sie sie zusammen. (Sie pressen diese Muskeln wiederholt zusammen und entspannen sie wieder.)
2. Atmen Sie langsam ein und entspannen Sie sich.
3. Wiederholen Sie die Schritte 1 und 2 neun-, achtzehn- oder sechsunddreißigmal beziehungsweise so lange, bis Sie in der Leisten- und Aftergegend ein Wärmegefühl zu spüren beginnen. Diese Energie kann sich schrittweise bis in Ihren Kopf hinauf und von dort bis zum Nabel hinunter ausbreiten, oder Sie können sie bewusst ins Steißbein und zum Kreuzbein und von dort über die Wirbelsäule in den Kopf emporziehen, und zwar wiederum neun-, achtzehn- oder sechsunddreißigmal. Wenn Sie zu viel Energie verspüren, müssen Sie mit der Zunge das Gaumensegel berühren, um die Energie in den Nabel hinabfließen zu lassen (siehe Kapitel 3).

Ejakulation und Alterungsprozess Sie wissen inzwischen, dass der Penis die Stelle ist, an der Sie am meisten Energie verlieren. Für älter werdende Männer ist der Geschlechtsverkehr ohne Ejakulation – wie wir ihn in Kapitel 3 ausgeführt haben – noch wichtiger, da die Ejakulation den Körper mit zunehmendem Alter immer mehr auszehrt. Wie wir bereits einmal erwähnt haben, empfahl der chinesische Arzt Sun Ssu-miao, der ein hohes Alter erreichte, dass Männer mit vierzig nicht mehr als einmal in zwanzig Tagen und Männer mit sechzig überhaupt nicht mehr ejakulieren sollten.

Wenn Sie imstande sind, Ihre sexuelle Energie umzuwandeln, indem Sie sie in den Kopf emporziehen, werden Sie umso gesünder sein, je seltener Sie ejakulieren. Am Anfang wird Ihnen das vielleicht schwerfallen, wenn Sie gerade erst mit dem sexuellen Kung-Fu beginnen, aber sobald Sie einmal den Genuss eines Orgasmus ohne Ejakulation erleben und dessen positive Auswirkung auf die Gesundheit wahrnehmen, werden Sie hochmotiviert darangehen, die weiteren Schritte zu erlernen. Und wenn Sie, was noch besser ist, in jüngeren Jahren mit den Praktiken beginnen, wird der Reiz des Samenergusses bald nachlassen, so dass Sie kaum oder überhaupt kein Interesse mehr daran haben, wenn Sie älter werden.

Die von Sun Ssu-miao empfohlenen Intervalle dienen lediglich als Anhaltspunkt; am besten senken Sie alle paar Jahre die Anzahl Ihrer Samenergüsse. Auf diese Art können Sie Ihre Ejakulationsfrequenz ganz natürlich mit der wachsenden Notwendigkeit der Samenkonservierung in Einklang bringen. Es sollte darauf verwiesen werden, dass auch Masters und Johnson erkannten, dass Männer nicht bei jedem Liebesakt ejakulieren müssen, vor allem nicht mehr ab einem Alter von fünfzig. Wenn sich ein Mann dieser wichtigen Tatsache bewusst werde, so die Folgerung der beiden Forscher, »ist er ein sehr aufmerksamer Sexualpartner.«[5] Noch einmal: Es ist wichtig, dass Sie aus der Vermeidung des Samenergusses keine Obsession machen und nicht beginnen, sich Selbstvorwürfe zu machen, wenn Sie doch einmal ejakulieren. Wenn Sie den Samenerguss nicht verhindern können, dann lassen Sie sich gehen und genießen Sie ihn.

Die Liebe lebendig erhalten

In unseren Breiten neigen wir zu dem Glauben, Liebe und Leidenschaft erreichten ihren Höhepunkt in der Hochzeitsnacht, um bald darauf zu erlöschen.[6] Gründe für dieses Absterben der Liebe werden eigentlich nie genannt, aber es hat den Anschein, als mache sich, nachdem die Anspannung der Brautwerbung gelöst ist, zwangsläufig bald Langeweile breit. Für die Taoisten ist die Hochzeitsnacht lediglich der Ausgangspunkt für eine lebenslange Vertiefung von Liebe und Intimität. Mit sexuellem Kung-Fu werden Liebe und Sex mit fünfzig oder gar sechzig besser als mit zwanzig.

Die sexuelle Spannung aufrechterhalten Nach dem Tao hängt die Aufmerksamkeit der beiden Partner von der Stärke der zwischen ihnen bestehenden *Yin-Yang*-Spannung ab. Je größer diese Spannung, desto größer die Leidenschaft. Der Verlust dieser Spannung ist der Grund dafür, dass viele Beziehungen verflachen oder langweilig werden. (Dies ist auch der Grund dafür, dass bei vielen Paaren die Leidenschaft wieder aufflackert, nachdem einer der Partner von einer Geschäftsreise zurückkehrt. Eine zeitweilige Trennung ist geeignet, die Polarität der Partner wiederherzustellen.)

Zu den Hauptgründen für den im Lauf der Zeit eintretenden Verlust der Spannung zählt der auf die Ejakulation ausgerichtete Sex. Wenn der Mann ejakuliert, sinkt seine Ladung an *Yang*-Energie. Er bemerkt bewusst oder unbewusst, dass ihn der Geschlechtsverkehr erschöpft. Das führt häufig zu einer Abneigung gegen sexuelle Aktivität. Unser gesellschaftliches Bewusstsein ist zwar eher vom Bild des unersättlichen Ehemanns und der frigiden Ehefrau geprägt, aber die Wahrheit ist, dass der Mann ebenso über Häufigkeit oder Nichthäufigkeit des Geschlechtsverkehrs entscheidet wie die Frau. Im Lauf der Zeit kann der Verlust der sexuellen Energie und insbesondere der *Yang*-Ladung des Mannes bei beiden Partnern zu Desinteresse und Langeweile führen.

Manche Paare sind imstande, ihre Beziehung wieder aufzuladen, indem sie in getrennten Betten schlafen oder sich zeitweilig trennen. Die in Kapitel 5 beschriebene Duo-Kultivierung gibt Paaren die Möglichkeit, ihre Polarität aufrechtzuerhalten und dafür zu sorgen, dass ihre Beziehung ausreichend geladen bleibt. Es gibt keinen Grund dafür, dass die Liebe verflachen oder sich Langeweile breit machen müsste. Es gibt zahlreiche Ursachen für außereheliche Affären, doch Langeweile und mangelnde sexuelle Befriedigung gehören sicher zu den wichtigsten. Indem Sie die Anziehungskraft in Ihrer Beziehung aufrechterhalten, verringern Sie den Wunsch, die erforderliche Spannung bei einer neuen Sexualpartnerin zu suchen. Jedes Paar kann in den Genuss unerschöpflicher Lust kommen, wenn es imstande ist, die sexuelle Energie zu bewahren und auszutauschen. Ein multiorgastischer Mann sagt über die Erfahrung, die er und seine Partnerin gemacht haben: »Die Praxis des Tao hat unsere Beziehung vertieft; unsere Liebe wächst, und unsere geradezu magnetische Anziehung scheint nicht nachzulassen, sondern immer noch zu wachsen.«

Im Gegensatz zu der stereotypen Vorstellung, der eheliche Sex sei unbefriedigend, zeigen die meisten Studien, dass verheiratete Paare miteinander *besseren* Sex haben als in ihren Affären. Bernie Zilbergeld stellt fest, dass Männer und Frauen in Affären *weniger* nach Vielfalt suchen und *weniger* Experimentierfreude zeigen als im Ehebett und dass Frauen mit ihren Ehemännern sehr viel mehr Orgasmen erleben als mit Liebhabern.[7] Aber nicht nur die Frauen haben in der Ehe mehr Orgasmen. Kinsey fand heraus, dass Männer in außerehelichen Beziehungen häufig nicht zum Orgasmus kommen, während ihnen dieses Schicksal im Ehebett fast nie widerfährt.[8]

Guter Sex ist nicht der einzige Vorzug einer langen Beziehung. Eine an der University of California in Berkeley durchgeführte Studie erwies, dass Paare in langjährigen Ehen mit zunehmendem Alter glücklicher werden und einander mehr Zuwendung schenken. In unserer Gesellschaft singen wir ständig in Musik, Literatur und Film ein Hohelied auf das Frischverliebtsein. Die Liebe zwischen älteren Partnern betrachten wir abschätzig als leidenschaftslos und langweilig. »Eigentlich rechneten wir damit, in solchen Beziehungen eine Art Ermüdung festzustellen«, erklärte Robert Levenson, einer der Forscher. »Tatsächlich fanden wir etwas ganz anderes. Diese Beziehungen sind spannungsgeladen, sie sind lebendig und gefühlsbetont, sie sind voller Spaß und sexy, sie sind alles andere als ausgebrannt.« Jüngste biologische Studien legen den Schluss nahe, dass die Gegenwart eines Langzeit-Sexualpartners die Produktion körpereigener Endorphine anregt und damit ein Gefühl von Ernsthaftigkeit und Sicherheit vermittelt.[9]

Paare, die sich für eine Liebesbeziehung ohne Heirat entschlossen haben, können ein Liebesleben führen, das ebenso intensiv und intim ist wie das jener Paare, die den offiziellen Segen des Staates haben – sie müssen nur die Einheit von *Yin* und *Yang* praktizieren. Aber es mag auch Jahre dauern, die höchste Ebene der physischen, emotionalen und spirituellen Vertrautheit zu erreichen und die Einheit von *Yin* und *Yang* herzustellen. Im Tao heißt es, es dauert sieben Jahre, den Körper einer Frau kennenzulernen, weitere sieben Jahre, mit ihrem Geist vertraut zu werden, und noch einmal sieben Jahre, um ihre Seele kennenzulernen. Das bedeutet nicht, dass man nach dieser Zeit zu lernen aufhört oder sich zu langweilen beginnt; vielmehr bedeutet es, dass man einfach diese Zeit braucht, um wirklich miteinander vertraut zu werden.

Die Jahreszeiten unseres Liebeslebens

Beziehungen verlaufen nicht geradlinig. Sie erreichen nicht in der Hochzeitsnacht oder in irgendeiner anderen Nacht ihren Höhepunkt. Vielmehr blühen und welken sie mit den Zyklen unseres Familienlebens, unserer Arbeit, unserer Gesundheit und auch der Natur. Lernen Sie diese Zyklen zu verstehen und zu erkennen, wie sie innerhalb und außerhalb des Schlafzimmers im Gleichklang mit ihnen leben können.

Sprechen Sie mit Ihrer Partnerin über diese Zyklen, Sie müssen Blüte und Welken Ihres sexuellen Begehrens kennen, und Sie müssen imstande sein, so darüber zu sprechen, dass keiner von Ihnen das Gefühl hat, verurteilt zu werden oder eine Schuld zugesprochen zu bekommen. Viele Frauen (und eine wachsende Zahl von Männern) stellen einen direkten Zusammenhang zwischen dem sexuellen Verlangen des Partners und ihrer äußeren Attraktivität her. Diese Falle können Sie und Ihre Partnerin umgehen, indem Sie sich darüber klar werden, dass Sex ebenso viel mit Herz, Hirn und Seele zu tun hat wie mit dem Körper.

Unser westlicher Materialismus zwingt uns geradezu auf, den Körper unseres Partners oder unserer Partnerin als Ware zu betrachten. Man lehrt uns, auf die prallen Brüste einer Frau oder den stählernen Bizeps eines Mannes »abzufahren«. Man liefert uns immer neue Fetische zur Anbetung, und die Medien pflanzen uns ungezählte Phantasien ins Bewusstsein. Daher meinen wir, wenn unsere Körper in die Jahre kommen, sollten wir den Sex aufgeben oder uns nach Partnern umsehen, die »interessanter« sind. Die Taoisten betrachteten den Körper als dynamische Einheit und begriffen, dass die Spannung nicht auf dem Aufeinanderprallen zweier harter, statischer Körper, sondern auf dem Wechselspiel subtiler Energien beruht.

Joseph Kramer erklärt, wodurch sich die taoistische Auffassung der Sexualität von unserer unterscheidet: »In der asiatischen Tradition besteht beim Sex praktisch immer Augenkontakt. ›Ich habe Sex mit *dir.* Ich atme mit *dir.* Ich entspanne mich mit *dir.* Mein Herz ist mit *deinem* verbunden. Meine Genitalien sind mit *deinen* verbunden.‹ Der Sex in der taoistischen Beziehung ist mit sechzig besser als mit zwanzig.« Beine, Bauch und Genitalien werden alt, aber die Augen werden lediglich klüger.

Sex beginnt nicht im Schlafzimmer Sex ist eine dynamische Kraft, und Sie müssen sich der eingebrachten Energie deutlich bewusst sein. Sex beginnt nicht weniger als achtundvierzig Stunden, bevor Sie mit dem eigentlichen Geschlechtsverkehr anfangen; die in dieser Zeit angesammelte Energie und Emotion folgen Ihnen ins Schlafzimmer. Daher sollten Sie ein oder zwei Tage vor dem Geschlechtsverkehr etwaige negative Emotionen durcharbeiten; das gilt insbesondere für Wut, die den Energieaustausch zwischen Ihnen und Ihrer Partnerin blockiert. Je ruhiger und bewusster Sie sind, wenn Sie beginnen, desto leichter wird es Ihnen fallen, ein hohes Niveau von Intimität und Ekstase zu erreichen. Es liegt jedoch auf der Hand, dass kein Paar den Sex zwei Tage im Voraus plant. Seien Sie sich daher Ihrer Emotionen bewusst, und versuchen Sie, diese stets rechtzeitig umzuwandeln.

Auch das Vorspiel beginnt, bevor Sie anfangen, einander zu berühren. Der von Ihnen geschaffene Rahmen – Kerzen, Musik, innere Ruhe – wird zur Harmonisierung Ihrer Energien beitragen. Während und nach dem Liebesakt sollten Sie sehr bewusst bei Ihrer Partnerin bleiben – denken Sie an Ihre Augen. Sie erleben ein tiefes Zusammensein, nicht bloß ein kurzes Hoch im Arbeitsstress der Woche.

Wird der Liebesakt zu einem mechanischen Routineablauf, pausieren Sie eine Weile lang. Dadurch kann sich die polare Leidenschaft zwischen Ihnen wieder aufladen. Aber vergessen Sie nicht, wie wichtig Berührung und Intimität sind. Die Tatsache, dass Sie nicht jeden Tag den Liebesakt vollziehen, bedeutet nicht, dass Sie einander nicht umarmen oder einander emotional nah sein sollten. Eine

»sexuelle Fastenzeit« kann Ihnen die Möglichkeit geben, sich auf diese anderen, ebenso wichtigen Komponenten Ihrer Beziehung zu besinnen. Richten Sie Ihr Augenmerk auf die Qualität Ihrer Liebe, und die Qualität Ihres Sex verbessert sich ganz von selbst.

Die Zyklen des Verlangens Sie werden auch entdecken, dass die Zyklen Ihres sexuellen Verlangens nicht immer mit denen Ihrer Partnerin übereinstimmen. Einmal werden Sie mehr Verlangen spüren als Ihre Partnerin, ein anderes Mal wird es umgekehrt sein. Niemand, der wirklich in seinen Körper und in seine Emotionen hineinhorcht, will ständig Sex. Doch was können Sie tun, wenn einer von Ihnen an Sex interessiert ist, der andere aber nicht? Es gibt verschiedene Möglichkeiten, die verschiedenen Arten des Liebesspiels entsprechen.

Nehmen wir an, Sie haben heute Nacht Verlangen, Ihre Partnerin jedoch nicht. Ist Ihre Partnerin interessiert, so kann sie selbstverständlich dazu übergehen, Sie mit dem Mund oder mit den Händen zu befriedigen. Ist sie nicht in Stimmung, so ist sie möglicherweise bereit, Sie zu berühren oder zu umarmen, während Sie sich selbst befriedigen. Hat sie auch dazu keine Lust, so ist sie vielleicht bereit, nichtsexuelle Berührungen auszutauschen. Sie können sehr viel starke, heilende Energie austauschen, indem Sie sich aneinanderschmiegen oder auch nur berühren. (Die in Kapitel 8 beschriebene Methode der Berührungsmeditation stellt eine Möglichkeit dazu dar.)

Wenn Sie jedoch nichts anderes als Sex brauchen und wenn Sex genau das ist, was Ihre Partnerin nicht interessiert, können Sie sich natürlich auch selbst befriedigen. Denken Sie daran, dass wir alle *Yin* und *Yang*, weibliche und männliche Energie in uns tragen. Verkehr mit sich selbst oder die Vereinigung dieser beiden Komponenten ist ein sehr wirkungsvoller Teil der taoistischen Praxis. Michael Winn erläutert: »Es ist möglich, die sexuelle Energie der Genitalien und Nieren und die emotionale Energie des Herzens durch Meditation nutzbar zu machen. Diese Meditationspraxis, die als ›Feuer und Wasser‹-Methode *(kleine Erleuchtung von Kan und Li)* bekannt ist, erlaubt es Ihnen, buchstäblich in sich selbst und mit sich selbst Verkehr zu haben und ein sogar noch höheres Orgasmusniveau zu erreichen, eines, das die Grenzen zwischen Ihrem Körper und Ihrem Geist auflöst. Dieses Verfahren hat außerdem vielfachen gesundheitlichen Nutzen und galt traditionell als Methode, Körper und Geist wiederherzustellen.«

Aufgrund der gesellschaftlichen Stigmatisierung der Masturbation ist es vielen Menschen unangenehm, sich in Gegenwart einer anderen Person, einschließlich des Partners, selbst zu befriedigen. Wenn es jedoch gelingt, diesen natürlichen Teil der menschlichen Sexualität in einem offenen sexuellen Gespräch zu erörtern, werden Sie entdecken, dass Sie Ihre individuellen sexuellen Zyklen problemlos und mit beiderseitigem Lustgewinn in Einklang bringen können.

Sex durchströmt Ihr ganzes Leben Manchmal stürzen sich die Menschen in den Sex, obwohl sie eigentlich nur eine liebevolle Berührung suchen. Ein multiorgastischer Mann meint dazu: »Für mich bestand die größte Entdeckung darin, dass ich Sex haben konnte, ohne mich auszuziehen, einfach indem ich mit jemandem zusammen war und Energie austauschte. Es ist ein intensives sexuelles Gefühl, man hält sich einfach an den Händen, berührt einander und fühlt, wie die sexuelle Energie durch die beiden Körper fließt. Das ist wahre sexuelle Freiheit, denn Sex ist nicht einfach etwas, dem man sich in gewissen Abständen widmet. Deine Sexualität durchströmt dein gesamtes Leben und verleiht allem Farbe und Intensität, Interesse und Leidenschaft.«

Wenn Sie Kinder haben und Arbeit und Familie zu bewältigen haben oder wenn Sie ein Mensch sind, der in seiner Karriere vor großen Herausforderungen steht, kann der durch sexuelles Kung-Fu entstehende Energiezuwachs dazu beitragen, dass Sie nicht ausbrennen. Die ständig steigenden Anforderungen in Beruf und Familie in unserem von übermäßigen Verpflichtungen, übermäßiger Arbeit und übermäßigem Stress geprägten Leben sind geeignet, jeden von uns bis zur völligen Erschöpfung zu beanspruchen. Sind Sie jedoch einmal in der Lage, Ihre Energie innerhalb und außerhalb des Schlafzimmers zu kultivieren, so werden Sie entdecken, dass Sie mehr Energie besitzen, als Sie je für möglich gehalten hätten.

Phantasien Viele westliche Sexualexperten empfehlen eine aktive Beschäftigung mit sexuellen Phantasien, und tatsächlich können Ihnen Phantasien helfen, bei der Selbstbefriedigung sexuelle Energie zu erzeugen. Wenn Sie mit Ihrer Partnerin zusammen sind, ist es allerdings nicht ungefährlich, sexuellen Phantasien nachzuhängen. Der Austausch von *Yin-* und *Yang*-Energie mit Ihrer Partnerin ist keine Einbildung, sondern findet wirklich statt. Wenn Sie

Ihre sexuelle Aufmerksamkeit auf irgendeine idealtypische Sexualpartnerin oder ein pornographisches Bild konzentrieren, wird es Ihnen nicht gelingen, den echten und tiefen Energiestrom zwischen Ihnen und Ihrer Partnerin zu spüren. Phantasien halten Sie davon ab, präsent zu sein und die phantastischen Eigenschaften Ihrer Partnerin wahrzunehmen und Ihr Potenzial zum gemeinsamen Erleben der höchsten Ekstase auszuschöpfen.

Natürliche Rhythmen Denken Sie schließlich daran, die großen Rhythmen Ihres Körpers und der Natur zu beobachten. Vermeiden Sie Geschlechtsverkehr unmittelbar nach einem ausgiebigen Essen. Nachdem Sie gegessen haben, braucht Ihr Körper sein Blut und seine Energie für die Verdauung. Wenn Sie ein Mahl beenden, sollten Sie nicht übersättigt, sondern befriedigt sein und noch ein wenig Hunger verspüren. (Wenn sich die Mahlzeit gesetzt hat, werden Sie gesättigt sein.) Wenn Sie das Liebesspiel beenden, sollten Sie ebenfalls befriedigt, aber nicht satt sein, und noch ein wenig Verlangen spüren. (Wenn sich Ihre Energie setzt, werden Sie zufrieden sein.)

Wenn Sie krank sind, sollten Sie beim Sex unter Ihrer Partnerin liegen, um ihre heilende Energie absorbieren zu können. Und vergessen Sie nicht die Jahreszeiten der Liebe. Alle Pflanzen und Tiere pflanzen sich im Frühling fort. Der Mensch besitzt zwar die einzigartige Fähigkeit, das ganze Jahr hindurch Liebe zu machen, aber erwarten Sie nicht, dass Sie oder Ihre Partnerin im Herbst und im Winter dieselbe knisternde sexuelle Aktivität an den Tag legen können wie im Frühling und im Sommer.

Das sexuelle Kung-Fu eröffnet Ihnen die Möglichkeit zu multiorgastischem Geschlechtsverkehr, der weit über das hinausgeht, womit sich die meisten Menschen in ihrem Liebesleben zufrieden geben. Das bedeutet jedoch nicht, dass Sie jedes Mal, wenn Sie mit Ihrer Partnerin intim sind, die Gipfel der Ekstase erstürmen müssen. Lauschen Sie den Rhythmen Ihres Körpers und Ihres Verlangens.

Legen Sie die Latte nicht zu hoch Jedes Mal wenn den Menschen in unserer modernen Gesellschaft eine neue sexuelle Alternative aufgezeigt wird, wird die Latte für die sexuelle Befriedigung höher gelegt. Als man den weiblichen Orgasmus »entdeckt« hatte, verlangte man von den Paaren, von nun an gemeinsam zum Höhepunkt zu kommen. Als man entdeckte, dass manche Frauen multiorgastisch waren und einen G-Punkt hatten, forderte man von allen Frauen, sie sollten von nun an multiple Orgasmen und einen G-Punkt haben. Jeder Mann hat das Potenzial, multiorgastisch zu werden und Ganzkörperorgasmen zu erleben, aber nicht jeder Mann wird sie bei jedem Liebesakt erleben *wollen.* Vermeiden Sie es, sich unter Leistungsdruck zu setzen. Die taoistischen Sexualtechniken werden auch als *heilende Liebe* bezeichnet. Wenn Sie sich auf Liebe und Heilung für sich selbst und Ihre Partnerin konzentrieren, wird alles Übrige von allein folgen.

Nein zur freien Liebe

Monogamie ist wieder in, wenn auch nur als Vorsichtsmaßnahme. Aber Monogamie ist sehr viel mehr als ein lästiges Erfordernis des Aids-Zeitalters. Mit dem richtigen Partner wird sie zu einem Schmelztiegel, in dem eine feste Legierung aus körperlichem Genuss, emotionaler Intimität und spirituellem Wachstum gegossen wird.

Wäre die wahllose Anhäufung sexueller Energie das Ziel des sexuellen Kung-Fu, so wäre es am besten, mit so vielen Leuten wie möglich zu schlafen und Energie auszutauschen. Und in der Tat gibt es alte Texte, in denen dieses Vorgehen empfohlen wird. Aber die Menge an sexueller Energie, über die Sie verfügen, ist nicht das Einzige, was zählt. Ebenso wichtig ist die Qualität dieser Energie. Das Ziel des sexuellen Kung-Fu besteht darin, die sexuelle Energie in eine wertvollere und subtilere Energie für Herz, Geist und Seele umzuwandeln.

Sexuelle Energie und Emotionen Wenn man mit Menschen schläft, die ein hohes Maß an negativen Emotionen haben (etwa Wut oder Traurigkeit), nimmt man diese Emotionen zwangsläufig auf. *Gleichgültig, wie viel Latex zwischen Ihnen und Ihrer Partnerin ist, Sie tauschen immer emotionale und spirituelle (sowie sexuelle) Energie aus.* Vermeiden Sie daher, Ihre körperliche, emotionale und spirituelle Integrität zu beschädigen, indem Sie mit jemandem schlafen, den Sie nicht respektieren und lieben. Wenn Sie eine Partnerin auswählen, entscheiden Sie auch über Ihr spirituelles Schicksal.

In der Realität ist es natürlich so, dass auch Männer (und Frauen), die keinen liebenden Partner gefunden haben, sexuelle Bedürfnisse haben, die befriedigt werden müssen – es ist wie ein Juckreiz, der uns zwingt, uns zu kratzen. Wenn Sie sich in dieser Lage befinden, wäre es besser für Sie, Solo-Kultivierung zu betreiben und zu lernen, Ihre sexuelle Energie zirkulieren zu lassen und umzuwandeln. Diese Trainingsphase wird es Ihnen ermöglichen, das Maß an innerer Energie zu erhöhen; schließlich werden Sie eine ähnlich bewusste und reife Partnerin anziehen. Wenn Sie mit einer Frau schlafen, die Sie nicht lieben, werden Ihre Energien nicht harmonieren und entweder zu Auszehrung führen oder Sie aus dem Gleichgewicht bringen. Aus dem gleichen Grund sollten Sie nur dann mit Ihrer Partnerin schlafen, wenn Sie echte Zuneigung für sie empfinden. Wenn Sie glauben, mit einer Frau schlafen zu müssen, die Sie nicht lieben, lassen Sie auch bei ihr keine Zärtlichkeit vermissen. Ansonsten wird es Ihnen nicht gelingen, das sexuelle Kung-Fu wirklich erfolgreich zu praktizieren.

Nicht wenige Männer fühlen sich von dem Gedanken angezogen, eine Beziehung zu mehr als einer Frau zu pflegen. Doch nur wenige Männer können mehrere Frauen gleichzeitig lieben und dabei ein klares Gefühl bewahren. Wenn Sie glauben, dass Sie das können, müssen Sie sich darauf vorbereiten, dass es Sie sehr viel Anstrengung kosten wird, die Energien dieser Frauen umzuwandeln und ins Gleichgewicht zu bringen.

Denken Sie daran, dass die sexuelle Energie jegliche andere Emotion, die Sie empfinden, vergrößert. Sex ist das wirkungsvollste Instrument, um eine Beziehung zu pflegen und ein glückliches Leben miteinander zu führen, aber er kann sich auch in eine scharfe Waffe verwandeln, die diese Bande durchtrennt und bleibende Narben hinterlässt. Viele Menschen, welche die sexuelle Revolution der sechziger Jahre erlebten, mussten die Erfahrung machen, dass es so etwas wie »freie Liebe« nicht gibt: Sexuelle Erfahrungen haben einen hohen Preis, und wir sollten ihnen mit Achtung begegnen.

Das Wissen weitergeben

Als Sie aufwuchsen und sich Ihrer Sexualität bewusst wurden, hat man Ihnen wahrscheinlich nichts über sexuelles Kung-Fu erzählt. Nur wenige Menschen haben dieses Glück. Die meisten Jugendlichen lernen sehr wenig über die Sexualität und fast nichts darüber, wie man sie praktiziert. Man lässt sie auf der Suche nach sexueller Intimität und Genuss im Dunkeln tappen. Ein multiorgastischer Mann blickt zurück: »Als ich die taoistische Sexuallehre entdeckte, hatte ich das Gefühl, über Informationen zu stolpern, die man mir von Anfang an hätte geben müssen. Es schien mir der richtige Weg, Liebe zu machen, und die Art und Weise, wie ich früher Sex praktiziert hatte, schien mir nun so lächerlich, so peinlich, so selbstsüchtig.« Sie können Ihre Kinder davor bewahren, in diese Situation zu geraten. Sie können sie vor sehr viel Angst und Frustration bewahren, die wir fälschlicherweise für einen unvermeidlichen Teil des Erwachsenwerdens halten.

Keine Blumen und Bienen Beide Eltern haben eine wichtige Aufgabe bei der sexuellen Erziehung ihrer Söhne und Töchter, aber da dieses Buch in erster Linie für Männer geschrieben ist, werden wir uns auf das Verhältnis zwischen Vater und Sohn konzentrieren. Die meisten Menschen denken bei einem Gespräch über Sex zwischen Vater und Sohn an die berüchtigte Unterhaltung von Mann zu Mann, in der ein heranwachsender Junge über Blumen und Bienen aufgeklärt wird. Die Kinder wachsen heute viel zu schnell auf, als dass ein geheimnisvoll tuendes und weit ausholendes Gespräch von irgendeinem Nutzen sein könnte – wenn es überhaupt jemals von Nutzen gewesen ist. Ist Ihr Sohn einmal in der Pubertät, so ist es in Wirklichkeit schon viel zu spät, um einen Dialog über die Sexualität zu beginnen.

Wenn es Ihnen gelingt, eine offene Beziehung zu Ihrem Sohn zu pflegen, wird ein solch peinliches Gespräch niemals notwendig werden. Die kindliche Neugier auf Sex erwacht früh, und die Sexualität des Kindes erwacht noch früher. Wer jemals ein Kleinkind dabei beobachtet hat, wie es seinen Hodensack berührt und (oft recht heftig) an seinem Penis zieht, weiß, dass diese Erkundung nicht rein zufällig ist. Der Junge hat Vergnügen daran – mehr Vergnügen als daran, mit seinen Zehen zu spielen.

Babys sind sexuelle Wesen – oder vielleicht sollten wir sagen: *sinnliche* Wesen, da wir Sexualität im Allgemeinen mit späteren Entwicklungsphasen verbinden. Jedenfalls ist nicht zu leugnen, dass sie körperliches und genitales Lustempfinden haben – so gerne wir das auch verleugnen. Freud bezeichnete die infantile Sinnlichkeit als »polymorph pervers«, aber es ist nichts Perverses daran außer unseren Versuchen, sie zu unterdrücken. Wie Sie auf die ersten Erkundungsbemühungen Ihres Sohnes und über seine Fragen zu seinem und Ihrem Körper reagieren, wird ihn sehr viel über seine Sexualität lehren. *Wenn Sie Ihren Sohn unterstützen wollen, entwickeln Sie als erstes Eine gesunde, liebevolle Beziehung zu Ihrer Sexualität, und ermutigen Sie ihn, dasselbe mit seiner Sexualität zu tun.*

Ihre Beziehung zu Ihrer Partnerin Kinder lernen sehr viel über Intimität, indem sie ihre Eltern beobachten. Ihr Verhalten gegenüber Ihrer Frau oder Ihrer Lebensgefährtin wird Ihrem Sohn als Modell dafür dienen, wie er Mädchen – und später Frauen – behandelt. Etwas über Sex zu lernen bedeutet im Grunde, etwas über Geschlechterrollen, über Kommunikation, über Liebe zu lernen. Das, was Sie Ihrem Sohn vorleben, wird sich sehr viel nachhaltiger auf ihn auswirken als das, was Sie ihm erzählen; denken Sie also daran, dass er ständig von Ihnen lernt – wenn Sie und Ihre Partnerin einander anbrüllen ebenso wie wenn Sie sich zärtlich umarmen.

In unserer Kultur haben wir Angst davor, die Kinder könnten ihre Eltern beim Schmusen und Küssen und Streicheln sehen, aber es ist nichts Schlechtes daran, wenn ein Kind Zeuge des Ausdrucks von Liebe wird. Tatsächlich dürfte es eher ein Problem sein, wenn es so etwas nicht zu sehen bekommt. Fehlen solche Zeichen von Liebe, so führt dies oft dazu, dass sich Kinder fragen, ob ihre Eltern einander überhaupt lieben. Und es führt dazu, dass ihnen ein Vorbild dafür fehlt, wie sie später ihren eigenen Partnern gegenüber Zuneigung zeigen sollen. *Das Zweite, was Sie für Ihren Sohn tun können, ist, ihm eine gesunde, liebevolle Beziehung zu Ihrer Partnerin vorzuleben.*

Ihre Beziehung zu Ihrem Sohn Heutzutage werden viele Männer sehr viel mehr in die Kindererziehung eingebunden als ihre Väter, und das führt selbstverständlich zu gefühlsbetonteren und liebevolleren Vater-Sohn-Beziehungen.

Dennoch fühlen sich auch heute noch viele Väter unwohl, wenn sie ihren Söhnen gegenüber Zuwendung zeigen sollen; das gilt insbesondere für physische Zuwendung – den Sohn umarmen, ihn streicheln, ihn küssen. Und wenn sie imstande sind, sich ihrem kleinen Sohn gegenüber so zu verhalten, hören sie vielfach sehr rasch damit auf, wenn er älter wird. Viele dieser Männer erhielten niemals derartige Zuwendung von ihren Vätern, wodurch ihnen ein Verhaltensmodell fehlt.

Manche Männer haben die Sorge, zu viel Zuwendung könne ihre Söhne verweichlichen oder zu Homosexuellen machen. Es gibt keinerlei Belege, die diese Annahmen stützen, aber es liegt auf der Hand, dass die Homophobie in unserer Kultur Männer daran hindert, einander und, was tragisch ist, ihren Söhnen Zuneigung zu geben. In den vergangenen zehn Jahren ist ein weiteres Problem aufgetaucht, das Väter davon abhält, ihren Söhnen oder Töchtern ihre Zuneigung zu zeigen. Das legitime Bestreben, Kinder vor sexuellem Missbrauch und Inzest zu schützen, hat dazu geführt, dass jede physische Affektion seitens des Vaters verdächtig geworden ist – denn die meisten, wenn auch mit Sicherheit nicht alle Täter sind Männer.

Die Berührung ist das grundlegendste menschliche Bedürfnis, und in verschiedenen Studien wird berichtet, dass Babys, die nicht ausreichend Berührungskontakt haben, schwere Störungen davontragen können. Aber nicht nur Babys brauchen Körperkontakt. Ihr Sohn wird sein ganzes Leben hindurch Ihre liebenden Berührungen brauchen. Seien Sie allerdings nicht überrascht, wenn er Phasen durchläuft, in denen er Ihre Zuwendung zurückweist – vor allem in der Pubertät, wo er sich Sorgen darüber macht, was seine Kameraden darüber denken, oder wo er nach mehr Unabhängigkeit strebt. Doch wenn Sie weiterhin eine offene und liebevolle Beziehung zu ihm pflegen, wird diese Trennung nur vorübergehend sein. Der Kampfsportler und Schauspieler Chuck Norris erzählte von einer seiner größten Freuden bei der Erziehung seiner beiden Söhne: »Ich bin für kaum etwas so dankbar wie für die Tatsache, dass es meinen erwachsenen Söhnen nicht peinlich ist, mich vor aller Augen zur Begrüßung oder zum Abschied zu küssen, und dass sie mich gerne um Rat oder Hilfe fragen, wenn sie Probleme haben.«

Körperliche Zuwendung gehört zu einer liebevollen Beziehung. Es bedarf der emotionalen Intimität und des Respekts, damit ein offener Dialog zwischen Ihnen und Ihrem Sohn möglich wird. Norris, dessen Vater Alkoholiker war, erklärt, wie er versuchte, seinen Söhnen ein anderes Rollenmodell vorzuleben: »Ich wollte, dass meine Söhne wussten, dass ich für sie da war, dass ich mich um sie sorgte und dass ich immer auf ihrer Seite stand. Ich bin meinen Söhnen sehr nah. Ich habe mit ihnen gespielt, ihnen zugehört, wenn sie Probleme hatten, sie in meinen Armen gehalten, wenn sie sich weh getan hatten, und die größten Ereignisse, Krisen und Erfolge in ihrem Leben mit ihnen geteilt.«[10] Indem Sie Ihrem Sohn zuhören und seine Gefühle und Ängste verstehen, machen Sie ihm deutlich, dass er immer zu Ihnen kommen kann. Wenn Sie bereit sind, sich seine Probleme in der Schule anzuhören, wird er auch imstande sein, sich mit seinen Fragen über Sex an Sie zu wenden. *Das Wichtigste, was Sie für Ihren Sohn tun können, ist, eine natürliche, liebevolle Beziehung zu ihm aufzubauen.*

Teilen Sie das Tao mit Ihrem Sohn Obwohl ein Mensch nie zu alt ist, das Tao zu erlernen, wird er umso mehr von dieser Lehre profitieren, je früher er beginnt, sie anzuwenden. Das gilt auch für unsere Söhne. Wenn es Ihnen gelingt, einige der Erkenntnisse aus diesem Buch mit Ihrem Sohn zu teilen, werden Sie ihm viel Leid und Energieverschwendung ersparen.

Da die Sexualität in der Intimsphäre praktiziert wird, ist es Ihrem Sohn nicht möglich, sich die Praktiken von Ihnen abzuschauen. Das sexuelle Kung-Fu können Sie ihn nur durch Worte lehren – seien es nun Ihre eigenen oder die anderer.

Lange bevor ein Junge beginnt, sich für Sex zu interessieren, macht er Erfahrungen mit sexueller Energie. Es gibt alle möglichen Gründe dafür, dass Jungen (und Männer) erregt werden und Erektionen haben – einer davon ist Langeweile. (Erinnern Sie sich an die »Latten« im Mathematikunterricht?) Ein multiorgastischer Mann erzählt: »Mein Sohn rief eines Tages aus dem Badezimmer und erklärte: ›Dad, ich kann nicht pinkeln.‹ Ich ging ins Badezimmer und sah, dass er einen stehen hatte. Ich erklärte ihm den ›kalten Zug‹ – und ich glaube, er hat genau verstanden, worum es ging.« Jungen leiden häufig sehr unter ihrer Unfähigkeit, ihre sexuelle Energie zu verstehen und zu beherrschen. Wenn Sie Ihrem Sohn dabei helfen können, diese lebenswichtige Energie zu kanalisieren, ersparen Sie ihm viel sexuelle Frustration.

Junge Menschen sind allerdings häufig nicht in der Lage, das Tao zu verstehen. Sun Ssu-miao sagt in seinem Buch *Priceless Prescriptions:* »In seiner Jugend versteht ein

Mann für gewöhnlich das Tao nicht. Selbst wenn er etwas davon hört oder darüber liest, wird er skeptisch bleiben und es kaum praktizieren. Kommt er jedoch in das Alter, in dem er verletzlicher wird, so wird er die Bedeutung des Tao verstehen.«

Sie können auf eine Gelegenheit warten, bei der Ihr Sohn Sie um Rat bittet, oder Sie können ihm dieses Buch oder andere zu lesen geben. Sagen Sie ihm, Sie hätten gerne etwas mehr über Sex gewusst, als Sie in seinem Alter waren. Wenn Sie dieses Buch im Bücherregal liegen lassen oder zu offensichtlich verstecken wollen, wird er es wahrscheinlich von allein lesen. Aber es ist wichtig, dass er weiß, dass er sich nicht in seinem Schlafzimmer oder im Badezimmer einschließen muss, um es zu lesen.

Vielleicht denken Sie, er sollte besser keine Bücher wie dieses lesen, die sich ausdrücklich mit Sex beschäftigen, bevor er alt genug dafür ist. Aber alt genug ist er genau dann, wenn er neugierig genug ist, um sich für ein solches Buch zu interessieren. Sie können sicher sein, dass er dieses Buch nicht lesen wird, bevor er bereit ist – und wenn er bereit ist, wird er so oder so seine Lektionen in Sex lernen.

Sex als spirituelle Praxis

Anders als viele andere Denkauffassungen ermutigt uns der Taoismus, unsere Körperlichkeit anzuerkennen und uns bewusst zu machen, dass die Sexualität ein unverzichtbarer Teil der menschlichen Existenz ist. Für die meisten Menschen in der westlichen Welt, die gelehrt wurden, sich auf die eine oder andere Art ihres Körpers zu schämen, ist dies ein revolutionärer Gedanke. Es ist eine Ironie (manche würden sagen: eine Heuchelei), dass die westliche Kultur zugleich einen Kitzel bei dem empfindet, was sie verdammt. So kommt es, dass den meisten Leuten, die daran gewöhnt sind, dass Sex verwendet wird, um vom Bier bis zum Auto einfach alles zu verkaufen, die Vorstellung völlig fremd ist, dass Sex auch eine spirituelle Praxis ist.

In diesem Buch haben wir versucht, Ihnen die alten taoistischen Lehren über Liebe und Liebeskunst zu erläutern und Ihnen zu zeigen, wie Sie die Praktiken des sexuellen Kung-Fu heute nutzen können. Indem Sie diese Techniken anwenden, werden Sie Ihr Leben bereichern. Es wäre jedoch eine Unterlassungssünde, würden wir nicht am Schluss erwähnen, dass die Sexualität lediglich *ein* Teil der taoistischen Praxis ist und dass diese Lehre andere ebenso bedeutsame Erkenntnisse und Praktiken beinhaltet, anhand deren Sie Ihren Körper, Ihre Emotionen, Ihren Verstand und Ihre Seele auch außerhalb des Schlafzimmers weiterentwickeln können.

Die medizinische Tradition des Taoismus, die wir als chinesische Medizin und Akupunktur kennen, hat schon ungezählten Menschen geholfen, ihre Gesundheit wiederzugewinnen; *Chi Kung*- und *Tai Chi*-Übungen sind die Grundlagen der chinesischen Kampfsportarten, die heute rund um den Erdball bekannt sind; und der grundlegende philosophische Text des Taoismus, das *Tao Te Ching,* zählt zu den am häufigsten übersetzten und am meisten gelesenen Werken der Weltliteratur. Der Taoismus enthält umfangreiches praktisches Wissen – ein Wissen, das Menschen aller Religionen helfen kann, ein gesundes und sinnerfülltes Leben zu genießen.

Wie bereits in der Einführung erwähnt, haben Mantak Chia und seine Frau Maneewan das Healing Tao entwickelt und zahlreiche Bücher über die verschiedenen Teile dieses Gesundheitssystems geschrieben. Es gibt weitere dreihundert Experten in aller Welt, die Healing Tao unterrichten und Sie in der Praxis beraten können. Wenn Sie andere Bereiche dieses Lehrsystems kennenlernen wollen, können Sie weitere Bücher über das Healing Tao lesen oder Kontakt mit einem Experten aufnehmen (im Anhang finden Sie ein umfangreiches Adressenverzeichnis und eine Liste der auf deutsch lieferbaren Bücher von Mantak Chia). Der Taoismus sucht keine Anhänger, weshalb er nie so in den Vordergrund getreten ist wie andere spirituelle Traditionen. Wenn Sie jedoch nach Lehrern suchen, werden Sie welche finden.

Die in diesem Buch behandelte Philosophie und die hier beschriebenen Praktiken waren jahrtausendelang gutgehütete Geheimnisse, die der Meister in jahrelangem Unterricht an seinen Schüler weitergab. Wir haben sie hier vorgestellt, weil wir glauben, dass unsere gesamte Kultur von ihrer Verbreitung profitieren kann. Unser verstelltes Verhältnis zur Sexualität ist nur eines von vielen Problemen, in denen wir heute gefangen sind, aber wenn wir uns und unsere Beziehungen heilen können, werden wir vielleicht auch den Planeten heilen können – denn wir sind, wie uns das Tao sagt, ebenso Teil der Natur, wie die Natur ein Teil von uns ist.[11] Wir glauben, dass dieser Heilungsprozess schon im Schlafzimmer beginnt, denn hier wird die kommende Generation gezeugt. Durch Liebe und Sexualität lebt die Menschheit weiter, und Liebe und Liebeskunst haben vielleicht die größte Macht zur Veränderung.

Sie sollten diese Techniken nicht weniger ernst nehmen und nicht weniger schätzen, nur weil Sie nicht eine Million Goldstücke zahlen oder ein Jahrzehnt lang mit einem Meister üben mussten, um sie zu erlernen. Praktizieren Sie sie, und Sie werden vielfach belohnt werden. Lesen Sie das Buch, lesen Sie es ein zweites Mal, üben Sie, und teilen Sie die Methoden mit anderen. Je mehr Genuss Sie bereiten, desto mehr Genuss wird Ihnen zuteil. Je mehr Sie heilen, desto mehr werden Sie geheilt werden. Das ist das eigentliche Geheimnis der taoistischen Sexuallehre.

Anmerkungen

Einführung

1 Nach Lektüre dieser Aufzeichnungen kam der Arzt Herant Katchadourian, Autor des Standardlehrbuchs *Fundamentals of Human Sexuality,* zu folgendem Schluss: »Die Chinesen waren sich des Unterschieds zwischen Orgasmen mit und Orgasmen ohne Ejakulation vollkommen bewusst. Wer die Kunst beherrschte, Letzteren zu erreichen, vermied die refraktäre Phase [mit anderen Worten, er büßte seine Erektion nicht ein], wodurch es möglich war, in einem ausgedehnten Koitus multiple Orgasmen ohne Ejakulation zu erleben.«

2 Bei seinen berühmten Studien zur männlichen Sexualität entdeckte Kinsey, dass »ein Orgasmus ohne gleichzeitige Ausstoßung von Samen möglich ist. [...] Diese Männer erleben einen echten Orgasmus, den sie ohne Schwierigkeiten erkennen können, selbst wenn er nicht mit einer Ejakulation einhergeht.« Vgl. Alfred Kinsey et al., *Das Sexualverhalten des Mannes.*

3 William Hartman und Marilyn Fithian, *Jeder Mann kann.*

4 Natalie Angier, *New York Times,* 3. 12. 1992, S. 1.

Kapitel 1: Der Beweis steckt in Ihrer Hose

1 Diejenigen, welche die Möglichkeit leugnen, Männer könnten multiorgastisch sein, verwechseln häufig Orgasmus und Ejakulation. William Masters und Virginia Johnson, zwei Pioniere der Sexualforschung, betitelten ein Kapitel in ihrem 1966 veröffentlichten Buch mit »Der männliche Orgasmus (Ejakulation)«. Bei ihren Forschungen fanden sie heraus, dass anscheinend nur wenige ihrer Versuchspersonen zu wiederholten Orgasmen fähig waren, *nachdem sie ejakuliert hatten.* Katchadourian jedoch erklärt:

»Jüngere Studien legen den Schluss nahe, dass multiple Orgasmen nicht derart selten sind, wenn ein Mann Orgasmen ohne Ejakulation hat.« Selbst Masters und Johnson unterschieden schließlich zwischen dem Orgasmus – »plötzliche, rhythmische Muskelkontraktionen im Becken und in anderen Körperregionen, welche eine akkumulierte sexuelle Spannung lösen, sowie mit diesen Vorgängen einhergehende mentale Erfahrungen« – und der Ejakulation als einfacher »Ausstoßung des Samens«. Die taoistische Sexuallehre lehrt die Männer seit jeher, multiple Orgasmen, nicht multiple Ejakulationen zu haben.

2 Die Reichsche Schule der Psychotherapie unterscheidet zwischen *Klimax,* also Muskelkontraktionen in den Genitalien, und *Orgasmus,* der als eine den ganzen Körper erfassende Kontraktion definiert wird. Zwar erleichtert diese Unterscheidung die Trennung der Klimax (und des Orgasmus) von der Ejakulation, doch sie erscheint auch als übertrieben streng. Im kontinuierlichen Prozess des sexuellen Genusses erscheint die Linie zwischen Klimax und Orgasmus oft verschwommen. Daher werden wir in diesem Buch die Klimax (also die Genitalkontraktionen) als eine Komponente des Orgasmus definieren.

3 Dunn und Trost, »Male Multiple Orgasms: A Descriptive Study«, in: *Archives of Sexual Behavior,* S. 382.

4 Die Ergebnisse wurden in *Nature* veröffentlicht. Van Voorhies schreibt: »Sex und Tod sind zwei grundlegende, aber kaum verstandene Aspekte des Lebens. Sie werden vielfach als verbunden betrachtet, da die Fortpflanzung die Abzweigung begrenzter Ressourcen verlangt, die für die somatische [körperliche] Entwicklung und Erhaltung benötigt würden. Dieser häufig mit dem Terminus Reproduktionskosten bezeichnete Entzug von Ressourcen bei paarweise zusammenlebenden Tieren resultiert üblicherweise in einer Verkürzung der Lebensspanne bei diesen Tieren. [...] [Diese] Verkürzung der Lebensspanne scheint ihre Ursache nicht in der physischen Aktivität bei der Paarung, sondern in der zusätzlichen Spermienproduktion zu haben. Dieser Schluss wird durch die Beobachtung bestätigt, dass eine die Spermienproduktion senkende

Mutation die Lebensspanne sowohl bei sich paarenden als auch bei selbstbefruchtenden Tieren um etwa 65 Prozent verlängerte. [...] Das widerspricht der herkömmlichen Annahme der Biologen, die Produktion großer [Eier] sei sehr viel teurer als die kleiner Spermien.« Wayne A. Van Voorhies, »Production of Sperm Reduces Nematode Lifespan«, in: *Nature* 360, 3. 12. 1992, S. 456ff.

Kapitel 2: Erkenne dich selbst

1 Die westliche Medizin trennt zwischen folgenden Stadien: (1) latentes Stadium (Füllung); (2) Tumeszenz-Stadium (Schwellung); (3) Stadium der vollständigen Erektion; (4) Stadium der maximalen Erektion. Gelegentlich werden auch prä- und posterektiles Stadium (Schlaffheit und Abschwellung) ergänzt.

2 In der jüngsten Vergangenheit wurde in mehreren Studien die Sorge geäußert, es könne ein Zusammenhang zwischen Vasektomie und Prostatakrebs bestehen. Das endgültige Urteil in dieser Frage ist noch nicht gefällt, aber Dr. Stuart S. Howards schreibt im *Western Journal of Medicine:* »Der mögliche Zusammenhang zwischen Vasektomie und Prostatakrebs sollte mit einiger Skepsis betrachtet werden, da zwei andere Studien, von denen eine die langfristige Beobachtung von operierten Patienten mit einschloss, keine derartige Auswirkung feststellen konnten. Dazu kommt, dass es keine biologisch plausible Erklärung für einen Zusammenhang zwischen Vasektomie und Prostatakrebs gibt.« (Band 160, Nr. 2, Februar 1994, S. 166) Da die Ärzte bisher die Ursachen von Prostatakrebs nicht kennen, fällt es der westlichen Medizin sehr schwer, irgendeinen Zusammenhang zwischen dieser Krankheit und der Vasektomie zu erkennen.

3 Viele skeptische Beobachter der östlichen Sexualpraktiken verwechseln die retrograde Ejakulation mit der von den Taoisten empfohlenen Vermeidung der Ejakulation.

Kapitel 3: Wie man ein multiorgastischer Mann wird

1 1. Mose 38, 8–10. Dem biblischen Gesetz zufolge hatte der Bruder eines kinderlos verstorbenen Mannes die Pflicht, dessen Witwe zu schwängern, um die Linie seines Bruders fortzusetzen.

2 Im Westen sind Medizin und Moral unglücklicherweise häufig verknüpft. Seit im Jahr 1758 *Onania oder ein Traktat über die durch die Masturbation hervorgerufenen Störungen* des Schweizer Arztes Samuel Auguste Tissot veröffentlicht wurde, äußerten die westliche Medizin und insbesondere die Psychiatrie immer wieder die unbegründete Behauptung, Masturbation führe zu Wahnsinn. Diese Auffassung beruhte im Wesentlichen auf der Beobachtung, dass Psychiatriepatienten masturbierten. Niemand kam auf den Gedanken zu fragen, ob die Masturbation möglicherweise ein natürlicher Bestandteil der (ungehemmten) menschlichen Sexualität sei und ob normale Personen vielleicht ebenso masturbierten wie psychisch Kranke, so wie sie beide essen und schlafen. (Der taoistischen Lehre zufolge können übermäßig häufige Ejakulationen zu einer »Austrocknung des Gehirns« führen.) Im Jahr 1882 ging Richard von Krafft-Ebing, einer der führenden Psychiater seiner Zeit, in seinem Buch *Psychopathia Sexualis* so weit zu sagen, jede nicht der Fortpflanzung dienende sexuelle Aktivität sei abnormal und krank.

3 Kinsey fand heraus, dass 95 Prozent der amerikanischen Männer mit High-School-Abschluss bis zum Alter von einundzwanzig Jahren schon masturbiert hatten. Unter den College-Absolventen war der Prozentsatz sogar noch höher.

4 M. Hunt, *Sexual Behavior in the 1970s,* sowie R. Levin und A. Levin, »Sexual Pleasure«, in: *Redbook* (September 1975), S. 51–58, zitiert bei Zilbergeld, *Die neue Sexualität der Männer.*

5 Die Forscher kamen zu dem Schluss, die Masturbation sei »wie die Verwendung von Erotika und häufige Gedanken an Sex weniger ein Ventil als ein Bestandteil eines aktiven Liebeslebens«. Vgl. Michael et al., *Sex in America,* S. 158–165.

6 Dank der modernen Technologie sind wir mittlerweile imstande, die mit wachsender sexueller Erregung zunehmende Aktivität der Spermien zu beobachten. Aus dem Zustand relativer Bewegungslosigkeit gehen die Spermien dazu über, ihre Schwänze in phänomenaler Geschwindigkeit zu bewegen. Diese mechanische Energie gehört zu den größten Quellen männlicher sexueller Energie.

Kapitel 4: Entdecken Sie Ihre Partnerin

1 Anthony Pietropinto und Jacqueline Simenaut, *Beyond the Male Myth*, New York: Signet, 1977. Zitiert bei Brauer und Brauer, *The ESO Ecstasy Program*, S. 27.

2 Barbach, *For Each Other*, S. 66. Vgl. dazu auch: Belzer, Whipple und Moger, »On Female Ejaculation«.

3 Hier irrte Sigmund Freud, der Begründer der modernen Psychologie, der im Allgemeinen ein brillanter Theoretiker war. Im Jahr 1920 äußerte er die Ansicht, die Klitoris sei eine unterlegene Version des Penis, weshalb er den Frauen den »Penisneid« unterstellte. Er behauptete, dass Frauen, die klitorale Orgasmen hatten, sexuell unreif waren; »richtige Frauen« hatten seiner Meinung nach vaginale Orgasmen. Erst 1953 befreite Kinsey den klitoralen Orgasmus vom Stigma der Unreife, indem er darauf hinwies, dass die Hälfte der von ihm befragten Frauen durch Stimulation ihrer Klitoris zum Orgasmus kamen und dass es keinen Beweis dafür gab, dass diese Frauen in irgendeiner Weise unreifer als Frauen waren, die durch Stimulation ihrer Vagina zum Orgasmus kamen.

Kapitel 5: Wie Sie ein multiorgastisches Paar werden

1 Selbstverständlich herrschten in den chinesischen Schlafzimmern Machtverhältnisse, und das gesamte adelige System aus Polygamie, Vielehen und Konkubinenwesen war ein Machtsystem. Dazu kommt, dass viele der späteren taoistischen Texte einen Krieg der Geschlechter im Bett beschrieben. In den frühesten Texten jedoch ging es eindeutig mehr um den sexuellen Genuss (insbesondere um den der Frau) und um die Gesundheit beider Partner.

2 *I Ching 1,5.*

3 »Bei Personen, die nicht den gegenwärtig am meisten gefährdeten Risikogruppen angehören, sowie bei deren Partnern liegt die Infektionswahrscheinlichkeit bei schätzungsweise 0,00001 Prozent.« Institute for Advanced Study of Human Sexuality, *Complete Guide to Safersex*, S. 43.

1 Hartman und Fithian.

2 In den fünfziger Jahren berichtete der Sexualforscher Alfred Kinsey, dass drei Viertel aller Männer innerhalb von zwei Minuten nach Beginn des Geschlechtsverkehrs ejakulierten. Die meisten Frauen brauchen erheblich länger als zwei Minuten, um einen Orgasmus, geschweige denn multiple Orgasmen zu erreichen. Fünfundzwanzig Jahre später hieß es im *Redbook Report of Female Sexuality*, dass drei Viertel der befragten Frauen beim Geschlechtsverkehr regelmäßig Orgasmen hatten und dass die meisten dieser Frauen für die Dauer von mindestens sechs bis zehn Minuten Penisstöße brauchten (Tavris und Sadd, *The Redbook Report on Female Sexuality*, New York: Delacorte Press, 1977). Einer von der University of Chicago durchgeführten Studie zufolge hatte der letzte Liebesakt bei 79 Prozent der befragten Männer und 86 Prozent der Frauen mehr als fünfzehn Minuten gedauert. 20 Prozent der Männer und 15 Prozent der Frauen erklärten, ihr letzter Geschlechtsverkehr hätte *über eine Stunde* gedauert (Michael et al., *Sex in America*, S. 136). Diese Angaben beziehen sich nicht auf die für den eigentlichen Koitus aufgewendete Zeit, aber die Zahlen zeichnen zweifellos ein völlig anderes Bild als Kinseys fünfzig Jahre zurückliegende deprimierende Erkenntnisse über den kurzen amerikanischen Liebesakt.

3 Die Studie beruhte auf den Angaben von achtundhundertundfünf Krankenschwestern, von denen 42,7 Prozent multiorgastisch waren. In: *Psychology Today*, Band 25, Nr. 4, Juli/August 1992, S. 14.

4 Neuerdings gibt es einen Biofeedback-Computer, an den ein tamponförmiger Sensor angeschlossen wird, den man in die Vagina einführt, um Aufschluss über die Stärke der Vaginalkontraktionen zu erhalten. Dieser kleine Computer kostet über tausend Dollar, aber eigentlich brauchen Sie nur ein – erschwingliches – steinernes Ei, um Ihre Vagina zu kräftigen (in China finden solche Eier seit Jahrtausenden Verwendung).

5 Die sexuellen Traditionen des Ostens erkennen seit langem die

Ejakulationsfähigkeit der Frau an. Im Lauf der letzten zwanzig Jahre wurde die weibliche Ejakulation im Laborversuch bestätigt (vgl. Ladas et al., *The G-Spot),* auf Video aufgezeichnet, die Flüssigkeit in Reagenzgläser abgefüllt und untersucht. Ihr genauer Ursprung und ihre Funktion sind unklar, aber chemische Analysen legen den Schluss nahe, dass sie dem männlichen Ejakulat ähnlich ist (siehe Kapitel 4).

6 Mead zog daraus den Schluss, dass die Frauen der Arapash aufgrund der Tatsache, dass ihre Kultur keinen weiblichen Orgasmus kannte, tatsächlich nicht zum Orgasmus kamen. Es gibt jedoch noch eine andere Erklärung für das Phänomen: Möglicherweise erleben die Arapash-Frauen durchaus etwas, was die westliche Wissenschaft als Orgasmus definieren müsste und würde, ohne es jedoch direkt so zu bezeichnen. Das gilt möglicherweise auch für viele westliche Frauen, wie Lonnie Barbach herausgefunden hat.

7 Barbach, *For Each Other,* S. 71.

Kapitel 7: Yang und Yang

1 Tannahill, *Sex in History,* S. 179.

2 Stephen T. Chang, *Das Tao der Sexualität.*

Kapitel 8: Bevor Sie den Klempner rufen

1 *Die Geheimnisse des Jadezimmers,* zitiert in Jolan Chang, Das Tao der Liebe.

2 Tanagho und McAninch, *Smith's General Urology,* S. 700.

3 Es gibt Behandlungsmethoden (Geräte zur Vakuumerzeugung, Injektionen von gefäßerweiternden Medikamenten in die Schwellkörper, Penisprothesen), die vielen Männern mit organischen Sexualproblemen die Möglichkeit geben, weiterhin Erektionen zu haben.

4 Berichte über Penisvergrößerungen sind alles andere als neu. In seiner Novelle *Andachtsmatten aus Fleisch* beschreibt Li Yu im siebzehnten Jahrhundert, wie dem Protagonisten der Geschichte zur Verlängerung seines Glieds ein Hundepenis implantiert wird. Unabhängig davon, ob es sich dabei nun um eine wahre Geschichte oder einen künstlerischen Einfall des Autors handelt,

ist es durchaus möglich, dass es chinesische Ärzte gab, die ähnlich den plastischen Chirurgen der Gegenwart ihren Ansporn eher im Geld als in der Aufgabe zu heilen fanden. Und zweifellos gab es damals wie heute Männer, die bereit waren, sich unter das Messer zu begeben, um ihre »Männlichkeit« zu vergrößern.

5 Alan und Donna Brauer führen auch eine Untersuchung an, die 1975 in England durchgeführt wurde; dieser Studie zufolge kam es bei Männern, die bestimmte Übungen durchführten, zu einer erkennbaren und dauerhaften Zunahme der Penislänge und des Penisumfangs.

6 Niels Skakkebaeks Forschungsergebnisse und Louis Guillettes Aussage vor den Kongressabgeordneten wurden in einem Newsweek-Artikel unter der Überschrift »The Estrogen Complex« (21.3.1994, S. 76) wiedergegeben.

7 Tanagho und McAninch, *Smith's General Urology,* S. 677.

Kapitel 9: Ein Leben lang lieben

1 Kinsey et al., Sexual *Behavior in the Human Male.*

2 Winn und Newton, 1982. Zitiert bei Katchadourian, *Fundamentals of Human Sexuality,* S. 385.

3 Mehr als 75 Prozent der Männer im Alter zwischen einundsechzig und einundsiebzig Jahren hatten mindestens einmal im Monat Geschlechtsverkehr; 37 Prozent der Männer zwischen einundsechzig und fünfundsechzig und 28 Prozent der Männer zwischen sechsundsechzig und einundsiebzig Jahren hatten mindestens einmal in der Woche Geschlechtsverkehr. In der Altersgruppe zwischen 66 und 71 hatten nur 10 Prozent der Männer (und 5 Prozent der Frauen) nach eigener Angabe *kein* sexuelles Verlangen (aus einer von *Consumer Reports* durchgeführten Umfrage mit 4246 Männern und Frauen. Nach Katchadourian, *Fundamentals of Human Sexuality,* S. 385.

4 Dunn und Trost, »Male Multiple Orgasms«, S. 385.

5 Masters und Johnson, *Human Sexual Inadequacy,* Boston: Little, Brown, 1970.

6 Ann Landers führte eine Studie über 141 000 Männer und Frauen im Alter von siebzehn bis dreiundneuzig Jahren durch. Sie fand heraus, dass 82 Prozent der untersuchten Personen der Meinung waren, Sex in der Ehe sei sehr viel weniger vergnüglich. Zitiert bei Brauer und Brauer, *The ESO Ecstasy Program,* S. 4.

7 Zilbergeld, *The New Male Sexuality,* S. 375.

8 Kinsey et al., *Sexual Behavior in the Human Male,* S. 579.

9 *Time,* 15.2.1993, S. 39. Helen Fisher, die Autorin von *Anatomy of Love,* erklärt zu den Endorphinen Folgendes: »Das ist einer der physiologischen Gründe dafür, dass es ein derart schreckliches Gefühl ist, wenn wir verlassen werden oder wenn unser Partner stirbt. Wir bekommen unsere tägliche Dosis Drogen nicht mehr.«

10 Chuck Norris, *The Secret of Inner Strength.* 1989, S. 163f., zitiert bei Zilbergeld, *The New Male Sexuality.* Bernie Zilbergelds Buch enthält eine ausgezeichnete Auseinandersetzung mit der Frage, was Männer für ihre Söhne tun können. Zilbergeld behandelt das Thema sehr viel ausführlicher, als es uns an dieser Stelle möglich ist, und er hat besonders wertvolle Vorschläge für geschiedene Väter und solche, die versuchen, Jahre der Entfremdung und Abwesenheit wiedergutzumachen.

11 Der taoistischen Lehre zufolge finden Kontraktion und Expansion, jenes Pulsieren, das wir als Orgasmus bezeichnen, im Universum laufend statt. Das ist der tiefe Grund dafür, dass wir den Orgasmus oft als »ozeanische« Erfahrung empfinden, die uns das Gefühl gibt, eins mit dem Universum zu sein. Dass wir das Gefühl des Einsseins haben, liegt einfach darin, dass wir leben.

Liste der Abbildungen

Kapitel eins

Kapitel zwei

Kapitel drei

Kapitel vier

Kapitel fünf

Kapitel sechs

Kapitel acht

LISTE DER ÜBUNGEN

Übungen für die Partnerin

AUSGEWÄHLTE LITERATUR

ANAND, MARGOT, *Tantra oder Die Kunst der sexuellen Ekstase,* München: Goldmann, 1996.

BARBACH, LONNIE, *For Each Other: Sharing Sexual Intimacy,* New York: Anchor Books, 1983.

DIES., *Mehr Lust,* Reinbek: Rowohlt, 1990 (Neuausgabe).

DIES., *Verzaubere mein Verlangen,* München: Heyne, 1994.

DIES., *WILDKIRSCHEN,* Berlin: Ullstein, 1995.

BELZER, E., B. Whipple und W. Moger, »On Female Ejaculation«, in: *Journal of Sex Research* 20 (1984), S. 403–406.

BRAUER, ALAN P., und Donna J. Brauer, *ESO. The New Promise of Pleasure for Couples in Love,* New York: Warner Books, 1983.

DIES., *The ESO Ecstasy Program,* New York: Warner Books, 1990.

CHANG, *Jolan, Das Tao der Liebe,* Reinbek: Rowohlt, 1978.

DERS., *Das Tao für liebende Paare,* Reinbek: Rowohlt, 1990.

DERS., *The Tao of the Loving Couple, True Liberation Through the Tao,* New York: E. P. Dutton, 1983.

CHANG, STEPHEN T., *Das Tao der Sexualität. Von der tieferen Weisheit des Lebens,* München: Goldmann, 1995.

CHU, VALENTIN, *The Yin-Yang Butterfly. Ancient Chinese Sexual Secrets for Western Lovers,* Los Angeles: Jeremy P. Tarcher, 1993.

DUNN, M., und J. Trost, »Male Multiple Orgasms. A Descriptive Study«, in: *Archives of Sexual Behavior* 18, Nr. 5 (1989), S. 377 bis 387.

Federation of Feminist Woman's Health Centers, *A New View of a Woman's Body,* West Hollywood: Feminist Health Press, 1991.

GRAY, JOHN, *Mars, Venus und Eros,* München: Goldmann, 1996.

HARTMAN, WILLIAM und Fithian, Marilyn, *Jeder Mann kann,* Berlin: Ullstein, 1985.

HITE, SHERE, *Hite Report,* München: Droemer Knaur, 1996.

The Institute for Advanced Study of Human Sexuality, *The Complete Guide to Safersex.* Herausgegeben von Ted McIlvenna, Fort Lee, NJ: Barricade Books, 1992.

KATCHADOURIAN, HERANT, *Fundamentals of Human Sexuality.* 4. Aufl., New York: Holt, Rinehart and Winston, 1985.

KEESLING, BARBARA, *Liebe machen die ganze Nacht hindurch,* München: Heyne, 1995.

KINSEY, ALFRED C., Wardell B. Pomeroy und Clyde E. Martin, *Das sexuelle Verhalten des Mannes (Kinsey-Report),* Frankfurt am Main: Fischer, 1970.

KINSEY, ALFRED C., Wardell B. Pomeroy, Clyde E. Martin und Paul H. Gebhard, *Das sexuelle Verhalten der Frau (Kinsey-Report),* Frankfurt am Main: Fischer, 1973.

LADAS, ALICE KAHN, BEVERLY WHIPPLE und JOHN D. PERRY,

The G-Spot and Other Recent Discoveries About Human Sexuality, New York: Holt, Rinehart and Winston, 1982.

MASTERS, WILLIAM H., Virginia E. Johnson und Robert C. Kolodny, *Liebe und Sexualität,* Berlin: Ullstein, 1993.

MICHAEL, ROBERT T., John H. Gagnon, Edward O. Laumann und Gina Kolata, *Sex in America,* Boston: Little, Brown and Company, 1994.

REICH, WILHELM, *Die Funktion des Orgasmus,* Köln: Kiepenheuer & Witsch, 1987.

REID, DANIEL P., *The Tao of Health, Sex, and Longevity,* New York: Simon & Schuster, 1989.

ROBBINS, M. B. und G. D. Jensen, »Multiple Orgasms in Males«, in: *Journal of Sex Research* 14 (1978), S. 21–26.

SCHIPPER, KRISTOFER, *The Taoist Body,* Berkeley: University of California Press, 1993.

SILVERSTEIN, CHARLES und Felice Picano, *The New Joy of Gay Sex,* New York: HarperCollins Publishers, 1992.

STOPPARD, MIRIAM, *The Magic of Sex,* New York: Dorling Kindersley, 1991.

Dies., *LOVE and Sex,* München: Mosaik-Verlag, 1991.

TANAGHO, EMIL A., und Jack W. McAninch (Hrsg.), *Smith's General Urology,* 13. Aufl., Norwalk, CT: Appleton & Lange, 1992.

TANNAHILL, REAY, *Kulturgeschichte der Erotik,* Wien: Zsolnay, 1982.

WILE, DOUGLAS, *Art of the Bedchamber: The Chinese Sexual Yoga Classics Including Women's Solo Meditation Texts,* Albany: State University of New York Press, 1992.

ZILBERGELD, BERNIE, *Die neue Sexualität der Männer,* Tübingen: dgvt, 1994.